YIWU JIAOYU YINGYU KECHENG BIAOZHUN
YANJIU YU SHIJIAN

义务教育英语课程标准研究与实践

许炳坤　李万鹏◎著

安徽师范大学出版社
·芜湖·

图书在版编目(CIP)数据

义务教育英语课程标准研究与实践 / 许炳坤,李万鹏著.— 芜湖：安徽师范大学出版社,2019.3

ISBN 978-7-5676-3972-0

Ⅰ.①义… Ⅱ.①许… ②李… Ⅲ.①英语课－课程－标准－中小学－教学参考资料 Ⅳ.①G633.413

中国版本图书馆CIP数据核字(2019)第035241号

义务教育英语课程标准研究与实践　　许炳坤 李万鹏◎著

责任编辑：汪碧颖
装帧设计：张　玲
出版发行：安徽师范大学出版社
芜湖市九华南路189号安徽师范大学花津校区
网　　址：http://www.ahnupress.com/
发 行 部：0553-3883578　5910327　5910310(传真)
印　　刷：江苏凤凰数码印务有限公司
版　　次：2019年3月第1版
印　　次：2019年3月第1次印刷
规　　格：700 mm×1000 mm　1/16
印　　张：18
字　　数：295千字
书　　号：ISBN 978-7-5676-3972-0
定　　价：58.00元

目 录

第一部分 义务教育英语课程标准研究

第二部分 义务教育英语课程标准实践

第一部分

义务教育英语课程标准研究

第一章　英语课程标准修订的背景与主要变化

自2001年以来,《全日制义务教育英语课程标准(实验稿)》(以下简称《英语课程标准(实验稿)》)在全国颁布实施,从实验区试点改革,到各省逐步推广,从探讨学习培训,到分步骤分阶段开展修订,走过了10年时间,取得了义务教育阶段英语课程改革的重大突破和突出成就,给义务教育阶段英语课程的整体发展、英语教师的专业发展和学生的语言学习带来了深远的影响。

2011年年底,经过几轮修订,《义务教育英语课程标准(2011年版)》(以下简称《英语课程标准(2011年版)》)由教育部颁布,对义务教育阶段英语课程的进一步深化改革提出新的发展要求和方向。近年来,从高等学校到各级教研机构以及一线中小学,所有英语教育研究的参与者都阶段性地研究学习了《英语课程标准(2011年版)》,并在实践中贯彻其核心宗旨。当前有必要进一步回顾整理其发展过程,为今后更好地实施课程标准奠定基础。

本章将回顾英语课程标准修订的背景,分析其中的主要变化,试图从宏观角度剖析英语课程标准修订的背景,使广大一线英语教师在实施英语课程标准具体内容时,能够做到既有坚实的实践基础,又有一定的理论高度。

第一节　英语课程标准修订的背景

一、英语课程改革的突破和成就

伴随《英语课程标准(实验稿)》在全国10年的逐步实施,英语课程改革经历了时代发展的考验,基础英语教育取得了重大突破和成就。一线英语教师经过培训,在日常教学和科研过程中,让"新课标"成为高频率的词语;广大英语教师尝试多种教学方法,在课堂中开展大量生动活泼的活动,借助各种媒体手段,丰富了英语课堂,激发了学生的英语学习兴趣;很多英语教师初步尝试了任务型教学的思路,"任务"推进逐步成为教学流程的基本主线;对综合语言运用能力的高度重视,使得广大英语教师把注意力集中到素质教育的多层次培养目标中,在教学中自觉体现"情感目标""策略目标"等,对学生投入了更多的人文关怀;同时在这10年间,广大英语教师的教研也投向课程标准的分析和实施,剖析理论和实践中的问题,出现了大量关于新课程标准和课程改革的优秀论文,关注了"情感""动机""策略""文化意识""形成性评价"等诸多新课程标准内涵;而广大学生也逐渐适应了以活动为主导的英语课堂,在参与各类活动中开始提高语言运用能力和文化意识。

关于10年来英语课程改革的主要突破,义务教育英语课程标准修订组的官方解读中将其总结为:"明确了以素质教育为宗旨的英语教育理念","构建了以综合语言运用能力为核心的课程目标体系","建立了连贯、衔接的中小学英语课程体系","倡导了新的学习方式和教学方式"。[①]而关于英语课程改革的主要成就,修订组总结为:"新课程对英语教育教学理念产生了巨大影响","新的课程目标体系带来教学方式的变革","新课程对课堂教学设计与实施的影响","新课程背景下英语教材的变革","课程标准带来评

① 教育部基础教育课程教材专家工作委员会.义务教育英语课程标准解读:2011年版[M].北京:北京师范大学出版社,2012:5-10.

价理念与方法的变化”，课程改革促进了英语教师的专业发展”。[①]这些方面的突破和成就，成为10年来英语课程改革的见证，也是下一步英语课程改革的重要和坚实的基础。

二、英语课程教学存在的问题

在英语课程改革取得较大突破和成就的同时，由于各地教育水平差异较大，新理念的推广需要较长时间，师资的培训还有待加强，原有的教学模式仍有改进的空间等，英语课程教学还存在诸多问题，必须引起英语教育教学的各级参与者重视并思考。

例如，关于英语学习目的的争议仍在继续。《英语课程标准（实验稿）》将英语课程的总体目标确定为学生综合语言运用能力的形成，但是对我国英语教育的目的却并未明确，10年来对此话题也是争议不断。英语教育的目的是其他诸多问题探讨的起点和基础，如什么年级开始开设英语课程，英语课程与其他课程的关系，考试制度、考试内容如何与课程标准协调发展等相关问题，都与英语教育目的密切相关。

由于英语教育目的不明确，社会上时常出现这样的论调，如个别专家以自身独特的精英成长模式来批判大众化英语教育的种种不足，以各类专业人才“能说会道”的标准来指责一般学习者所谓的“哑巴英语”，等等。事实上，改革开放以来国家实力增强、国际交流增多、社会环境开放包容、国民人文素养提高，英语教育发挥着重要作用。

英语教学新途径在实践过程中，遇到了大量问题。如《英语课程标准（实验稿）》主张用英语做事情，倡导“任务型”教学途径，而在现实教学中，如何认识任务，如何把任务与语言知识技能教学相结合，如何设计任务，如何分组，如何指导任务活动，如何验收任务结果等，一线英语教师都有一些困惑和畏难情绪。因为面对大班教学，任何新途径都要在实践中调整、适应或取舍，否则就会陷入未敢真正实践却大肆批判的境地。同时，课程标准实施过程中各地差异性问题也十分明显。部分课程标准要求在少数落后地区实施

① 教育部基础教育课程教材专家工作委员会. 义务教育英语课程标准解读：2011年版[M]. 北京：北京师范大学出版社，2012：12-19.

困难，从理念、师资、资源到学生基础都不可等量齐观，虽然差异化操作可暂时回避或缓解这种状况，但是从长远来看，巨大差异造成的人才培养的绝对差距却不容忽视，需要有进一步的课程改革建议和举措来解决。

此外，考试制度的改革与课程标准发展不协调。《英语课程标准（实验稿）》提出“注重过程评价，促进学生发展……在英语教学过程中应以形成性评价为主，注重培养和激发学生学习的积极性和自信心”①。然而在课程标准实施过程中，仍然存在英语素质教育和应试型考试制度的矛盾；各级各类英语考试中，英语语言知识检测的比重仍然较高，英语语言运用能力的检测比重有待提高，笔试仍然占主导地位，这些对日常教学的反拨作用十分明显，形成性评价的推进仍有难度。

因此，在新一轮英语课程改革中，势必要加大对考试内容、体系和制度的改进。《基础教育课程改革纲要（试行）》中提出探索提供多次机会、双向选择、综合评价的考试和选拔方式，这实际上蕴含了考试社会化和多次考试的建议，需要在今后的课程改革中逐渐推行。2013年11月中国共产党十八届三中全会通过的《中共中央关于全面深化改革若干重大问题的决定》中明确提出要探索外语等科目社会化考试一年多考。2014年9月《国务院关于深化考试招生制度改革的实施意见》具体指出，要保持统一高考的语文、数学、外语科目不变、分值不变，不分文理科，外语科目提供两次考试机会。这些变化成为当前外语考试制度改革探索的热议话题，随着具体措施的稳步推进，必将给新一轮英语课程改革带来重大影响。

三、英语课程教学新方向

在英语课程改革取得成就和面临问题的同时，国内教育教学环境有了一些新变化，形成了新的发展方向。2010年中共中央国务院印发了《国家中长期教育改革和发展规划纲要（2010—2020年）》（以下简称《规划纲要》）。该文件作为21世纪我国第一个中长期教育改革和发展规划，是今后一个时期指导全国教育改革和发展的纲领性文件，为各类教育提供了目标、策略和方法，对基础教育各学科今后的发展提出了新要求，指明了新方向。例如，《规

① 中华人民共和国教育部．英语课程标准：实验稿［M］．北京：北京师范大学出版社，2001：3.

划纲要》在宏观上明确提出坚持以人为本、全面实施素质教育是教育改革发展的战略主题，是贯彻党的教育方针的时代要求，其核心是解决好培养什么人、怎样培养人的重大问题，重点是面向全体学生、促进学生全面发展，着力提高学生服务国家服务人民的社会责任感、勇于探索的创新精神和善于解决问题的实践能力。要求坚持德育为先，坚持能力为重，坚持全面发展。具体到英语课程教学，理解新的方向，就是要考虑培养什么样的英语人才，如何引导学生将来用英语来服务国家服务人民的问题。

《规划纲要》也提出具体建议，即义务教育要均衡发展，减轻中小学生课业负担；在人才培养体制改革上，要树立全面发展观念，努力造就德智体美全面发展的高素质人才，注重学思结合，注重知行统一，注重因材施教；在考试招生制度改革上，要克服一考定终身的弊端，推进素质教育实施和创新人才培养，探索有的科目一年多次考试的办法，探索实行社会化考试。《规划纲要》在宏观政策和具体措施上提出的相应建议和改革方向，对基础教育英语课程改革发展有着重大的指导意义。

基于10年来英语课程改革取得的成绩和存在的问题，按照《规划纲要》的要求，英语课程标准必须做出新的调整和变化，及时完成修订，这是今后新一轮英语课程改革工作的出发点，也是落实《规划纲要》中未来一个阶段基础教育发展的要求。

第二节　英语课程标准的主要变化

对《英语课程标准(2011年版)》的解读，要与《英语课程标准(实验稿)》进行比较，了解其中的新变化，也要结合当前的基础教育英语教学的新发展，来分析、解释其中的新变化，同时，还要将课程标准的新要求融入到具体教学实施中，提出相应的实施策略，这是研究课程标准的基本思路。

《英语课程标准(2011年版)》中出现的各项具体细节变化详见后续章节，下面呈现《英语课程标准(2011年版)》中一些主要的变化：

① 渗透了社会主义核心价值体系，体现了教育发展的宏观指导。

② 提倡了辩证实践外语教育途径，提出了适合中国外语教学的基本思路。

③ 强调了英语课程工具性和人文性的统一。

④ 增设了义务教育阶段英语课程的总目标，以区别于具体的分级目标。

⑤ 加强了对小学英语教学和评价的具体指导，进一步细化了内容要求。

⑥ 增加了教学实例和评价案例，为一线英语教师提供了更多的教学指导。

⑦ 降低了课程难度，为学生减轻了负担。

⑧ 改进了语言表达，使其更加科学、严谨和规范。

其中的辩证实践外语教育途径，是教育部国家《英语课程标准》研制及修订专家组组长陈琳先生对中国外语教学多年来的思考积累和经验总结。此途径基于中国外语教学的经验和教训，以辩证统一的观点处理外语学习中貌似对立的问题，贯彻了“实践第一”的原则，通过语言实践来学习语言，贯穿于《英语课程标准(2011年版)》，体现了探索中国人自己的外语教学思路。理解、学习和运用辩证实践外语教育途径，有助于英语教师灵活开展中国特色英语教学，有助于学生最终形成综合语言运用能力。研究《英语课程标准(2011年版)》，学习其中的新变化，首先就要了解辩证实践外语教育途径的基本构成。

辩证实践外语教育途径包括辩证思路和实践思路，其中辩证思路包括外语教育、外语学习和外语教学三个方面，共18条原则(见表1-1)；实践思路包含10项认识[①]。

表1-1　辩证实践外语教育途径的辩证思路

辩证思路	内容
外语教育辩证实践理论	理论与实践的辩证实践：外语教育基本原则
	工具性与人文性的辩证实践：外语课程性质原则
	语言与文化的辩证实践：外语课程内容原则
	母语与外语的辩证实践：外语课程设置原则
	整体性与阶段性的实践：外语课程设计原则
	教材话题内容与语言形式的辩证实践：外语教材设计原则

① 陈琳.辩证实践外语教育途径[M].北京：外语教学与研究出版社，2013：7-74.

续　表

辩证思路	内容
外语学习辩证实践理论	语言习得机制与刺激-反应机制的辩证实践:语言习得原则
	学得与习得的辩证实践:外语教学机制原则
	准确与流利的辩证实践:外语口语能力原则
	精学与泛学的辩证实践:外语学习方法原则
	自主学习与合作学习的辩证实践:外语学习策略原则
外语教学辩证实践理论	学生主体与教师指导的辩证实践:师生关系原则
	任务型教学与其他教学方法的辩证实践:外语教学方法原则
	语言输入与语言输出的辩证实践:外语教学过程原则
	听说教学与读写教学的辩证实践:外语技能要求原则
	教师教学与教育技术的辩证实践:外语教学方式原则
	形成性评价与终结性评价的辩证实践:外语教学评价原则
	外来教学理论与本土教学实际的辩证实践:外语教学理论原则

辩证实践外语教育途径的实践思路包含:人类语言本身是实践的产物;人类语言首先是口头语言;语言学习必须从语言输入开始;语法是从语言实践中归纳出来的;课堂教学必须以学生的语言实践为主;教材必须提供大量的语言实践活动,并辅之以尽可能多的课外语言实践;在学生的语言实践中,必须实现语言学得与语言习得的结合;必须在目前注重听说实践的同时,改变学生笔头实践(写记)不足的状况;要以学生的语言实践能力— Can Do(即"综合语言运用能力")为评估的标准;语言学习者必须从自我的实践体验中总结出自己的学习策略。

第二章 “前言”研究

第一节 英语课程意义解读

一、英语课程的开设背景

《英语课程标准(2011年版)》在前言部分首先描述了义务教育阶段英语课程开设的背景、对国家发展和学生发展的意义。此部分清晰地回答了义务教育阶段为什么要开设英语课程的问题,准确地定位了英语课程的价值,解决了《英语课程标准(实验稿)》在前言部分未能明确解释开设英语课程目的的问题。此部分的阐述,既对《英语课程标准(实验稿)》的理念进行了更新,又为今后义务教育阶段英语课程的所有讨论确定了基调,回答了各类有关英语课程开设的疑问,从国家层面统一了思想,成为理解、探讨和研究义务教育阶段英语课程的基本出发点。

在具体表述上,《英语课程标准(2011年版)》在前言的首段提出了英语课程开设的国际背景、中国的角色地位、英语的国际地位。“当今世界正处在大发展和大调整的变革时期,呈现出世界多极化和经济全球化以及信息化的发展态势。作为一个和平发展的大国,中国承担着重要的历史使命和国际责任与义务。英语作为全球使用最广泛的语言之一,已经成为国际交往和科技、文化交流的重要工具。”①

① 中华人民共和国教育部.义务教育英语课程标准:2011年版[M].北京:北京师范大学出版社,2012:1.

当今世界的主题仍然是和平与发展，国家之间的交流日益增多，交流对象也日益多元化，不再局限于几个主流国家，通常有多方参与，交流的广度和深度也极大拓展，从经济合作到环境保护，从文化学习到疾病防控等诸多主题，无一不需要语言的参与支持。

《英语课程标准（2011年版）》对中国国际地位的描述，表明了中国在国际事务中的责任和义务，不论是国家还是个人层面，中国都有更深更广的参与和融入。在国际政治纠纷和突发事件面前，有中国国家力量的频繁展示；在民间交流和合作方面，有更多的企业和个人走出国门，国际化将成为老百姓生活的常态。

英语已经毫无疑问地成了国际通用语言，不论是国际政治领域的博弈，还是科技产品的全球推广，或是影视娱乐行业的角逐圈地，或是互联网的信息爆炸，英语都起到了关键的推动作用，成为各国各行各业交流的首选语言。例如，全世界储存在电脑中的信息85%是用英语储存的，全世界75%的科学家使用或借助英语进行科研工作，全世界95%的通讯用英语进行，全世界85%的国际贸易是通过英语进行的，全世界85%的科技说明书和产品手册是用英语或多语写的[①]。

这些都是义务教育阶段英语课程开设的背景。

二、英语课程的开设对国家发展的意义

在国家层面，英语课程的开设有什么意义呢？《英语课程标准（2011年版）》在前言首段的后半部分描述如下：

> 学习和使用英语对吸取人类文明成果、借鉴外国先进科学技术、增进中国和世界的相互理解具有重要的作用。在义务教育阶段开设英语课程能够为提高我国整体国民素养，培养具有创新能力和跨文化交际能力的人才，提高国家的国际竞争力和国民的国际交流能力奠定基础。[②]

① 陈琳.辩证实践外语教育途径[M].北京:外语教学与研究出版社,2013:170.

② 中华人民共和国教育部.义务教育英语课程标准:2011年版[M].北京:北京师范大学出版社,2012:1.

为什么开设英语课程？为什么学习英语？《英语课程标准(2011年版)》在这里给出了明确的回答。从国家的战略角度看，一个民族的发展离不开对人类文明成果的吸取和外国先进科学技术的借鉴。从改革开放以来我国各项事业的发展，到现如今一个和谐文明的大国逐渐崛起，以及今后在国际事务中发挥更大作用，这些都验证了英语在其中发挥的重要作用。人民的总体外语水平是一个民族、一个国家的综合国力的重要组成部分，它不仅关系到一个国家国民素质的提高、社会和经济建设以及作为第一生产力的科技的发展，还关系到一个国家的国防和安全①。

虽然今天的中国已经成为一个经济大国，但是学习借鉴先进科学技术的步伐不能停，英语课程要继续发挥其基础作用。日本关西地区的一名语言学教授对《环球时报》记者说，语言说到底是工具，是了解世界其他部分的一个工具。现在英语虽然不是世界上使用人数最多的，却是最广泛被使用的语言。就像美元是基础货币一样，英语是各国语言中的“基础货币”。因此，学习英语有助于让自己接触到更先进的知识。

当前中国的战略既要“引进来”，也要“走出去”，既要让中国了解世界，也要让世界了解中国。以孔子学院为例，作为中华文化软实力推广的重要战略和中国语言文化外交的组成部分，近年来迅猛发展，逐渐在全球全面开花。截至2012年底，孔子学院在86个国家(地区)共建立322所，以亚洲、欧洲和北美洲的分布最为密集，其中美国的孔子学院达70所，居全球首位②。在这样的发展战略下，在英语作为全球通用语言的背景下，要走出去推广中华文化，传递中国的声音，国家必须要有开设英语课程的整体布局和战略。同时，越来越多的学生选择国外留学深造，跨国公司在国内运作，国内优秀企业在全球布局，院线英语大片和网络英剧美剧盛行，海外旅游人数逐年增加等，说明英语全球化已经成为今天人们的经济和文化需要。提高整体国民素养，培养各类具有创新能力和跨文化交际能力的人才，提高国家的竞争力和国民的国际交流能力，英语课程的开设是国家可持续发展系统工程中一个必不可少的部分。

---

① 陈琳.辩证实践外语教育途径[M].北京:外语教学与研究出版社,2013:188-189.

② 戴蓉.孔子学院与中国语言文化外交[M].上海:上海社会科学院出版社,2013:43-45.

三、英语课程的开设对学生发展的意义

在义务教育阶段开设英语课程，不仅对国家发展有着重要的战略意义，对每一个学生的未来发展也有着重要意义。对此，《英语课程标准（2011年版）》中有如下描述：

> 学习英语不仅有利于他们更好地了解世界，学习先进的科学文化知识，传播中国文化，增进他们与各国青少年的相互沟通和理解，还能为他们提供更多的接受教育和职业发展的机会。学习英语能帮助他们形成开放、包容的性格，发展跨文化交流的意识与能力，促进思维发展，形成正确的人生观、价值观和良好的人文素养。学习英语能够为学生未来参与知识创新和科技创新储备能力，也能为他们未来更好地适应世界多极化、经济全球化以及信息化奠定基础。①

对于学生来说，义务教育阶段正是接受新鲜事物的最佳时期。开设英语课程，引入丰富多彩的课堂活动，介绍世界各国的文化知识，能够激发学生的学习兴趣，激活他们的好奇心和求知欲，让他们勇于开口，积极表现，尝试各种语言表达，这对学生今后的人生发展有着重要的意义。在现实生活中，越来越多的学生努力追求更好的国内国际教育机会，特别是一些海外深造机会对语言方面都有特别的要求，英语课程的开设为此奠定了基础。国际化的思维方式，扎实的语言基础将助力学生适应国内外各类教育环境，从而进一步适应未来多元化的职业环境。从二语习得的年龄角度看，关键期假设概念指出，义务教育阶段是学生语言学习的关键时期，特别是语音模块，如果错过此阶段，很难达到与本族语相当的语言水平，同时就总体趋势而言，语言习得起始时间早于关键期的儿童比成年习得者的最终语言水平高。

基于国家发展的战略需求和青少年的未来发展需要，世界上其他国家也十分重视青少年的英语学习。《环球时报》于2013年开展的调查显示，日本决定把英语课从小学五年级提前至三年级；一向坚决捍卫本国语言地位的法

① 中华人民共和国教育部．义务教育英语课程标准：2011年版[M]．北京：北京师范大学出版社，2012：1.

国，不仅将英语教学列入小学一年级课程，还计划从幼儿园就开始教英语；韩国孩子从幼儿园起就开始接受英语教育，在正式的中小学教育中，韩国也不断强化英语教育，原来从小学三年级开始的英语课，已经变为从小学一年级就开始进行，每周约为3课时。

外语水平在某种程度上反映一个国家的开放程度。英语课程对学生未来发展的意义重大，在具体的英语课堂教学过程中，一线英语教师要将英语课程的重要意义渗透在具体的活动中，让学生能够积极主动地参与到英语学习过程中来。

第二节　英语课程性质解读

对英语课程性质的理解，国内基础英语教育学者经历了一个逐步认识到发展的过程，从最初的强调英语知识内容，到强调英语的工具性功能，到强调英语语言知识和英语语言技能为核心的教学。在上一轮英语课程改革中，对英语课程的性质有了新的认识，提出了工具性和人文性的相关功能，体现在《英语课程标准（实验稿）》中："英语课程的学习，既是学生通过英语学习和实践活动，逐步掌握英语知识和技能，提高语言实际运用能力的过程；又是他们磨砺意志、陶冶情操、拓展视野、丰富生活经历、开发思维能力、发展个性和提高人文素养的过程。"[①]这里的前半部分指的是工具性，后半部分指的是人文性。虽然《英语课程标准（实验稿）》未能清晰地用工具性和人文性加以具体表述，对两者的相互关系也没有阐述，但是10年来的英语课程改革实践中，广大英语教师在英语知识和技能的教学同时，也进行了大量的有意义的人文素养培养的尝试，取得了良好的效果，形成了工具性和人文性相结合的普遍认识。

一、工具性和人文性双重性质

21世纪初启动的新一轮课程改革突出强调了在各科教学中落实素质教

① 中华人民共和国教育部.英语课程标准：实验稿[M].北京：北京师范大学出版社，2001：1.

育的原则。基础教育阶段的四个语言学科(语文、英语、俄语和日语)的课程标准共同提出了语言学科的工具性和人文性双重性质的理念[①]。修订后的《英语课程标准(2011年版)》中,第一次明确提出义务教育阶段的英语课程具有工具性和人文性的双重性质,为义务教育阶段的英语课程性质做出了明确的界定,既是对此前的英语课程改革实践探索的总结,也为今后的深化改革提出了具体的目标。在对工具性和人文性的具体阐述中,《英语课程标准(2011年版)》进行了精炼概括:

> 就工具性而言,英语课程承担着培养学生基本英语素养和发展学生思维能力的任务,即学生通过英语课程掌握基本的英语语言知识,发展基本的英语听、说、读、写技能,初步形成用英语与他人交流的能力,进一步促进思维能力的发展,为今后继续学习英语和用英语学习其他相关科学文化知识奠定基础。就人文性而言,英语课程承担着提高学生综合人文素养的任务,即学生通过英语课程能够开阔视野,丰富生活经历,形成跨文化意识,增强爱国主义精神,发展创新能力,形成良好的品格和正确的人生观与价值观。工具性和人文性统一的英语课程有利于为学生的终身发展奠定基础。[②]

在外语学科中强调工具性和人文性统一的观点是以素质教育和以人为本的理念为出发点的。这里对工具性和人文性的论述,为义务教育阶段英语课程的认识指明了方向,要求教师在具体教学过程中,要均衡处理这两个方面,避免将两者割裂开来。在英语语言知识的学习和技能的训练过程中,通过相关的话题自然地融合跨文化知识,弘扬爱国主义精神;在探讨人文素养话题的同时,使学生能够自然运用英语语言知识、训练英语语言技能,在充满乐趣的人文活动中轻松地提高用英语与他人交流的能力。

二、关于工具性的解读

英语作为一门工具,自然就具有实用性,主要体现在人们交际、获取知识

① 陈琳.辩证实践外语教育途径[M].北京:外语教学与研究出版社,2013:12.

② 中华人民共和国教育部.义务教育英语课程标准:2011年版[M].北京:北京师范大学出版社,2012:2.

和思维发展活动上[①]。这些实用性体现在具体的活动中，所以在工具性层面的教学过程中，要重视在实践中传授英语语言知识，在活动中巩固英语语言技能，要让学生在实践活动中感受到可以用英语做事情，最终提高学生综合运用语言的能力。英语教师在设计活动时，要注意以下几点：①活动要有明确的目的和意义，学生要有交际的需要；②活动主题要贴近学生现实生活，可以根据学生的兴趣爱好来分组或分类安排，口语活动要让学生有话可说，写作活动要让学生有事可写；③活动设计要有紧密结合语言知识的学习和技能的训练，鼓励学生用英语收集、处理和分享信息；④活动设计要课内和课外相结合，鼓励学生参与一些与社会生活相关的项目活动，以团队形式互助合作完成任务。

关于工具性，《英语课程标准（2011年版）》还提出了要进一步促进学生思维能力发展的要求。这里的思维能力除了指应该要培养的思维方法，如归纳和演绎的能力、逆向思维和发散思维的能力等，更应该突出的是，结合英语课程积极培养学生的英语思维能力。传统的英语教学中，学生缺乏系统的英语思维能力的培养，容易受自身思维模式的影响，而忽视英汉思维的差异，如英汉词语搭配不同、英汉词语文化背景不同、英语句式重形合而汉语句式重意合、英汉语篇展开方式和衔接的差异等[②]，从而在英语学习中常出现一些语言错误。

例如，在反意疑问句的理解和回答上，学生经常思维混乱，忽视了英语反意疑问句的回答是注重客观事实，而汉语反意疑问句的回答是注重人际交往，先要表达是否同意说话人的看法。教师要培养学生的英语思维能力，就要让学生养成阅读大量英语文章和背诵英文篇章的习惯；在教学过程中加强文化内容的导入，同时引导学生关注英汉语言系统的差异，在对比中区分两者的语义、句式、修辞、语篇等多方面的差异。总之，要培养学生的跨文化交际意识和能力，从而灵活驾驭两种语言。

① 邹为诚.外语教师职业技能发展[M].北京：高等教育出版社，2008：3.

② 刘宽平，周业芳.英汉思维差异对中国学生EFL写作的影响[J].外语学刊，2004(5)：107-111.

三、关于人文性的解读

关于人文性,《英语课程标准(2011年版)》明确指出,英语课程承担着提高学生综合人文素养的任务,具体体现在学生视野、生活经历、跨文化意识、爱国主义精神、创新能力等方面。英语课程主要培养学生的语言运用能力,开阔学生的视野,培养国际意识和开放包容的心态,这对学生有较长远的影响。同时,人文性还体现在对学生的发展的关心上,渗透了以人为本的素质教育思想,因此不能忽视学生的学习策略和情感策略。策略是直接针对学生个体开展的,直接影响学生将来发展的道路。

要实现学生综合人文素养的提高,必须落实在英语课程教材中丰富多彩的选材和话题上。国内义务教育阶段的英语课程教材涵盖了中国文化和欧美国家的地理风貌和文化习俗、国内外社会生活的热门话题,其中也渗透了社会主义核心价值体系和中华传统美德教育。例如,译林出版社出版的教材《英语》(七年级下册)Unit 1 Dream homes 就展示了各国首都的地标建筑、各国不同的家庭住宅和生活习惯,在语言学习过程中拓展了学生对不同国家社会生活差异的了解;Unit 2 Neighbours 讨论了社区邻里相互帮助的主题,树立了传统美德的榜样,无形中指导学生在生活中正确处理邻里关系,发挥一技之长帮助邻居,体现了社会主义核心价值观中对友善的倡导。

人文性的体现,除了要有英语课程教材的基础性支持,更重要的是依靠英语教师对英语课程性质的理解以及在具体教学中对教材的灵活运用。有这样一个话题,说的是一位老人四处寻访毛衣编织针,结果因为百货公司不再销售毛衣编织针,导致他和售货员之间出现不愉快的对话。话题的语言知识内容很简单,但是人文性内容的挖掘就要看教师的灵活发挥了。例如,结合所在城市,鼓励学生思考:怎样才能帮助老人买到毛衣编织针?什么类型的商店随着社会的发展逐渐消失了?消费者的需求又转向哪儿了?这样一番设计,可以加深学生实际生活体验,鼓励学生关注社会发展,激活学生思路。也许会有学生建议用网购来解决问题,教师就可以引导学生讨论这样的话题:站在历史的高度看人类从农耕时代到工业时代到信息时代的历程,互联网又将给人类带来怎样深远的影响?

第三节 英语课程基本理念解读

英语课程基本理念,指的是对英语课程教学的一般认识、一般规律和一般做法,涵盖课程教学的基本目标、主要环节和步骤,关注教学活动的主要参与者、教学方法、学习策略以及教学材料和资源。《英语课程标准(2011年版)》提出的英语课程基本理念,来源于英语学科的科学研究和实践积累,修订的内容源于10年英语课程改革的充分实践和探讨,是国家对英语课程的基本战略的体现,也是一线英语教师和专家学者长期经验的总结。这些高度概括的基本理念,可以成为今后英语课程实践和研究的一般准则和指南。对比修订前后的英语课程基本理念(见表2-1),可以看出其中的发展脉络和更新的内容。

表2-1 修订前后的英语课程基本理念对比

修订前的英语课程基本理念	修订后的英语课程基本理念
(一)面向全体学生,注重素质教育	(一)注重素质教育,体现语言学习对学生发展的价值
(二)整体设计目标,体现灵活开放	(二)面向全体学生,关注语言学习者的不同特点和个体差异
(三)突出学生主体,尊重个体差异	(三)整体设计目标,充分考虑语言学习的渐进性和持续性
(四)采用活动途径,倡导体验参与	(四)强调学习过程,重视语言学习的实践性和应用性
(五)注重过程评价,促进学生发展	(五)优化评价方式,着重评价学生的综合语言运用能力
(六)开发课程资源,拓展学用渠道	(六)丰富课程资源,拓展英语学习渠道

从总体上看,修订后的基本理念把六个方面的内容都进一步具体到语言或英语课程中,强化了英语学科的特点,避免了修订前的基本理念的表述通用于各门学科的弊端,同时将学生主体地位从第三条提前至第二条,表明在英语课程中,学生是主要参与者。以人为本,首先是以学生为本,以学生为中心的理念已经成为英语课程教学中的必然规律。对学习过程和评价方式,则更具概括性,不再对具体的"活动途径"和"过程评价"有明确要求,而是提出一般性要求,更具有灵活性,有利于具体教学中英语教师根据实际情况灵活处理。下文将对修订后的基本理念进行逐条梳理。

一、注重素质教育，体现语言学习对学生发展的价值

第一条基本理念高举素质教育大旗，鲜明地提出了英语课程要为学生的综合素质提升做出努力，是以人为本的教育，是能谋求学生未来发展的教育。这一理念源于《规划纲要》中提出的“坚持以人为本、全面实施素质教育是教育改革发展的战略主题，是贯彻党的教育方针的时代要求，其核心是解决好培养什么人、怎样培养人的重大问题”。具体到英语课程，就是要为发展综合语言运用能力打基础，同时要促进学生的心智发展，拓展学生的国际视野，体验中外文化的差异，培养开放和包容的心态，增强爱国主义精神，提高科技和文化创新能力，最终提高人文素养。简言之，就是要体现英语课程的工具性和人文性的统一，不能只偏重传统的英语知识和技能，而忽略了与人文素养的融合发展。

所以，素质教育体现在英语课程中就不能仅仅看发音是否准确，掌握了多少词汇，语法习题做得怎么样，考试成绩如何；对语言学习的价值也不能仅凭个人职场上或生活中能否派上用场，就功利性判断其是否有用，这些只是考虑了英语课程工具性的一面。在当前国际化、全球化和信息化的形势下，英语成为未来经济和文化发展的必然需求。仅从人文性角度出发，改革开放几十年来，国内英语学习者在英语课程中所获得的人文素养的提高已经十分明显，心态开放了，视野开阔了，思维丰富了，与国际接轨了，这些对国家、对国民来说都有重大意义。

但是仍有人对此体验不够，体会不深，究其本质，是因为英语课程的工具性看得见摸得着，是显性的知识和技能，而人文性看似无用，或根本看不见摸不着，是隐性的素养和品质，缺乏量化标准，需要长时间甚至一辈子慢慢修炼、体会和享用。对此，英语教师在具体教学中要更加重视人文性，要先理解、消化和吸收课程内涵，设计出精彩的课堂活动，润物细无声地培养学生的人文素养，让素质教育在英语课程中体现得更加全面和完满。

二、面向全体学生，关注语言学习者的不同特点和个体差异

这一基本理念体现了义务教育的基本特征：是普及教育，是基础教育中的大众教育，而不是精英教育，符合《规划纲要》的基本精神，即国家依法统一实施、所有适龄儿童少年必须接受的教育，具有强制性、免费性和普及性。所以，义务教育阶段的英语课程应该面向全体学生，体现以学生为主体的思想，呈现出义务教育的整体性。英语课程教学的每一个步骤，都要考虑全体学生的发展需求。然而，每一个学生的发展是不均衡的，体现在年龄、性格、认知方式、家庭背景、生活环境的差异上，因此具有不同的学习需求和学习风格。

面对整体性原则和个体差异的现实，广大英语教师在思想上要认清两者看似矛盾对立、实则辩证统一的关系。要体现整体性原则，英语课程教学的目标、方法、内容和评价就要建立在中等学生水平上，不能过高或过低。实际上，课程标准的修订过程也体现了这一理念，考虑了全国各地义务教育的不均衡因素，以各地英语教学的中等发展水平为基准展开修订。但是，个体的差异又必须得到尊重和重视，教师要灵活应对和分类处理不同学习风格的学生，因为只有个体学生都发展了，才能最终实现全体学生的发展。整体性和个体差异性融合了，才能实现因材施教，达到教学的最高境界。

例如，在英语教学中，教师可以根据不同学生的学习风格，将学生的多元智能分为语言智能、数理逻辑智能、空间智能、身体运动智能、音乐智能、人际关系智能、自我认识智能、自然观察者智能等；根据教学内容，将学生灵活分组，充分发挥学生的优势智能来提高语言学习效率。这种多元智能理论在英语教学中的运用，与我国的“德、智、体、美、劳全面发展”以及当前的素质教育理念有共通之处。提倡以人为本，工具性和人文性相统一，就要尊重个体差异，挖掘个体闪光点，从个体优势智能突破，紧密结合语言教学，逐步提升弱势智能。

当然，以人为本，以学生为主体的思想，并不是说学生可以脱离教师的指

导。《英语课程标准(2011年版)》的基本理念中指出英语课程应成为学生在教师的指导下构建知识、发展技能、拓展视野、活跃思维、展现个性的过程,强调了教师指导的必要性。所以,英语学习过程中,学生和教师是辩证关系,学生在教师的指导下从事主体学习。我们坚持以人为本的理念,不是为以人为本而以人为本,其目的是要将青年学子培养成对人民有益的人[①]。

三、整体设计目标,充分考虑语言学习的渐进性和持续性

语言学习具有渐进性和持续性,这是语言学习的一条基本规律。课程标准在目标设计上,充分考虑并遵循了这一规律。《英语课程标准(2011年版)》和《普通高中英语课程标准》共同组成了基础教育阶段英语课程目标的九个级别,有机衔接了小学、初中和高中各学段的英语课程,形成了基础英语教学“一条龙”的发展系列,是科学的、连贯的整体。这一分阶段设计的英语课程目标,清晰地划分了各层级的具体要求,各学段又环环相扣,层层递进,只有顺利完成每一个学段的教学要求,经过循序渐进、持续不断的英语学习,才能最终实现基础教育英语课程的完整性,提高综合语言运用能力。所以这一整体目标的设定和语言学习的渐进性与持续性也形成了辩证、有机的统一。

在分级别进行教学时,关键是要实现各学段的有机衔接,只有这样,持续渐进才有意义。所以,广大英语教师要充分了解课程标准各级别的具体要求,可以通过跨级别听课、跨级别参加教研活动的方式,掌握各级别学生真实水平和需求,科学地组织教学和评价活动。具体到义务教育阶段,小学阶段要求培养学习兴趣,养成良好的语音习惯,掌握学校和家庭生活的简单口语,具备初步的儿童语言语感;初中阶段要求打好语法、语音及听、说、读、写技能的初步基础[②]。

在具体的英语教学中,也同样要遵循语言学习的渐进性和持续性,从字母到单词,从短语到句子,从段落到篇章,都有其特定的学习规律。例如,词汇教学中强调一词多性、一性多义、一词多变、一词多组,但是在小学词汇教

① 陈琳.辩证实践外语教育途径[M].北京:外语教学与研究出版社,2013:47.

② 陈琳.辩证实践外语教育途径[M].北京:外语教学与研究出版社,2013:23.

学中,教师不能一股脑地把单词的丰富变化全抛给学生,要逐步系统地把词组搭配和词缀变化等语言知识和运用介绍给学生,这样才能让学生学有所用,不至于揠苗助长。初中阶段学生的主动性增强,教师可以循序渐进地、有计划地将人文意识培养从课堂拓展到课外,教师教授的人文知识涵盖面要广,内容要丰富。

四、强调学习过程,重视语言学习的实践性和应用性

强调学习过程的基本理念,是针对传统英语教学中过于强调学习结果而提出的。语言学习本身就是一个不断实践和应用的过程,是一个动态发展的过程,而不仅仅是对英语知识体系的简单学习。传统英语教学中,学生课上机械操练,课下死记硬背;教师直接灌输语言知识,关注考试结果,而忽略了充满挑战的交际实践和运用过程。所以,学生没有实践强化,没有应用巩固,对知识和技能的记忆操练变得枯燥无味,收效甚微。根据这一理念,语言学习的实践性和应用性的实现,需要教师创设真实语境,让学生体验真实语言。

在具体的教学中,《英语课程标准(2011年版)》没有给出统一的建议,而是提出"提倡采用既强调语言学习过程又有利于提高学生学习成效的语言教学途径和方法"[①]。这与修订前的"倡导任务型的教学模式"有了很大的变化,不再要求在具体的教学中统一方法,而是提出基本原则和要求,希望教师能够根据教学具体情况,灵活运用各种途径和方法。这些给了一线英语教师极大的自由度,有利于激发教师的积极性和主动性,探索多种符合基本理念又卓有成效的教学方法。

这一基本理念对学生的学习过程提出了具体要求,即可以通过体验、实践、参与、探究和合作等方式,发现语言规律,逐步掌握语言知识和技能,不断调整情感态度,形成有效的学习策略,发展学生的自主学习能力。这里的多种学习方式、情感态度的调整、学习策略的培养、自主学习能力的发展,都离不开教师的指导,要求教师在关注教法的同时,在学生中倡导积极有效的

① 中华人民共和国教育部.义务教育英语课程标准:2011年版[M].北京:北京师范大学出版社,2012:3-4.

学法。在合作学习过程中，教师要合理安排学习内容，均衡分组，布置任务，设计成果验收方式。在自主学习能力培养时，教师要投入大量精力，提出自主学习的主题、计划、方法以及检测标准。所以，这一基本理念中有关学法的内容更新要求英语教师要有更多的思考、设计和指导。

五、优化评价方式，着重评价学生的综合语言运用能力

这一基本理念修改了原来的“注重过程评价”，提出“优化评价方式”，是英语课程评价方面的一个重要更新，不再突出哪一种评价方式，而是注重多种评价方式的优化组合。在传统英语教学中，由于应试教育的影响，教师和学生的焦点集中在考试的结果上，学生为了应试而忽略了积极的情感态度，无法大胆尝试多种学习策略，教师无从着手文化意识的培养。英语课程在考试评价内容上体现为一门单纯的知识性课程，语言的交际交流功能未能得到重视。英语课程的传统评价导向直接影响了英语课程的教学方式。在应试教育调控下，对学生来说，本该丰富多彩、充满乐趣的英语课程变得枯燥无味，毫无生气。所以，改革评价方式的目的就是要让评价促进、引导并影响英语课程教学方式的变革，激发学生的学习兴趣，把评价内容的重点转移到学生的综合语言运用能力上来，综合考察学生的语言知识、语言技能、情感态度、学习策略和文化意识等方面，这样就回答了评价内容的问题。

同时，这条基本理念提出了“采用多元优化的评价方式”，这回答了评价方式的问题。一般来说，评价体系包含形成性评价和终结性评价，这是对应于学习过程和学习结果的评价，修订后的评价理念保留了关注学习过程中的学生表现和进步，这是在具体教学过程中应该继续提倡和加强的。多元的评价方式，包括评价主体的多元化，即教师、同学、自我、家长评价；评价形式的多样化，即纸笔测试、口语对话评估、形成性评价和终结性评价等。优化的评价方式就是要根据不同学生的学习特点，不同语言项目的特征，不同学习阶段的水平，科学、合理地调配组合多种方法来完成评价活动。在具体教学中，教师除了采用一般的测试评价之外，可以采用综合的评价手段，集测试性与非测试性评价于一体，对基础阶段的学生，要综合考虑情感指标、语言指标和文化指标等。

六、丰富课程资源，拓展英语学习渠道

语言学习需要大量的输入。一本教科书、一本练习册并不能提供足够的语言输入，英语课程需要根据不同的语言学习目标和学生的需求，提供大量丰富多样的课程资源。多种资源的开发和利用，不仅可以丰富课堂教学形式，活跃课堂学习气氛，提高学生英语学习兴趣，而且有助于培养学生自主学习的能力和终身学习的意识，对教师的教和学生的学都有极其深远的意义。在课程资源的选取上，《英语课程标准(2011年版)》提出了要贴近学生、贴近生活、贴近时代的要求，所以从传统的实物、挂图、黑板到当前的多媒体资源，只要符合这些要求，再经过一定的编辑处理以符合特定的教学目的和教学内容都应该提倡使用。同样，课程资源的选用不能替代师生语言交流和情感互动，不能脱离语言教学的交际性和应用性，不能偏离学生的实际生活。

课程资源的开发应该遵循多元化的实用性原则，不能一味追求高新技术。例如，学校条件如允许，可以积极地把网络引进课堂，全面推广交互式电子白板；学校条件如有限，则可以把传统的录音机和各种移动设备相结合，把音频引进课堂。在课程资源的参与主体上，《英语课程标准(2011版)》删除了“积极鼓励和支持学生主动参与课程资源的开发和利用”的表达，实质上是将教师和学生同时融入课程资源开发之中，而学生的参与必将提高英语学习的自觉性和自主性，对终身学习的意识培养有重要意义。

第四节　英语课程设计思路解读

课程的设计包括指导思想，课程总目标，课程结构，课程的年级安排、课程的阶段安排、课程的衔接安排、课程的具体课时安排和课程的内容、教学方法的设计等。修订后的英语课程设计思路基本保持了《英语课程标准》(实验稿)的整体思路，但是在表述和内容侧重上有了一些新的变化，更加符合当前课程改革的现实情况，也对今后英语课程的实践教学有了更具体的指导。

首先，修订后的英语课程总体设计思路定义是：“以科学发展观和先进的

外语课程理念为指导，立足国情，综合考虑我国英语教育的发展现状，从义务教育阶段起，建立一个以学生发展为本、系统而持续渐进的英语课程体系。”①这里指出了语言教学需要遵循客观的外语课程的基本规律，同时不可忽视国内英语教学发展的现状。在对要建立的英语课程体系的描述中，又渗透了以人为本的素质教育思想，充分满足义务教育阶段学生的发展需求。紧接着对这一课程体系又进行了细化，从语言技能、语言知识、情感态度、学习策略和文化意识等五个方面设计课程总目标和分级目标。

课程设计思路内容的具体化，为其展示了一个清晰的线路图，表达更加规范。对比修订前统领性、定义性的表达缺失，修订后的英语课程设计思路更符合阅读习惯，有助于一线英语教师理解执行。接着，课程设计思路提出了义务教育阶段英语课程目标体系，即从小学3年级起至初中毕业为义务教育阶段的英语课程，和高中阶段的英语课程衔接后，形成整个基础教育阶段的英语课程，按照能力水平设为九个级别的目标体系，并且对其进行了深入的阐释，最终简洁地呈现这一英语课程目标体系。修订前后的英语课程分级目标体系对照见图2-1。

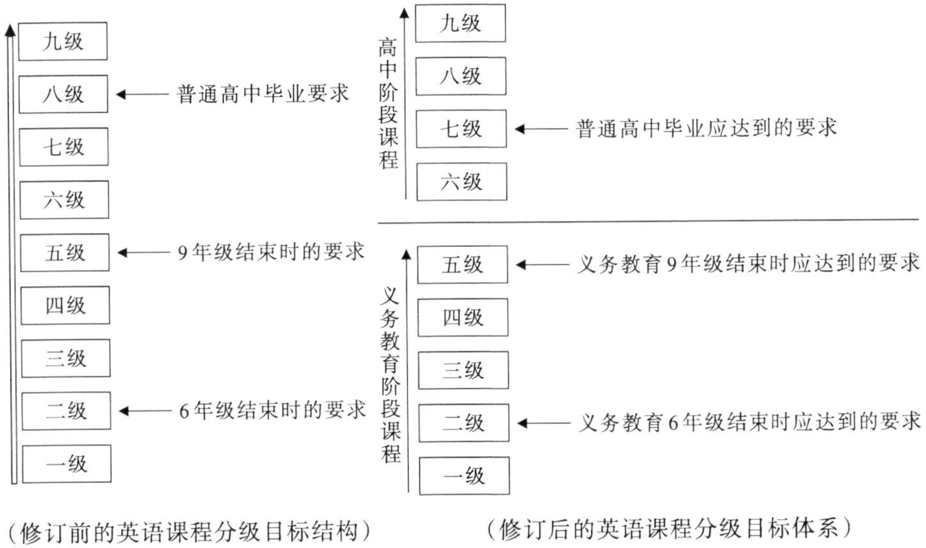

图2-1 修订前后的英语课程分级目标体系对照

① 中华人民共和国教育部.义务教育英语课程标准：2011年版[M].北京：北京师范大学出版社，2012：5.

从修订后的英语课程分级目标体系可以看出，基础教育阶段的英语课程分为两个阶段，既义务教育阶段和高中阶段，其中包含了三个学段，小学、初中和高中。这两个阶段体现了基础教育阶段英语课程设计思路的整体性和系统性。九个目标级别分为两个部分，一至五级为义务教育阶段的目标要求；六至九级为高中阶段的目标要求。课程分级目标体系的级别和学校的年级和学生的年龄并不完全一一对应，只是提出了在相应年级结束时应该达到的要求，即义务教育阶段6年级结束时应完成二级目标，9年级结束时应完成五级目标，其余目标级别为过渡级别。分级目标的制定，有助于英语课程实施过程中对课堂教学和评价考核的分级指导，明确教学的具体目标，减少盲目性和随意性。同时，过渡级别的设定，又考虑了不同地区、不同学生的特殊需求，避免生搬硬套，为教学的针对性和灵活性提供了依据，让学生在满足毕业级别要求的前提下，英语学习可以循序渐进和稳步前进。

修订后的英语课程分级目标体系中，还有一些明显的变化值得关注。例如，目标体系的命名由原来的"英语课程分级目标结构"改为"英语课程分级目标体系"，这种表达更有内涵，能够充分体现英语课程分级目标体系的系统化和整体性；将高中阶段课程和义务教育阶段课程用横线分开，并配上文字解释，能够清楚地区分基础教育阶段英语课程的两个阶段；对学段结束时基本要求分别由"6年级结束时的要求"改为"义务教育6年级结束时应达到的要求"，"9年级结束时的要求"改为"义务教育9年级结束时应达到的要求"，"普通高中毕业要求"改为"普通高中毕业应达到的要求"，在表达上更加严谨和规范。另外，普通高中毕业要求由原来的八级降为七级，"第九级为外国语学校和外语特色学校高中毕业课程目标的指导级，该级别也可以作为部分学校少数英语特长学生基础教育阶段的培养方向"[①]的表述也简化为"八级和九级是为愿意进一步提高英语水平的高中学生设计的目标"[②]，实现了英语课程为学生减负的目的，在语言表达上也更加简洁和精准。

小学英语作为义务教育阶段英语课程的起点，对于英语课程分级目标体系来说意义重大。基础扎实，衔接顺利，对下一个级别目标的完成就有保

① 中华人民共和国教育部.英语课程标准：实验稿[M].北京：北京师范大学出版社，2001:4.

② 中华人民共和国教育部.义务教育英语课程标准：2011年版[M].北京：北京师范大学出版社，2012:5-6.

障,否则就会出现“一级差,级级都差”的连锁反应局面。同时,小学英语以培养兴趣为主,如果目标有偏差,就会影响学生英语课程兴趣的培养,对学生今后的发展影响巨大。修订后的课程分级目标体系,最大的变化是突出了对小学英语的具体指导和细化要求,“在义务教育阶段,从3年级开设英语课程的学校,4年级应完成一级目标,6年级完成二级目标,课时安排应尽量体现短时高频的原则,保证每周三至四次教学活动,周课时总时间不少于80～90分钟”[①]。

另外,对小学英语课程的开设,《英语课程标准(2011年版)》还提出,“各地可根据师资条件、资源配置等情况,制定本地区的课程实施方案,确定小学开设英语的起始年级及小学和初中毕业时应达到的级别要求,特别是小学英语课程的开设,要充分考虑师资力量的配备和教学条件等因素”[②]。对比修订前的描述,“教育基础和师资条件暂不具备的地区或学校,以及把英语作为第二外语开设的学校,可以适当降低相应学段英语课程目标的要求。英语教育基础和条件较好的(如从1年级起就开设英语课程的地区或学校),在不加重学生负担的前提下,可以适当提高相应学段级别的要求”[③]。可以发现,英语课程分级目标体系的设定都考虑了国情的复杂性,强调因地制宜、灵活处理,但是修订后的表述明显更加笼统,回避了提高或降低要求的具体陈述,特别是删除了从1年级起就开设英语课程的说法,避免了一些地方的盲目跟风、误导解读,把对课程标准的精神领会和灵活运用真正建立在地方的英语教育师资和教学条件的基础上,既不盲目提前,也不刻意死守课标,小学英语的起始年级和学段毕业达标要求都要根据地方实际情况来制定。

在英语课程分级目标体系执行过程中,由于教师只能负责某一学段,容易忽视分级目标体系的整体性,难以处理好学段之间的协调和衔接。修订后的英语课程分级目标体系,要求做好学段之间的协调和衔接,尤其要做好

① 中华人民共和国教育部.义务教育英语课程标准:2011年版[M].北京:北京师范大学出版社,2012:6.

② 中华人民共和国教育部.义务教育英语课程标准:2011年版[M].北京:北京师范大学出版社,2012:7.

③ 中华人民共和国教育部.英语课程标准:实验稿[M].北京:北京师范大学出版社,2001:4-5.

小学与初中阶段的平稳过渡，从而促进地区英语教育的均衡发展。对一线英语教师来说，要做到协调和衔接，有必要加强学段和年级之间的交流探讨，可以通过一定量的跨年级、跨学段的教研活动和听课活动来实现，具体可以由地方教研机构来组织完成。

第三章 “课程目标”研究

作为《英语课程标准(2011年版)》的重要组成部分,课程目标直接影响着英语课程教学实施的各大环节,从具体的教学内容,到教材的编写,以及课堂教学的形式、课外活动的组织和最后的评价方法,都要参照课程目标结构和具体标准来执行。修订后的课程目标结构,与《英语课程标准(实验稿)》中提出的内容一致,但在具体表述上有了新的变化。对广大英语教师来说,经历了上一轮的英语课程改革,对课程目标结构中的综合语言运用能力以及五大基本要素,即语言技能、语言知识、情感态度、学习策略和文化意识,已经十分熟悉,并且在教学实践中熟练运用。这是课程改革带来的积极成效,为下一轮课程改革的成功奠定了基础。

所以,对广大英语教师来说,解读修订后的课程目标,重点仍然是研究课程目标的基本结构、具体的分级标准等,做到基本结构字字在心,具体的分级标准句句能用,在教学的每一个步骤都能体现课程目标。

对比《英语课程标准(实验稿)》,修订后的课程目标各自单列小节,分别论述义务教育阶段英语课程的总目标和分级目标,结合分级标准,形成了关于课程目标的三个层次:课程总目标→课程分级目标→课程分级标准。三个层次的关系式上下统领,层层细化,总目标提出了整体框架结构,分级目标对义务教育阶段五个级别的综合语言运用能力进行简要描述,分级标准进一步细分,按照五大基本要素分别对英语课程分级目标体系级别进行阐述。

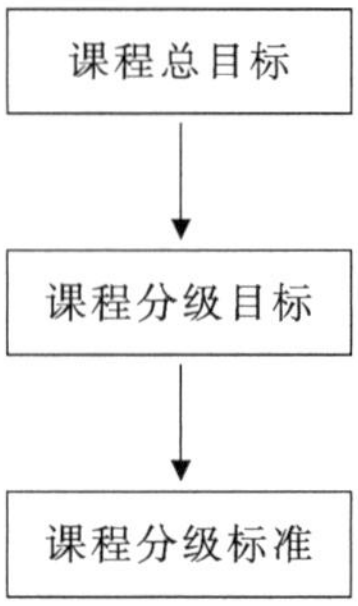

图 3-1　课程目标层次

第一节　课程总目标解读

一、英语课程总目标解读

下面将《英语课程标准》修订前后的课程总目标制表对照研究(见表 3-1)。

表 3-1　修订前后的英语课程总目标对比

修订前的英语课程总目标	修订后的英语课程总目标
基础教育阶段英语课程的总体目标是培养学生的综合语言运用能力。综合语言运用能力的形成建立在学生语言技能、语言知识、情感态度、学习策略和文化意识等素养整体发展的基础上。语言知识和语言技能是综合语言运用能力的基础,文化意识是得体运用语言的保证。情感态度是影响学生学习和发展的重要因素,学习策略是提高学习效率、发展自主学习能力的保证。这五个方面共同促进综合语言运用能力的形成。	义务教育阶段英语课程的总目标是:通过英语学习使学生形成初步的综合语言运用能力,促进心智发展,提高综合人文素养。综合语言运用能力的形成建立在语言技能、语言知识、情感态度、学习策略和文化意识等方面整体发展的基础之上。语言技能和语言知识是综合语言运用能力的基础;文化意识有利于正确地理解语言和得体地使用语言;有效的学习策略有利于提高学习效率和发展自主学习能力;积极的情感态度有利于促进主动学习和持续发展。这五个方面相辅相成,共同促进学生综合语言运用能力的形成与发展。 以语言技能、语言知识、情感态度、学习策略和文化意识等五个方面共同构成的英语课程总目标,既体现了英语学习的工具性,也体现了其人文性;既有利于学生发展语言运用能力,又有利于学生发展思维能力,从而全面提高学生的综合人文素养。

通过对比可以看出,修订前后的英语课程总目标核心思想一致,但是在表述上有了很大变化。修订后的版本对总目标“综合语言运用能力”进行了

修饰，提出了“初步的”要求和标准，在第一部分的英语课程设计思路中对课程目标的描述也未提及此要求。因为基础教育阶段的总目标可以使学生形成综合语言运用能力，但是在义务教育阶段，就必须要降低要求，所以修订后的英语课程总目标在表述上更加规范和精确。

同时，修订后的英语课程总目标又进一步延伸到“促进心智发展，提高综合人文素养”，这与英语课程性质中工具性和人文性相统一是一脉相承的；并且在最后又增加了一段描述，强化了语言技能、语言知识、情感态度、学习策略和文化意识五大基本要素共同构成综合语言运用能力，这再次明示了英语课程中工具性和人文性的统一。这样的强化表达，凸显了《英语课程标准（2011年版）》带来的这一基本变化，有助于英语教师认识、理解并践行这一重要思想：英语课程具有工具性和人文性双重性质。

修订后的版本对英语课程总目标的五大基本要素构成的表达，基本未变，仍然是“综合语言运用能力的形成建立在语言技能、语言知识、情感态度、学习策略和文化意识等方面整体发展的基础之上”①。强调了五大基本要素缺一不可，只有五个方面整体发展了，才能最终促使综合语言运用能力的形成。但是在具体阐释上，修订后的英语课程总目标有了新的表述。在文化意识方面，提出“文化意识有利于正确地理解语言和得体地使用语言”，对修订前的“文化意识是得体运用语言的保证”做出了有益的补充，表明了文化意识既有助于学习和理解语言，又有利于在英语交际活动中得体地使用语言，而不能孤立地体现在语言运用中。

在学习策略方面，提出“有效的学习策略有利于提高学习效率和发展自主学习能力”，使用“有利于”这样通俗易懂的简练表达，表明了只有“有效的”学习策略才能帮助学生提高学习效率，逐渐了解并发展自主学习能力。在情感态度方面，提出“积极的情感态度有利于促进主动学习和持续发展”，在原来中性的表达“情感态度是影响学生学习和发展的重要因素”的基础上，明确地表明应该提倡积极的情感态度，希望形成学习的主动性和发展的可持续性。这些表达可以传递国家课程标准的正面引导效应，加快英语教师对其领悟并运用。

① 中华人民共和国教育部．义务教育英语课程标准：2011年版［M］．北京：北京师范大学出版社，2012：8.

二、英语课程目标结构解读

英语课程目标结构见图3-2。

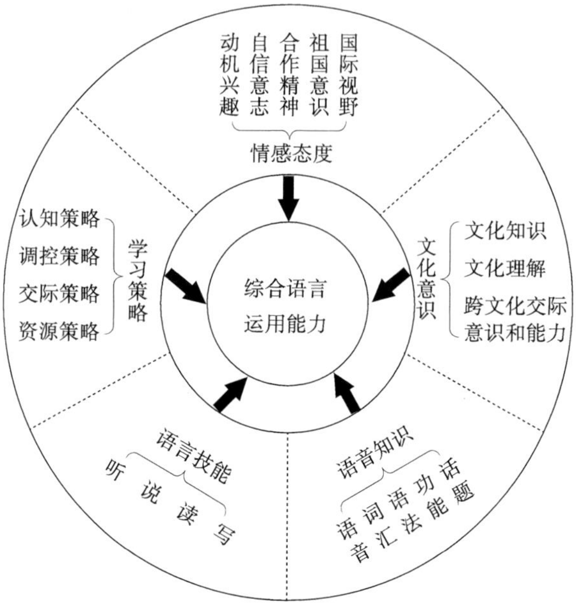

图3-2 英语课程目标结构

修订后的课程标准中，体现英语课程目标结构的饼状图没有变化，精炼高效地传递了义务教育阶段英语课程目标的层次、构成、内涵和互动关系。它既有丰富的理论内涵和指导意义，又有浅显易懂的实践操作性，综合体现了英语课程标准的国家权威性和实用性。具体来说，综合语言运用能力由语言技能、语言知识、情感态度、学习策略和文化意识等五大基本要素构成，由外向内，逐步深入，最终达到核心内层目标，即综合语言运用能力，中间有向内的箭头，表示五大基本要素的努力方向。

五大基本要素环绕着综合语言运用能力，占有的权重是一样的，具有同样的重要性。从动态的角度看，这五大基本要素没有明显的先后顺序之别；从静态的角度看，位置摆放是有讲究的。由语言技能和语言知识在底部构成牢固的支撑，形成综合语言运用能力的坚实基础，也体现了英语课程的工具性；学习策略和文化意识分列两边，既是形成综合语言运用能力的有效渠道和重要方法，也是综合语言运用能力的基本表现形式，既是语言学习的目标，也是语言学习的方法之一，有利于正确地理解语言和得体地使用语言，有利于提高学习效率和发展自主学习能力。情感态度放在结构图的顶部，体现了其在语言学习中的独特地位。情感态度可以在意识形态、精神面貌上改变学习者的状态，其决定因素是人。积极明确的动机、充分的自信和浓厚的兴趣都能对学生产生积极的影响，有利于学生投入较多的时间和精力，面对困难和压力时能够迎难而上，保证英语学习持久的动力，同时也有利于促进主动学习和持续发展。合作精神有助于和谐、健康向上的品格养成，祖国意识和国际视野的形成，也是提高综合人文素养的重要体现。

此外，在英语课程目标结构图里，五大基本要素之间用虚线隔开，表明这些基本要素之间是既有区分又有联系，彼此是互动关系，不能完全割裂开来。在教学实践过程中，教师要将这五大基本要素科学地、有机地结合起来，灵活协调彼此的关系，综合设计每一次教学活动。例如，文化意识可以融入语言技能和语言知识，促进知识的理解和技能的强化，而文化意识的提升过程，也离不开基本的语言技能和语言知识。在语言技能和语言知识的学习、运用和文化意识的培养过程中，学习策略和情感态度可以起到润滑剂和催化剂的作用。

为了进一步认识五大基本要素和工具性与人文性的统一，TESOL（美国英语教师协会）的学者们从中国的英语学习者角度出发，将这五大基本要素简化为三个标准[①]，即学习者、语言和世界，具体见图3-3。

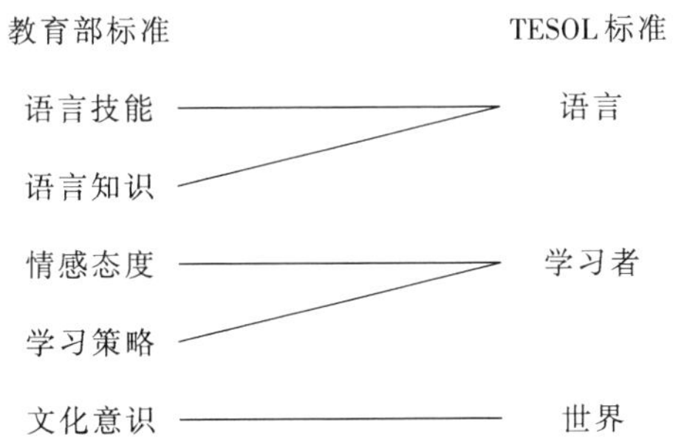

图3-3 教育部关于英语课程目标的标准与TESOL标准对比

① 阿戈尔，陈琳. 英语课程标准在课堂教学中的应用：初中阶段[M]. 北京：外语教学与研究出版社，2007：223-225.

TESOL标准是对英语课程目标构成的重新解读，和我国英语课程目标的五大基本要素一一对应，但更具有概括性，更加突出学习者的中心地位。TESOL标准在教学实践中易于教师理解和把握，值得借鉴。

第二节　课程分级目标解读

课程分级目标在英语课程目标的总体框架里面处于第二个层次，是总目标和分级标准之间的层级描述，整合了总目标下的五大基本要素的基本内容，是指学生在语言技能、语言知识、情感态度、学习策略和文化意识五个方面应达到的综合行为表现的概要性描述。

分级目标不同于总目标的高度提炼的特点，也不同于分级标准的具体化、量化的特点，其概要陈述从五个方面展开，每一个级别的描述都涵盖了语言技能、语言知识、情感态度、学习策略和文化意识的行为表现，对具体教学实践操作有快捷实用的指导作用。

解读英语课程标准，要对比修订前后的分级目标，梳理其中的新变化，探讨其背景和原因，最后要提出建议，指导教师教学实践。修订后的课程标准在基本结构上，义务教育阶段英语课程分级目标呈现了一至五级分级目标描述，继续以表格形式体现，在内容陈述风格上有了改进，由原来的整段描述，分解成了四段，即语言技能和语言知识因两者紧密联系而归为一段，情感态度、学习策略和文化意识各为一段。这样的处理方式与课程总目标结构体系一致，在表述上有连续性，在实践中有助于教师理解和运用。

一、一级目标描述解读

修订前后的一级目标描述对比见表3-2。

表3-2 修订前后的一级目标描述对比

修订前的一级目标描述	修订后的一级目标描述
对英语有好奇心，喜欢听他人说英语。能根据教师的简单指令做游戏、做动作、做事情（如涂颜色、连线）。能做简单的角色扮演。能唱简单的英文歌曲，说简单的英语歌谣。能在图片的帮助下听懂和读懂简单的小故事。能交流简单的个人信息，表达简单的情感和感觉。能书写字母和单词。对英语学习中接触的外国文化习俗感兴趣。	对英语有好奇心，喜欢听他人说英语。 能根据教师的简单指令做动作、做游戏、做事情（如涂颜色、连线）。能做简单的角色表演。能唱简单的英文歌曲，说简单的英语歌谣。能在图片的帮助下听懂和读懂简单的小故事。能交流简单的个人信息，表达简单的感觉和情感。能模仿范例书写词句。 在学习中乐于模仿，敢于表达，对英语具有一定的感知能力。 对学习中接触的外国文化习俗感兴趣。

通过对比可以看出，修订后的一级目标在描述上有了两处明显的变化。第一处变化是将“能书写字母和单词”改为“能模仿范例书写词句”，学生学习的难度有所增加。此处变化主要是围绕书写展开，修订前的表达比较模糊，没有明确是抄写还是听写，是简单的模仿还是有意义的自主表达，表达模糊就会对英语教师的理解和执行产生障碍，无法清晰地给学生具体要求。而修改后的目标则明确了要“模仿范例”，这样学生有了具体目标，教师也有了教学方向，即要提供恰当的范例，以帮助学生理解，并且要教会学生如何有效地模仿。同时将字母和单词扩展到词句，这对学生提高了要求，不再局限于识记简单的字母和单词，而是能连词成句，这有助于学生将英语和生活有机融合，努力尝试意义表达。

第二处变化是添加了“在学习中乐于模仿，敢于表达，对英语具有一定的感知能力”。这是对学习策略方面的分级目标的完善，也是要求教师在处理一级目标时能够引入学习策略意识，积极引导学生模仿，鼓励学生敢于表达。众所周知，语言学习过程中，模仿是基础，从模仿开始，逐步走向有意识的意义表达。但是如何充分有效地模仿，则是学习策略的进一步深化和灵活运用。而学生要敢于表达，离不开英语教师投入大量的精力。有方法有设计，才能实现学生的表达，特别是口语表达。对英语的感知能力，就是对英语的多渠道信息刺激。在一级目标中提出的“一定的感知能力”是未来良好英语语感的开端和基础，与学生自身的语言智能有关，也与教师的教学方法有关。

在义务教育阶段，从3年级起开设英语课程的学校，4年级应完成一级目标。作为起点目标，其对小学英语起始阶段的教学有着重要的示范作用。修订后的一级目标描述中，以兴趣为核心，以模仿为基础，以简单为原则，在语言技能和语言知识方面的要求，符合小学生的心智特点，通过大量简单的听做活动、歌唱、表演和情感交流，能够逐步形成学生对英语的基本感知能力，为更高级别的目标奠定基础。

二、二级目标描述解读

修订前后的二级目标描述对比见表3–3。

表3–3 修订前后的二级目标描述对比

修订前的二级目标描述	修订后的二级目标描述
对英语学习有持续的兴趣和爱好。能用简单的英语互致问候、交换有关个人、家庭和朋友的简单信息。能根据所学内容表演小对话或歌谣。能在图片的帮助下听懂、读懂并讲述简单的故事。能根据图片或提示写简单的句子。在学习中乐于参与、积极合作、主动请教。乐于了解异国文化、习俗。	对继续学习英语有兴趣。 能用简单的英语互致问候，交换有关个人、家庭和朋友的简单信息，并能就日常生活话题作简短叙述。能在图片的帮助下听懂、读懂并讲述简单的故事，能在教师的帮助下表演小故事或小短剧，演唱简单的英语歌曲和歌谣。 能根据图片、词语或例句的提示，写出简短的描述。 在学习中乐于参与、积极合作、主动请教，初步形成对英语的感知能力和良好的学习习惯。 乐于了解外国文化和习俗。

英语课程二级目标作为义务教育6年级结束时应达到的要求，继续从语言技能、语言知识、情感态度、学习策略和文化意识等五个方面，对综合语言运用能力的形成做出了适当的描述，进一步提出了要求。修订后的二级标题做出了一些改进，提出了新的说法。其中，对于兴趣的描述更加简化，“有兴趣”替代了“有持续的兴趣和爱好”，因为对于小学阶段的学生来说，他们的注意力不能长时间集中，对各种新生事物的好奇心不断变化，要形成持续的兴趣有一定难度，所以“有兴趣”的表述更加简洁、灵活和实用，没有提出

过高要求。二级目标是6年级结束时应达到的要求，学生完成小学阶段英语课程，继而进入初中阶段，所以“继续学习英语”也暗示了小学阶段的结束，不是英语课程的结束，而是要继续学习初中阶段的英语课程。

修订后的二级目标在语言技能和语言知识方面，改动较大。首先，对口语表达的要求，在原来的交换简单信息的基础上，提出了“能就日常生活话题作简短叙述”。为此，教师要重视培养学生话题意识，即关注、了解与现实生活密切相关的话题，以及根据语境或要求选择、呈现话题的能力。小学阶段的话题比较简单，要以日常生活为主，不能盲目超越。简单的信息交换主要通过口头对话实现，而“简短叙述”则是口语活动形式的拓展，形式上丰富了，但是难度也增加了。这要求学生能独立表达，同时语言表达要简短且有意义，会使用一些转承连接词来体现段落的逻辑关系。这对小学生来说，实属不易，而对小学英语教师来说，也要深入挖掘教学内容，改进教学方式，才能顺利完成此要求。

其次，修订后的二级目标更加明确了“能做”“能演”方面的要求，把原来的“表演小对话或歌谣”具体化，提出“表演小故事或小短剧，演唱简单的英语歌曲和歌谣”。小故事或小短剧替代了小对话，且要有主题和情节，符合表演的要求，符合小学生爱听爱读故事的特点。旋律优美的英语歌曲，诗节简短、适于吟唱背诵的英语歌谣体现了形式的多样化，突出了英语内容。对表演类教学活动，二级目标突出了“在教师的帮助下”开展，所以英语教师要有一定的表演能力和设计、改编、组织排演的能力，以适应分级目标的教学要求。

再次，修订后的二级目标在书写方面，把辅助提示的内容具体化，即“图片、词语或例句的提示”，这和一级目标的描述基本一致，形成呼应。同时，提升了修订前的“写简单的句子”的要求，即“写出简短的描述”。描述基于句子，但是高于句子，具有交际交流的目的，能够完成简单的任务，表达一定的意义，逐渐引入语篇概念。

最后，修订后的二级目标在学习策略方面丰富了内容，在继续强调参与、合作等解决策略基础上，增加了“初步形成对英语的感知能力和良好的学习习惯”，体现《英语课程标准（2011年版）》中对英语感知能力的一贯重视，引导英语教师在教学过程中加强对英语语感能力的认识和理解。同样的，良好学习习惯的养成，是持续学习的基本保证，也是小学英语逐渐过渡到初中英语课程学习的必要准备。

三、三级目标描述解读

修订前后的三级目标描述对比见表3-4。

表3-4　修订前后的三级目标描述对比

修订前的三级目标描述	修订后的三级目标描述
对英语学习表现出积极性和初步的自信心。能听懂有关熟悉话题的语段和简短的故事。能与教师或同学就熟悉的话题（如学校、家庭生活）交换信息。能读懂小故事及其他文体的简单书面材料。能参照范例或借助图片写出简单的句子。能参与简单的角色扮演等活动。能尝试使用适当的学习方法，克服学习中遇到的困难。能意识到语言交际中存在文化差异。	对英语学习表现出积极性和初步的自信心。 能听懂有关熟悉话题的语段和简短的故事。能与教师或同学就熟悉的话题(如学校、家庭生活)交换信息。能读懂小故事及其他文体的简单书面材料。能用短语或句子描述系列图片，编写简单的故事。能根据提示简要描述一件事情，参与简单的角色表演等活动。 能尝试使用适当的学习方法，克服学习中遇到的困难。 能意识到语言交际中存在文化差异。

修订后的三级目标在综合语言运用能力的五个基本要素的描述上有了改变，对学生的要求提高了。在情感态度上，要培养英语学习的积极性和初步的自信心，这既要以小学阶段英语学习的扎实功底为前提，也对初中英语教师在情感态度培养方面提出较高要求；语言技能和语言知识上，全面贯穿了话题和语篇的概念，超越了小学阶段的基础词句学习；在学习策略上，明确提出了尝试使用适当的学习方法，要求教师和学生讨论并传授符合学生特点的学习方法，让学生正确面对英语学习中遇到的困难，为下一步学生的自主学习做好准备；在文化意识上，二级目标要求乐于了解外国文化习俗，三级目标提出"能意识到语言交际中存在文化差异"，说明在教学过程中，教师要改变以往的单一关注、介绍、感受和分析外国文化，逐步采用文化对比的方法，重点关注中外文化的差异，这有助于调整学生学习世界文化习俗的角度。

对比修订前后的三级目标描述，新的变化主要是在语言技能培养上。在"写"的要求上，修订前为"能参照范例或借助图片写出简单的句子"，修订后改为"能用短语或句子描述系列图片，编写简单的故事"。这里的"简单的故事"，包含主题、人物、时间、地点、情节等要素，"编写简单的故事"要求明显高于修订前“写出简单的句子”,这是从句子层面向语篇层面的跨越。

单从这里的对比看,似乎修订前后的差别很大,但是在修订后的分级目标中,小学阶段已经为语篇概念的渗透做了准备,这是一个自然的、循序渐进的发展过程。而“描述系列图片”和修订前的“借助图片”相比,体现了更准确的表达和更高要求。图片可以是单张图片也可以是系列图片,不加区分的话,在课程标准执行中容易造成理解混乱,而修订后的三级目标明确要求描述对象是“系列图片”,这就要求学生关注图片之间的逻辑关系,人物、事物的前后变化情况。否则,仅仅依靠单个句子或者句子之间毫无联系,很难完成这些复杂要求。

在“说”方面,修订后的三级目标增加了“能根据提示简要描述一件事情”,实际上体现了连句成篇的基本要求。在口语表达中,首先要看清“提示”,什么材料,什么背景,发生了什么事情,这是信息获取和分析的前提。在明确了基本信息之后,对事件的描述也并非易事,要选择恰当的词语来表达事件的先后顺序、相关的话题和人物以及说话者的心理状态等基本内容。

四、四级目标描述解读

修订前后的四级目标描述对比见表3-5。

表3-5 修订前后的四级目标描述对比

修订前的四级目标描述	修订后的四级目标描述
明确自己的学习需要和目标,对英语学习表现出较强的自信心。能在所设日常交际情景中听懂对话和小故事。能就熟悉的生活话题交流信息和简单的意见。能读懂短篇故事。能写便条和简单的书信。能尝试使用不同的教育资源,从口头和书面材料中提取信息,扩展知识,解决简单的问题并描述结果。能在学习中相互学习帮助,克服困难。能合理计划和安排学习任务,积极探索适合自己的学习方法。在学习和日常交际中能注意到中外文化的差异。	有明确的学习需要和目标,对英语学习表现出较强的自信心。 能在所设日常交际情境中听懂对话和小故事。能用简单的语言描述自己或他人的经历,能表达简单的观点。能读懂常见文体的小短文和相应水平的英文报刊文章。能合作起草和修改简短的叙述、说明、指令、规则等。能尝试使用不同的教育资源,从口头和书面材料中提取信息、扩展知识、解决简单的问题并描述结果。 能在学习中相互帮助,克服困难。能合理计划和安排学习任务,积极探索适合自己的学习方法。 在学习和日常交际中能注意到中外文化的异同。

作为英语课程目标体系中一个过渡阶段，四级目标反映了初中英语学习过程中的一个基础阶段，为达到下一个级别，顺利完成义务教育阶段英语课程学习奠定了基础。在情感态度上，四级目标将三级目标中“初步自信心”改为“较强的自信心”，这对学习需要和目标有了明确的认识，反映了这一阶段学生在心智上有了较大的发展；在语言技能和语言知识上，提出了教育资源的多样化，要求培养信息处理的能力和解决问题的能力；在学习策略上，提倡学生之间的互动合作，能够尝试自主学习，探寻适合自身特色的学习方法。

对比修订前后的四级目标可以看出，四级目标的主要变化继续体现在语言技能和语言知识方面。在“说”的方面，由修订前的“能就熟悉的生活话题交流信息和简单的意见”，改为“能用简单的语言描述自己或他人的经历，能表达简单的观点”，对说的内容有了进一步的明确，突出“自己或他人的经历”。在口语表达方面，学生要考虑话题内容的选择。知识面广的学生，在语言交流时总是有源源不断的素材可以调用。所以，在英语教学中，教师既要教授语言技能和语言知识，也要丰富学生的生活经验。

四级目标恰当地选择了人生经历作为口语表达的主题，这有助于初中生缓解口语压力和焦虑，从自己熟悉的经历出发，稳步发展口语表达能力。而“表达简单的观点”，是从描述事情上升到对事件发表观点和看法，从客观的叙述到主观意见的表达，符合初中生逐步认识客观世界，迫切希望表达观点的心理特征。修订后的四级目标有助于学生积极思考问题，努力形成自己的观点，有利于推进以人为本的素质教育。教师在教学中要善于创设语境，选择恰当话题，激发学生创新思维，为学生提供思想交流和情感表达的平台。

在阅读内容方面，修订后的四级目标的变化主要体现在文体材料上。例如，四级目标中提出“能读懂常见文体的小短文”，意味着阅读材料不再局限于叙述类文体，如小故事类，其他常见的文体都可以在教学中加以介绍和使用，如书信和说明文等应用文体，甚至是诗歌。英文报刊文章具有时效性，容易吸引学生注意力，四级目标中第一次明确提出使用“英文报刊文章”，既可以丰富学生的阅读材料，也可以拓宽学生英语学习领域。“英文报刊文章”既是语言学习的内容，又是重要的语言学习渠道，有助于阅读能力和人文知识的快速发展，值得广大英语教师在教学中加以运用。

在“写”的方面，修订前的要求是“能写便条和简单的书信”，修订后改为“能合作起草和修改简短的叙述、说明、指令、规则等”，这传递了合作学习的精神，同时对写作文体也做了较大的拓展，从原有的“便条”和“书信”，发展为“叙述、说明、指令、规则等”。文体的拓展在写作方面和阅读方面是保持一致的，基本思路都是要拓展文体，拓宽思路，发展多元化的语言学习内容。同时，修订后的四级目标强调了写作的过程，重视了“起草和修改”的步骤，而不是仅仅重视写作的结果，有助于加强学生对写作过程的体验，体现了“强调学习过程，重视语言学习的实践性和应用性”这一课程基本理念。

在文化意识方面，修订后的四级目标有了细微但重大的变化，将“在学习和日常交际中能注意到中外文化的差异”改为“在学习和日常交际中能注意到中外文化的异同”。说“细微”变化是因为只有一字之差，说“重大”变化是因为文化意识培养的思路有了方向性的变化，从“差异”变成“异同”，意味着不仅要对比得出中外文化和习俗的不同之处，也要探寻中外文化的相同之处，这样的变化有助于培养学生多角度看待事物，也有利于加强学生对外国文化的学习和理解。

五、五级目标描述解读

修订前后的四级目标描述对比见表3–6。

表3–6 修订前后的五级目标描述对比

修订前的五级目标描述	修订后的五级目标描述
有较明确的英语学习动机和积极主动的学习态度。能听懂教师有关熟悉话题的陈述并参与讨论。能就日常生活的各种话题与他人交换信息并陈述自己的意见。能读懂供7～9年级学生阅读的简单读物和报刊、杂志，克服生词障碍，理解大意。能根据阅读目的运用适当的阅读策略。能根据提示起草和修改小作文。能与他人合作，解决问题并报告结果，共同完成学习任务。能对自己的学习进行评价，总结学习方法。能利用多种教育资源进行学习。进一步增强对文化差异的理解与认识。	有较明确的英语学习动机、积极主动的学习态度和自信心。 能听懂有关熟悉话题的陈述并参与讨论。能就日常生活的相关话题与他人交换信息并陈述自己的意见。能读懂相应水平的读物和报纸、杂志，克服生词障碍，理解大意。能根据阅读目的运用适当的阅读策略。能根据提示独立起草和修改小作文。 能与他人合作，解决问题并报告结果，共同完成学习任务。能对自己的学习进行评价，总结学习方法。能利用多种教育资源进行学习。 进一步增强对文化差异的理解与认识。

五级目标是义务教育9年级结束时应达到的要求，是初中英语学习最高级别的达标要求，是英语课程分级目标在义务教育阶段的总结归纳，为高中阶段的英语学习打下坚实基础，也为今后持续的人文素养发展做好准备。

五级目标继续按照综合语言运用能力的五大基本要素，分成四段进行描述。在情感态度上，经过初中三年的积累，学生对英语学习有了更进一步的认识，学习动机和态度都达到了较高的层次；在语言技能和语言知识上，学生的交际能力有了进一步提高，能够清楚表达自己的意见，阅读材料也扩展到了杂志，各种阅读策略也能够相应运用，写作能力也应该有较大进步，从简短的书写发展成为独立起草和修改小作文；在学习策略上，继续强调合作意识，提倡解决问题、完成任务，更重要的是五级目标开始要求自我评价，能够对学习策略有自我反思，从而进入了策略培养的新境界；在文化意识上，要求学生要有进一步的增强。

对比修订前后的五级目标可以看出，五级目标的变化不大，主要体现在情感态度、语言技能和语言知识方面的改进。第一，在情感态度方面，将“有较明确的英语学习动机和积极主动的学习态度”改为“有较明确的英语学习动机、积极主动的学习态度和自信心”，增加了“自信心”，使得情感态度方面的组成更健全，也符合义务教育阶段课程目标发展的一贯表述。

第二，在语言技能和语言知识方面，将“能听懂教师有关熟悉话题的陈述并参与讨论”改为“能听懂有关熟悉话题的陈述并参与讨论”，删除了“教师”的表达，拓宽了学生语言听力对象，这意味着学生不仅要能听懂教师的陈述，还要引入并尝试大量的话题。同时，参与讨论也发展了口语表达能力，从简单的对话，到表达意见，最终进入复杂激烈的讨论，这对学生的要求逐步提高。在口语表达话题方面，“日常生活的各种话题”改为“日常生活的相关话题”，话题来源限制在与学生密切相关的日常生活，有助于学生积极参与，交流分享个人生活体验，使口语训练更加生活化和个性化。在阅读方面，把阅读材料的界定由“供7～9年级学生阅读的简单读物”简化为“相应水平的读物”，更具有概括性，表达也更加规范。五级目标作为义务教育英语课程的最高目标，相应的阅读水平一般达到初中最高的达标水平，修订前的供7～9年级学生阅读的简单读物显然不能体现这一达标水平。

英语课程分级目标高度概括了综合语言运用能力在语言技能、语言知识、情感态度、学习策略和文化意识等五个方面的表现，有助于对学生的整体水平进行评价，反映了五大基本要素循序渐进和逐步发展的基本特点。对比修订前后的版本可以发现，《英语课程标准（2011年版）》的表达更加科学、规范、具体，更具有操作性，变化主要体现在语言技能和语言知识方面，对口头和书面表达的要求有所提高，对语篇意识的培养有所提前，在学习策略方面，更加重视语感的培养要求，对中外文化异同的辩证认识，也成为修订后对文化意识培养的新思路。

第四章 “分级标准”研究

分级标准在英语课程目标结构中位于最低的层次，是对总目标和分级目标的深入具体的描述，是总目标纲领性表述和分级目标概括性综述的坚实基础。分级标准体现了《英语课程标准（2011年版）》中提出的英语课程工具性和人文性相统一的性质，贯穿以人为本的素质教育精神。在教学实践中，教师要仔细对照具体要求，深入理解、灵活运用，才能帮助学生顺利达到各级目标要求。

本章从语言技能、语言知识、情感态度、学习策略和文化意识五大方面对分级标准进行解读，从总体上对其具体构成予以述评，在对比中梳理英语课程改革中的变化和发展，从而对具体教学实践中的问题进行探讨，提出切实可行的教学建议。

关于分级标准的名称，修订前为“内容标准”，修订后为“分级标准”，修订后的表述更加具体明确，体现了总目标、分级目标和分级标准的不同层次和不同侧重点，有助于广大英语教师的理解。因为，“内容”的提法容易让教师局限在教学内容上，而分级标准不等同于教学内容，是在教学实践内容的基础上体现目标，在学什么的基础上提倡“能做什么”。

在整体框架上（见表4-1），分级标准对语言技能从五个级别展开了描述，对语言知识、情感态度、学习策略和文化意识四个方面只提供了毕业级别（二级和五级）的描述，提出小学和初中阶段的整体性要求，在引导英语课程教学的同时也体现一定的灵活性。语言知识方面，在分级标准描述的基础上，还在附录中提供了相应的详细内容项目表。

表4-1 分级标准整体框架

	语言技能	语言知识	情感态度	学习策略	文化意识
一级	有				
二级(6年级结束)	有	有	有	有	有
三级	有				
四级	有				
五级(9年级结束)	有	有	有	有	有

第一节 语言技能分级标准解读

《英语课程标准(2011年版)》的语言技能分级标准在进入具体描述之前，对英语语言技能进行了综述，对比修订前的表述，基本没有变化，呈现了语言技能的定义、分类、辩证关系和作用。但是整体的语言表达更加简洁规范，如“听、说、读、写四个方面的技能”改为“听、说、读、写等方面的技能”，与小学英语分级标准描述中的“说唱”“玩演”和“视听”技能的多样性表述一致，也符合小学生的心理和生理发展特点。其中，一级技能分成“听做、说唱、玩演、读写、视听”，二级技能分成“听、说、读、写、玩演视听”，三至五级分为“听、说、读、写”。

一、语言技能一级标准对比研究

修订前后的语言技能一级标准对比见表4-2。

表4-2 修订前后的语言技能一级标准对比

技能	修订前的语言技能一级标准	修订后的语言技能一级标准
听做	3.能根据指令做事情，如:指图片、涂颜色、画图、做动作、做手工等; 4.能在图片和动作的提示下听懂简单的小故事并做出反应。	3.能根据指令做事情，如指图片、涂颜色、画图、做动作等。 4.能在图片和动作的提示下听懂简单的小故事并做出适当的反应。

续 表

技能	修订前的语言技能一级标准	修订后的语言技能一级标准
说唱	1.能根据录音模仿说英语; 6.能唱英语儿童歌曲15~20首,说歌谣15~20首;	1.能根据录音模仿说话。 6.能学唱英语儿童歌曲和歌谣15首左右。
玩演	1.能用英语做游戏并在游戏中用英语进行简单的交际; 3.能表演英文歌曲及简单的童话剧,如《小红帽》等。	1.能在教师的指导下用英语做游戏并在游戏中进行简单的交际。
读写	1.能看图识字;	1.能看图识词。 5.能模仿范例写词句。
视听	1.能看懂语言简单的英语动画片或程度相当的教学节目; 2.视听时间每学年不少于10小时(平均每周20~25分钟)。	能看懂语言简单的英语动画片或程度相当的英语教学节目,课堂视听时间每学年不少于10小时(平均每周20~25分钟)。

语言技能一级标准分为听做、说唱、玩演、读写、视听五个方面来描述,以学生"能做什么"为主要内容,实质上指的是学生的语言实践能力。技能项目要求是在活动中激发小学生对英语学习的兴趣,稳步提高基本技能。对比修订前后的语言技能一级标准可以看出,修订后的一级标准,总体上是降低了对小学生的要求,减少了小学生课后的作业负担,集中课堂教学时间,完成一些比较简单的活动,符合小学生刚开始接触英语,对英语的感知能力处于起步阶段,一切以兴趣培养为中心的基本思路。

例如,在听做方面,因为手工活动涉及材料的准备工作,占用时间较多,语言活动参与较少,而且各地条件不均衡,取消了"做手工"的要求;在说唱方面,将原来的"歌曲15~20首"和"歌谣15~20首"改成了"歌曲和歌谣15首左右",减负力度很大,切实考虑了英语课堂时间和安排;在玩演方面,增加了游戏中教师的指导,删除了"表演英文歌曲及简单的童话剧",保留了简单角色表演活动,减轻了学生压力,因为对初学者来说,童话剧表演涉及的时间和条件较多,难度较大;在视听方面,将"视听时间"改成了"课堂视听时间",具体的时间要求不变,这主要是减轻学生课外学习负担,把视听集中在课堂完成,引导学生课外灵活开展视听活动。

在整体减负的同时,读写方面的要求有了提高。看图识"字"改成了看图识“词”，语言表达更准确规范，符合英语语言习惯。不过，增加了“能模仿范例写词句”，这就是对修订前的“字母和单词”的一个跨越，是此次课程标准修订整体提升书写要求的第一处体现，也是把修订前的二级标准书写要求提前到了一级。一级分级标准的模仿范例写词句，通常比较简单，如译林出版社出版的教材《英语》（四年级下册）Unit 3 My day 中，重点讨论了每日作息安排，学生模仿课文提供的例句，可以结合自己的日常生活，写出如“I have breakfast at seven o'clock.”或“I go home at five o'clock.”等许多句子。

这种书写要求的提升在后续级别中还会陆续出现，呈现出连贯性和渐进性的特点，体现了辩证实践外语教育途径实践思路中对笔头实践的建议，“必须在目前注重听说实践的同时，改变学生笔头实践（写记）不足的状况”[①]。在过去忽视听说的历史背景下，出现了“聋子英语”和“哑巴英语”的现象，所以上一轮课程改革过程中突出了听说活动；在教学实践中，由于教师对学生笔头训练的重要性认识不足以及学生笔头训练的方法不当等原因造成学生笔头能力差的现象，而学生书写能力是综合语言运用能力的重要组成部分，所以必须加强书写活动的训练。

二、语言技能二级标准对比研究

修订前后的语言技能二级标准对比见表4-3。

表4-3 修订前后的语言技能二级标准对比

技能	修订前的语言技能二级标准	修订后的语言技能二级标准
听	无变化。	
说	1.能在口头表达中做到发音清楚、语调达意； 3.能运用一些最常用的日常套语（如问候、告别、致谢、致歉等）； 4.能在教师的帮助下讲述简单的小故事。	1.能在口头表达中做到发音清楚，语调基本达意。 3.能运用一些最常用的日常用语（如问候、告别、致谢、道歉等）。 4.能就日常生活话题作简短叙述。 5.能在教师的帮助和图片的提示下描述或讲述简单的小故事。

① 陈琳.辩证实践外语教育途径[M].北京：外语教学与研究出版社，2013：73.

续　表

技能	修订前的语言技能二级标准	修订后的语言技能二级标准
读	无变化。	
写	1. 能模仿范例写句子； 2. 能写出简单的问候语； 3. 能根据要求为图片、实物等写出简短的标题或描述； 4. 能基本正确地使用大小写字母和标点符号。	1. 能正确地使用大小写字母和常用的标点符号。 2. 能写出简单的问候语和祝福语。 3. 能根据图片、词语或例句的提示，写出简短的语句。
玩演视听	2. 能在教师的帮助下表演小故事或童话剧； 3. 能表演歌谣或简单的诗歌 30～40 首（含一级要求）； 4. 能演唱英文歌曲 30～40 首（含一级要求）； 5. 能看懂英文动画片和程度相当的英语教学节目，每学年不少于 10 小时（平均每周不少于 20～25 分钟）。	2. 能在教师的帮助下表演小故事或小短剧。 3. 能学唱简单的英语歌曲和歌谣 30 首左右（含一级要求）。 4. 能看懂程度相当的英语动画片和英语教学节目，课堂视听时间每学年不少于 10 小时（平均每周 20～25 分钟）。

修订后的语言技能二级标准在“听”“读”方面的描述基本无变化，但语言表达更加规范。如在说的方面，“日常套语”改为“日常用语”，“用语”的范围也要比“套语”宽，“致歉”改为“道歉”，符合口语表达；在玩演视听方面，“英文动画片”改为“程度相当的英语动画片”，“英文歌曲”改为“英语歌曲”，统一使用了“英语”的表述，给动画片做出了程度的限定，否则容易引起误解。

修订后的语言技能二级标准的某些要求有所降低。如在说的方面，“语调达意”改为“语调基本达意”。句子的语调包括升调、降调、升降调和降升调，体现在不同的句式中，同一句子在不同场合如果表达的意图不同，语调都有可能变化。即使是一个一般疑问句中的结尾单词，如果不加引导，小学生可能无法顺利做到结尾单词音节中元音读升调。所以，“语调达意”是一个较高的要求，二级标准要求“基本达意”。在具体教学中，为了实现语调基本达意，教师可以遵循渐进的原则，让学生从单个单词的多种语调训练出发，逐渐过渡到一些基本句型，然后才穿插介绍各类特殊和复杂的范例，同时要在实践中让学生体验语调的功能，这样才能促使学生在实践中逐步运用语调。

在玩演方面，把“童话剧”改为“小短剧”。童话剧情节繁简不一，耗时长短不一，而小短剧取材灵活，范围较广，要求较低，耗时较短，符合小学生的理解和表演能力水平。同时，强调了“简单的”英语歌曲和歌谣，删除了“诗歌”“表演”，统一为“学唱”，在数量上也减少了一半多，着实为小学生降低了要求，减轻了负担，也有了更强的操作性。另外，在视听方面也继续强调“课堂视听时间”，有助于小学生课外减负。

修订后的语言技能二级标准也出现了要求提高之处。例如，说的方面在简短对话的基础上，提出了“简短叙述”，写的方面提出了“能根据图片、词语或例句的提示，写出简短的语句”，改进了修订前“能根据要求为图片、实物等写出简短的标题或描述”的表述，因为写“标题”过于简单，而“描述”则要求模糊。同时写的方面还增加了“祝福语”的要求，拓展了“用英语做事情”的范围，从符合英语习惯的问候语到祝福语，学生逐步学会“Best wishes!”或“Have a good time!”，在语言技能实践的同时，也实现了英语思维能力的发展。

在“大小写字母和常用的标点符号”方面，将“基本正确地使用”改为“能正确地使用”，要求提高了不少。在小学毕业时学生基本能够掌握大小写字母，但是小学生常常忽视常用标点符号的规范书写和使用。在书写方面，小学阶段以单句为主，学生对句号圆点的写法五花八门，必须通过模仿和实践运用来逐步掌握。

三、语言技能三级标准对比研究

修订前后的语言技能三级标准对比见表4-4。

表4-4 修订前后的语言技能三级标准对比

技能	修订前的语言技能三级标准	修订后的语言技能三级标准
听	3.能辨认歌谣中的韵律；	3.能感知歌谣中的韵律。
说	3.能在教师的指导下参与简单的游戏和角色扮演活动；	3.能在教师的指导下进行简单的角色表演。
读	2.能理解简短的书面指令，并根据要求进行学习活动； 5.除教材外，课外阅读量应累计达到4万词以上。	2.能理解并执行有关学习活动的简短书面指令。 5.课外阅读量应累计达到4万词以上。
写	3.能参照范例写出或回复简单的问候卡和邀请卡；	3.能参照范例写出或回复简单的问候和邀请。

从语言技能三级标准的对比来看，修订后的语言技能三级标准变化不大，主要体现在语言表达更加严谨、科学和规范上，对学生的要求有一定的降低。例如，在听的方面，对歌谣中韵律的把握，由原来的“辨认”改为“感知”，基本思路是一致的，通过歌谣逐渐培养学生的韵律感，进一步提升英语语感。但是要“辨认”出歌谣中的韵律，学生要通过一系列的步骤，最终还要有结果的呈现，这对学生要求较高，而且缺乏操作性。改为“感知”，要求降低，学生只要能够体会韵律即可，不需要有形式上的结果呈现。在说的方面，删除了“简单的游戏”，保留了“简单的角色表演”，更加符合口语表达的要求，因为游戏的种类较多，如不细分，则可能涵盖多项技能的参与，并不能集中体现在口头交流上。在写的方面，把“写出或回复简单的问候卡和邀请卡”改为“写出或回复简单的问候和邀请”，在写作形式上更加丰富，也更加贴合学生的日常生活实际，书面的问候和邀请体现在多种渠道和格式上，不再局限在卡片上。

语言技能三级标准是初中学段的首次要求，和小学毕业级别的二级标准存在学段衔接的问题，需要英语教师熟悉彼此的具体标准要求，敏锐把握学习方式和内容上跨越较大的变化，在教学中有针对性地加强引导和训练，帮助学生顺利从小学英语向初中英语学习过渡。例如，在语言技能上，从三级标准开始取消了“玩演视听”，并不做具体目标要求，但是初中英语教师在教学过程中，还是要灵活处理，根据语言技能和学生心理特征，穿插一些游戏、播放音频视频和短剧表演等活动。

在听的方面，修订后的语言技能三级标准在思维能力上的要求有了新变化，要求能根据语调变化体会句子意义的变化，能识别语段中句子之间的联系。这要求学生在信息初步获取即能理解的基础上，对信息进行处理加工。在初中英语听力教学中，教师要让学生加强语调和关联词使用的训练，引导学生关注句子之间的逻辑关系，如递进、转折和因果等，推理、挖掘听力材料中的深层含义，完成听觉信息的处理加工过程，实现听力信息意义的重新构建。

在读的方面，修订后的语言技能三级标准要求能读懂简单的故事和短文并抓住大意，能初步使用简单的工具书，并提出了阅读策略的更高要求。为此，教师要利用文章的标题、主题句、关键词、逻辑关系等，激发学生思维的积极性，逐步提高文章的理解力。工具书的使用能够促进自主阅读，提高阅读效率，但是对刚进入初中阶段的学生来说，使用不当反而影响阅读。所以，教师在一开始就要介绍优秀的纸质和电子工具书，训练学生合理使用工具书，逐步培养良好的工具书使用习惯。

在阅读习惯上，修订后的语言技能三级标准保留了“课外阅读量应累计达到4万词以上”。语言学习以大量的输入为基础，通过阅读增加输入，仍是当前的主要渠道，可以迅速形成稳固的语言积累。按照“听说领先，读写跟上”的原则，初中阶段阅读量不能少。而英语课堂教学内容有限，课外阅读就成为英语学习的基础性策略，促使课堂学习向课外学习过渡，教师辅助学生走向自主学习。面对课外阅读量在分级标准中的渐进要求，初中英语教师要做好学生三年的课外阅读规划，从培养课外阅读习惯开始，精选课外阅读材料，鼓励学生自选阅读材料，引导学生建立良好的课外阅读模式，化整为零，设定每日课外阅读量，同时，要重点思考课外阅读的评价方式，如课堂汇报、小组讨论、笔记摘要或建立档案袋等，避免课外阅读走过场、流于形式。

四、语言技能四级标准对比研究

修订前后的语言技能四级标准对比见表4-5。

表4-5 修订前后的语言技能四级标准对比

技能	修订前的语言技能四级标准	修订后的语言技能四级标准
听	1.能听懂接近正常语速、熟悉话题的语段，识别主题，获取主要信息； 3.能根据连续的指令完成任务； 4.能听懂广播、电视中初级英语教学节目。	1.能听懂接近自然语速、熟悉话题的简单语段，识别主题，获取主要信息。 3.能听懂连续的指令并据此完成任务。 4.能听懂广播、电视等媒体中的初级英语教学节目。
说	2.能引出话题并进行几个回合的交谈；	2.能引出话题并进行几个话轮的交谈。
读	2.能读懂说明文等应用文体的材料； 7.能读懂简单的个人信件； 9.除教材外，课外阅读量应累计达到10万词以上。	6.能读懂简单的个人信件、说明文等应用文体材料。 8.课外阅读量应累计达到10万词以上。
写	无变化。	

通过对比可以发现，修订后的语言技能四级标准的变化较少，主要是改进了语言表述，使其更加严谨、规范。在听的方面，提出“接近自然语速”的“简单语段”，逐步提高学生的听力要求。修订前的“正常语速”在理解上有分歧，在材料选用上与真实生活不符，因为口语表达和交流时，学生会根据内容主题、关系程度、个人情感选择不同的语速，很难统一标准形成所谓正常语速，所以真实的语言表达应该是“自然语速”。在听力材料上，因为技术条件的更新，听力材料的内容不再仅局限于广播和电视，更多便捷多样的媒体日新月异，丰富了学生的听力材料选择，所以修订后增加了“等媒体”的表述。例如，互联网时代的学生可以在网络上获取更多的听力材料，既有国内主流英语学习网站，如21世纪英文报网站，也有国外的优秀英语学习网站，如BBC英语教学网站、英国文化协会英语教学网站等。学生还可以在众多的移动设备上搜寻相应水平的听力材料，学习内容更加丰富，学习方式更加便捷。

在说的方面，将“几个回合的交谈”改为“几个话轮的交谈”，更加符合日常会话分析的表述习惯，有利于引导教师关注会话中的序列结构，有助于学生对会话策略的初步认识和理解。

在读的方面，将“说明文”和“简单的个人信件”合并在“应用文体材料”阅读要求中，简化了原有的表达，统一了应用文体的认识。

在写的方面，修订前后基本无变化，但回顾语言技能四级目标对比时，却有“能写便条和简单的书信”和“能合作起草和修改简短的叙述、说明、指令、规则等”的较大差别，这再次表明对《英语课程标准（实验稿）》修订的必要性，以及分级目标和分级标准之间表述一致性的重要意义。分级目标是分级标准的提炼、整合、概括，两者是前后呼应的，不能脱节错位。

例如，在读的方面尚有不足之处，四级目标提出“能读懂常见文体的小短文和相应水平的英文报刊文章”，四级分级标准中强调了“应用文体材料”，而对“报刊文章”这一重要的阅读渠道却无任何描述，分级目标的表述在分级标准中没有体现，不利于教师引导学生拓展阅读内容，不利于学生开展课外阅读活动，应该在下一轮的修订时改进。

五、语言技能五级标准对比研究

修订前后的语言技能五级标准对比见表4-6。

表4-6 修订前后的语言技能五级标准对比

技能	修订前的语言技能五级标准	修订后的语言技能五级标准
听	4.能听懂接近正常语速的故事和记叙文,理解故事的因果关系;	4.能听懂接近自然语速的故事和叙述,理解故事的因果关系。
说	无变化。	
读	4.能读懂常见体裁的阅读材料; 6.能利用字典等工具书进行学习; 7.除教材外,课外阅读量应累计达到15万词以上。	4.能读懂相应水平的常见体裁的读物。 6.能利用词典等工具书进行阅读。 7.课外阅读量应累计达到15万词以上。
写	无变化。	

语言技能五级标准修订后在说和写的方面没有变化,其他方面的更改主要是在语言表达的进一步规范和严谨上。如,在听的方面,把“记叙文”改为“叙述”,在读的方面,把“能利用字典等工具书进行学习”改为“能利用词典等工具书进行阅读”,表述更加精确,更加符合英语学习习惯。但是在读的方面,修订后的语言技能五级标准对分级目标中提到的“报纸、杂志”没有涉及,这表明对阅读输入渠道资源的重视程度还不够。

六、语言技能的辩证讨论

语言技能是我们在使用语言的过程中所采用的方式或方法。一般用听、说、读、写这四项主要的语言技能来讨论我们使用语言的方式,语言技能通常被分为两类:接受性技能和输出性技能。接受性技能包括读和听,是能够从话语中提取意义的技能;输出性技能指说和写,是学生自己输出语言的技能①。一种技能经常分成更小的技能,如听到连贯性言语能够辨音,看到句

① 杰里米·哈默.朗文英语教学实践:第4版[M].王蔷,陈芳,柳伟,等译.北京:人民邮电出版社,2011:275.

子能了解其各部分之间的关系[1]。

关于听、说、读、写之间的辩证关系,《英语课程标准(2011年版)》中提出"听和读是理解的技能,说和写是表达的技能",在语言学习和交际中相辅相成、相互促进。在具体教学中要体现这种辩证互动的关系。接受性技能和输出性技能是一种动态互补的关系。见到和听到的可理解输入越多,习得、注意或学到的英语就越多[2]。而输出越多,反馈就越多,因此也就带来了更多的语言输入。在具体教学中,英语教师要遵循这样的原则:语言学习必须从语言输入开始,输入是输出的前提和基础。学生要想说得好,写得好,教师首先要提供大量的输入实践活动。所以,在义务教育阶段,教师要为学生提供大量贴近日常生活、有声的或文字的资料信息,鼓励学生在大量语言输入的基础上,积极模仿,对比运用,逐步提高表达输出的水平。

在讨论听、说、读、写之间的辩证关系时,不能忽视听说和读写的关系,即口头语言技能和书面语言技能的关系。听说和读写的关系,是辩证统一的关系,听说能力的提高能促进读写能力的提高,反之亦然。要突破重读写、轻听说的传统做法,采用"听说领先,读写跟上"的做法,这符合母语和二语习得的规律,因为人类语言首先是口头语言。

不管是遵循"输入为先",还是提倡"听说领先,读写跟上",英语课程的目标是听、说、读、写技能全面发展,通过大量语言实践,逐步形成综合语言运用能力。接受性技能和输出性技能只是形式上的差别,不反映语言交流中心理活动的本质。在现实的语言交流中,听、说、读、写常常是相互融合、相互交织的(见图4-1)。正如语言技能分级标准综述中提出的"技能的综合运用"和"学生应通过大量的专项和综合性语言实践活动,形成综合语言运用能力",在语言技能分级标准的多个级别中,语言实践活动都以"故事"为核心,综合体现在听、说、读、写和表演方面,从听懂故事到讲述故事,从读懂故事、写出描述到表演小故事,一个主题贯穿了多种技能,分布在不同类别的语言实践活动中,各项技能的专项训练彼此呼应,形成互动的局面,体现

① 里查兹,史密特,等.朗文语言教学与应用语言学词典[M].管燕红,唐玉柱,译.北京:外语教学与研究出版社,2005:379.

② 杰里米·哈默.朗文英语教学实践:第4版[M].王蔷,陈芳,柳伟,等译.北京:人民邮电出版社,2011:276.

了外语教学中辩证实践的外语技能要求原则。

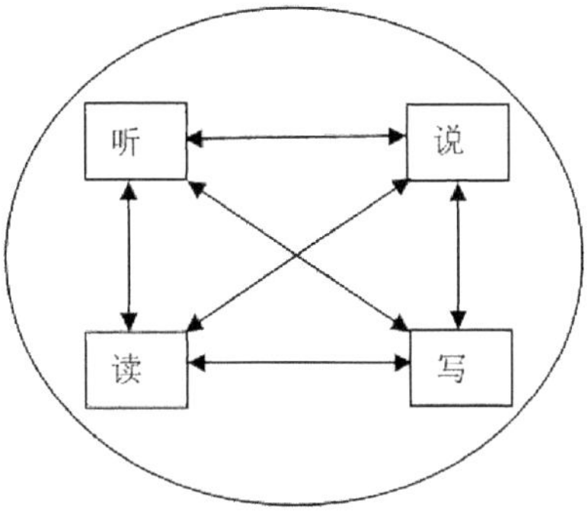

图4-1 语言技能辩证关系示意

在英语教学中，只有考虑两项或多项技能融合的综合性语言实践，体现各项技能之间的衔接配合，才能为学生提供较真实自然的技能训练活动。例如，合作听写活动(Dictgloss)中，由教师讲或者播放一个无停顿的故事，让学生听写并记笔记，然后分组讨论故事内容，借助笔记或自己的语言，尽力把故事写出来，由小组代表汇报。此活动内涵丰富，单从语言技能训练角度分析，它融合了听力、口语、写作和阅读的语言技能，是典型的综合性语言实践活动。

在分析语言技能分级标准时，还要关注不同级别技能要求的一致性和连贯性，这样才能在整体上把握各级目标要求的发展脉络，在全局上设计各学段语言技能的发展规划。分级标准的各级别要求体现了从简单到复杂，从基本掌握到正确运用，从教师帮助学习到逐步自主学习，从词句到语篇，从笼统的技能要求到细分的微技能的特点。例如，从读的角度看，五级分级标准体现了“简单认读→图片辅助阅读→读懂大意→工具书帮助阅读→简单策略阅读”的发展脉络；从写的角度看，五级分级标准体现了“模仿写词句→写简短语句→编写简单故事→合作书写文段→短文短信书写”的发展步骤。

第二节　语言知识分级标准解读

语言知识是综合语言运用能力的重要组成部分，与语言技能、情感态度、学习策略和文化意识相辅相成，既体现英语课程的工具性，又体现了其人文性，既有利于学生发展语言运用能力，又有利于学生发展思维能力，从而全面提高学生的综合人文素养。在语言习得过程中，语言运用和语言技能的训练在日常生活实践中逐渐展开，而语言知识更多的是在教育的背景下逐步习得成为语言技能运用的基础，从而推动语言实践的进一步发展。

在英语学习过程中，对于小学阶段来说，语言符号体系规则相对抽象复杂，语言教学以实践中的模仿训练为主，语言学习内容比较简单。不同学段对语言知识的侧重不同，但这并不等于可以忽略语言知识在语言学习和运用中的重要意义。语言知识中关于语音、词汇、语法等的规则，如发音、拼写、语法、语义和语用等，在语言运用实践的基础上，可以极大地提高学习者的学习效率，加快语言运用能力的培养。英语教师要开展语言知识教学，并指导语言实践。掌握语言知识的目的是最终在语言实践中运用知识。

《英语课程标准（2011年版）》中对义务教育阶段的语言知识分级标准按照语音、词汇、语法、话题和功能等语言形式展开描述，只涵盖了小学和初中毕业级别（二级和五级），详细内容在附录1~5中呈现。本章从语音、词汇、语法、功能和话题几个方面对修订前后的版本进行对比研究，并就具体实践提出适当的建议。

一、语音知识分级标准解读

在日常口头语言表达过程中，从单个的音素到辅音连读，从重音到语调，语音知识的缺乏都有可能造成交流障碍、产生歧义甚至交际停止，同时，较重的口音常常给外语学习者带来不少麻烦。语音知识的发展对听力理解和口语表达的影响巨大，听力、口语水平的滞后又会直接影响语言学习的兴趣和信心，同时，语音知识掌握不好，也会影响语法、词汇等的学习。英语教师在进行语音知识教学时，常有一些困惑，如什么是完美的发音，是否要教音标，教英式发音还是美式发音等。所以，学习语音知识标准，有助于英语教师正确看待语音知识在语言学习中的地位，明确语音教学的目标，提高学生的语音能力。

（一）语音知识二级标准对比研究

修订前后的语音知识二级标准对比见表4-7。

表4-7 修订前后的语音知识二级标准对比

修订前的语音知识二级标准	修订后的语音知识二级标准
1.知道错误的发音会影响交际； 2.知道字母名称的读音； 4.了解单词有重音； 5.语音清楚，语调自然。	1.正确读出26个英文字母。 3.了解单词有重音，句子有重读。 4.了解英语语音包括连读、节奏、停顿、语调等现象。

通过对比可以看出，修订后的语音知识二级标准的描述更加明确。例如，修订前的“知道错误的发音会影响交际”表达十分笼统和模糊，如错误的发音指的是单词的发音问题，还是句子的读音问题，或者是口音缺陷？影响交际的表现是什么？是误解、障碍还是中断了？而修订后的语音知识二级标准在单词重音的基础上，提出了句子重读现象，这有助于促进学生了解口头交际中语音的重要作用。如单词banana或kangaroo，如果重读错误，交际是会略受影响的，对方会觉得口音有问题。句子重音处理不同，就会有不同的意义理解，这就容易产生歧义，如“Peter plays basketball every day.”这句话，选择不同部分重读会传递不同的意义。

修订后的语音知识二级标准，将“知道字母名称的读音”改为“正确读出26个英文字母”，明确了对字母的要求。能读出字母是一个非常明确的目标，“知道”的范围太大，可以是能指认，可以是大小写能匹配，在实践中不好操作。修订前的“语音清楚，语调自然”对小学生来说，要求太高，难度较大，在国内语言英语环境缺乏的情况下，要实现此目标，还需要很长时间。修订后的语音知识二级标准提出的要求比较切合实际。“了解英语语音包括连读、节奏、停顿、语调等现象”，这将标准具体化了。连读、节奏、停顿、语调这些语音现象对小学毕业生而言仍然太难，所以只能是“了解”这些现象，从了解语音知识逐步走向运用语言知识。

从整体看,修订后的语音知识二级标准更加具体化,更加符合小学毕业生的实际水平,同时也强调了单词和句子的重音意识。在具体教学中,英语教师要关注单词重读音节的训练,要尽快从单个音素和音节教学过渡到重读音节教学,可以借助响板或手势,通过夸张的节拍形式在课堂教学中不断重复和强化,逐渐整理单词重读模式,如 to′morrow, me′chanic, com′puter,或直接写出音标/′peɪpə/。句子重音是重要的语言特点,它给听者提供了说话者的表达要点的关键线索。句子重音可以融入听力和口语技能训练中,学生既要敏锐把握说话人的重要信息,也要通过句子重音来传递自己的深层意图。

(二)语音知识五级标准对比研究

修订前后的语音知识五级标准对比见表4-8。

表4-8　修订前后的语音知识五级标准对比

修订前的语音知识五级标准	修订后的语音知识五级标准
2. 了解英语语音包括发音、重音、连读、语调、节奏等内容; 5. 根据读音拼写单词和短语。	4. 根据读音规则和音标拼读单词。

通过对比可以看出,修订后的语音知识五级标准变化不大,将修订前的"了解英语语音包括发音、重音、连读、语调、节奏等内容"的要求,提前到了语音知识二级标准中,提升了语音知识二级要求。在语音和拼读方面,将修订前的"根据读音拼写单词和短语"改为"根据读音规则和音标拼读单词",规范了语言表达,也明确了对音标学习的要求。

在语音和拼写方面,因为读音本身无法帮助拼写,真正起作用的是语音规则。英语不属于音位拼写体系,拼写和读音之间不是简单的对应关系。例如,一个字母或字母组合在不同单词里有不同发音,一种发音可以由不同字母或字母组合来实现。如字母 o 在单词 dog 和 come 里有不同发音,ea 在单词 tea 和 great 里的发音都不同。

英语的拼写系统看似复杂,但还是有很多规则可以遵循,超过 80% 的英语单词的拼写是有规律的,只有不到 500 个单词的拼写可以被认为是完全没有规律[①]。例如,字母组合 ph 和辅音/f/的对应关系,体现在 phone, photo, elephant 等单词上;半开音节中的元音字母读字母的本音,如 bake, rice, cute 等;相同的后缀在不同的单词内发音也基本相同,如 action, explanation, correction 等;同一词根在不同单词内有类似情况,但也有发生变化的,如 care, careful, careless,还有 photo, photograph, photographer 等。

这就要求教师在教学中把拼写和发音结合起来,逐步整理归纳一系列的发音规律,帮助学生同时掌握读音和拼写规则。同时,读音规则的学习,也可以让学生举一反三,提高课外自主学习能力。另外,掌握拼写规则离不开一定的词汇量的支持,在大量单词学习的基础上,逐渐归纳整理积累,这是感性认识到理性认识的发展过程。

音标地位的明确也是《英语课程标准(2011 年版)》的一个重要特点。修订前的语音知识未提及音标知识,导致一直以来大家对音标在英语学习中的地位争论不休。此次明确提出根据音标拼读单词,这是肯定了其重要地位和作用。根据《英语课程标准(2011 年版)》的要求,音标的拼读是初中毕业级别的要求。为什么要教音标? 要知道如何发音就必须学习音标。因为词典和教材都会给词条加注音标,这也是学生自主学习能力的基础,所以音标是拼读单词的工具。同时,由于英语读音和拼写的复杂关系,学生容易对不同的音素和拼写产生困惑。所以,教师用音标进行教学可以激发学生的音素意识,促进学生对语音规则的关注。如果教师和学生都懂音标,那么就很容易解释发音时的错误以及产生错误的原因,也可以运用这些音标进行发音的任务活动和游戏[②]。

教师在进行音标教学时应该考虑以下几点:第一,什么时候教音标? 作为语音的转写体系,音标符号对初学者并不合适,培养初学者的学习兴趣最重要。当然,语音教学可以正常进行,学生可以依靠大量的语音输入逐步积累语音规则。从《英语课程标准(2011 年版)》的语音知识要求看,音标拼读的表述没有放在语音知识二级标准中,而是被明确为五级标准的要求。英语教师可以依据此标准要求来开展音标教学,学生只需要识读音标而不需

① 凯利.朗文如何教发音[M].邹为诚,译.北京:人民邮电出版社,2011:153.

② 杰里米·哈默.朗文英语教学实践:第4版[M].王蔷,陈芳,柳伟,等译.北京:人民邮电出版社,2011:261.

要会拼写，只需要逐个学习而不是一次性学完所有音标，避免产生厌学情绪。第二，音标教学要与读音规则结合。读音规则是英语学习的基础，它包含元音字母的读音规则、辅音字母的读音规则、字母组合 gh 的读音规则等。学生只有掌握了读音规则，才能更好地学习英语。第三，音标教学必须与实践运用结合。音标符号学习不是最终目的，音标表背得再熟练，也要在拼读实践中巩固应用，这是音标学习的必然途径。音标教学在课堂上可以和教材结合，在课外自主学习时可以和词典使用结合起来。

在具体教学实践中，英语教师要根据学生的实际情况，结合其他辅助工具，创新设计活动，让学生在语言实践过程中学习、体验和运用音标。音标本身不是目标要求，音标知识只有运用在听、说、读、写的技能实践中，才能真正发挥作用。

音标教学中优秀的辅助工具众多，如，BBC 英语教学网站的 Pronunciation Tips（发音技巧），提供发音视频讲解和练习；英国文化协会英语教学网站的 Phonemic Chart（电子音标表），提供音标和例词发音；朗文出版社出版的 *Longman Pronunciation Coach*《朗文发音词典》，提供单词真人发音。

《英语课程标准（2011 年版）》还强调了语音的表意功能，即根据重音和语调的变化，理解和表达不同的意图和态度。这就要求听话者在实际交流中能够理解说话者采用重音和语调的变化带来的意义上的变化，同时听话者自己也能够灵活运用重音和语调来表达不同的意图和态度。在语音教学中，教师需要提供大量真实的语音输入，学生多听并了解英语是如何发音的。强调表意功能，也是要求教师正确理解发音教学的目标，即发音的可理解性，而不是一味追求和本族语者一样的完美性。而重音和语调的运用才是发音可理解性的关键特征，因为重读传递信息中的重要部分，语调是语义重要的载体。

二、词汇知识分级标准解读

所有语言都包含词汇[①]。词汇是语言意义表达的核心基础，是语言学习的起点，也是英语学习者最关心的内容。人类一直在创造新词汇，学习新词

① 斯科特·索恩伯里.朗文如何教词汇[M].王琦，译.北京：人民邮电出版社，2011：1.

汇和新词义。对英语学习者来说，词汇是最需要的，也是最复杂的语言知识项目，找不到合适词汇表达思想时，尴尬和痛苦难以言表。在语法知识缺乏时进行语言表达，还能用词汇表达简单内容，而没有了词汇则什么也表达不了。词汇在语言实践运用中起了基础性作用，从语音、语法知识的学习，到听、说、读、写的技能训练，都离不开词汇。在听、读技能训练时，词汇是意义构建的首要条件，对语言输入的理解有重要作用。

（一）词汇知识二级标准对比研究

修订前后的词汇知识二级标准对比见表4-9。

表4-9 修订前后的词汇知识二级标准对比

修订前的词汇知识二级标准	修订后的词汇知识二级标准
1.学习有关本级话题范围的600~700个单词和50个左右的习惯用语；	2.知道要根据单词的音、义、形来学习词汇。 3.学习有关本级话题范围的600～700个单词和50个左右的习惯用语，并能初步运用400个左右的单词表达二级规定的相应话题。

通过对比可以看出，修订后的词汇知识二级标准增加了要求，即要根据单词的音、义、形来学习词汇。这传递了词汇学习的基础认识，即了解词汇就要学习词汇的发音、意义和形式。这对教学来说具有实践指导意义。传统的词汇学习关注意义和形式，忽略发音，修订后的词汇知识二级标准包含了三大基础层面。

在词汇量方面，修订后的词汇知识二级标准和修订前的内容保持一致，但是在600～700个单词和50个左右的习惯用语的基础上，补充了“能初步运用400个左右的单词表达二级规定的相应话题”，从附录3的二级词汇表可以看到，小学二级基本词汇是423个词。这降低了小学毕业生的词汇要求，但增加了词汇学习程度的区分，强调了词汇在语言表达中的运用。也就是说，要求掌握这423个词的读音、词义和拼写，还要能够用来表达相关话题。其余的200多个词就不需要达到“四会”了，能够识别，了解意思即可，这减轻了小学生的学习负担，也给小学英语教学一定的自由度，根据学生实际水平来决定增加难度或保持现有水平。

在词汇教学方面，教师要结合小学生的心理特点，充分使用传统和现代的教学媒体，为学生创造充满乐趣的词汇学习的氛围，在活动、游戏中呈现、巩固、运用词汇。例如，在小学词汇学习的各环节，图片可以辅助构建意义和词形之间的联系，减少语义的解释和母语的干扰，正如语言学习软件程序“罗塞塔石碑”那样，引入“沉浸式”的学习方法，让学生在图片中寻找、对比、确认和巩固词汇。同时，小学生充满活力，渴望竞争，在词汇巩固环节，可以采用一些竞赛类的游戏，让词汇学习更加有趣。例如，游戏“Grab it！”中，老师制作一个单元的单词卡片，分发给每一个小组一套，然后随机读出其中一个，让组员快速在众多卡片中识别，并快速拿起汇报“I got it!”，单词卡片得到最多的小组获胜。游戏十分简单，但是学生学习兴趣很容易激发，情绪高涨，同时也顺利完成了词汇巩固。

同时，条件允许的话，可以采用英国文化协会英语教学网站上的Wordshake词汇游戏，来巩固、检测学生的词汇拼写。此游戏简单易玩、充满挑战，要求在3分钟内，运用提供的16个字母自由组合单词，每个单词依据字母数计分（每个单词至少有3个字母）。游戏结束时，电脑自动得出总分。

（二）词汇知识五级标准对比研究

修订后的词汇知识五级标准具体要求没有变化，继续扩展学生对词汇知识的理解，从单词逐步延伸至短语、习惯用语和固定搭配，要求学生在掌握词汇基本含义的基础上，重视其在特定语境中的意义，即引申义的学习。实践运用的思路在修订后的词汇知识五级标准中得到了重视，词汇的学习、巩固和运用，都要在实践中进行，要鼓励学生运用词汇来做事情，如描述事物、行为和特征，说明概念等。

另外，在扩展的词汇内容中，要重视词块的概念，其中包含了词语搭配（如set the table）、短语动词（如run out of）、习语、警句和格言（如Mind your own business.）、句子框架（如Would you mind if ...?）、社交套语（如have a nice day）和话语标记（如on the other hand）等。这是基于《英语课程标准（2011年版）》提出的单词形式上的要求。词块的形式是固定或半固定的，可以灵活组合使用，表达一定的意义，直接用于交际。

由于词块是在单词层面的发展扩充，是预制好的结构，因此可以在口语表达和写作中快速使用。在教学实践中，教师应该鼓励学生准确而恰当地学习和使用词块，这样有助于提高学生的听力、阅读、口语、写作水平，从而提高综合语言运用能力。为了提高学生的词块运用能力，教师可以在教室定期张贴一些词块供学生学习，如“I told you that ...”、“I got it.”等常用表达。BBC英语教学网站也提供了不少关于词汇学习的栏目，如“Today's Phrase”“The Teacher”“Words in the News”“Face Up to Phrasals”等，这些栏目在轻松活泼的语境中进行词汇教学，非常适合学生课后扩展词汇，也可以由教师在课堂灵活使用。

从总体上看，词汇知识五级标准重点强调了学生对词汇的多角度认识，同时也继续强调了在语境中理解和学习词汇，充分掌握在交际活动中运用词汇，而不仅仅是掌握词汇的含义。这些要求都充分体现了英语教育中的实践观点，即在实践中学习词汇，在实践中丰富词汇意义，在实践中学会使用词汇。

三、语法知识分级标准解读

语法是语言的组织规则，既有规定性的，也有描述性的，包含词素如何构成单词，单词如何构成短语，如何由词到句，如何连句成篇等。语法发展过程中，逐渐形成了口语语法和书面语语法。语法传达意思——一种非常精确的意思①，特别是在简单词汇不足以表达意思时，语法可以指导我们运用句法和构词法的原则，组织有意义的词汇，来表达我们的意图，实现一定的功能，这就是语法的作用。对于英语学习者来说，语法意义重大，当简单词汇和背景线索无法传递意思的时候，语法就有必要登场，用以遣词造句，传递意义，完成交际。所以，语法是一种手段，不是学习的目的，是用来指导语言实践的。在英语学习过程中，关于语法的争论——教与不教、隐性地教还是显性地教——一直存在，通过研究语法知识分级标准，有助于理解语法知识相关问题，对英语课程教学实践有着直接的指导意义。

① 斯科特·索恩伯里.朗文如何教语法[M].邹为诚，译.北京：人民邮电出版社，2011：4.

(一)语法知识二级标准对比研究

修订前后的语法知识二级标准对比见表4-10。

表4-10 修订前后的语法知识二级标准对比

修订前的语法知识二级标准	修订后的语法知识二级标准
1.知道名词有单复数形式; 2.知道主要人称代词的区别; 3.知道动词在不同情况下会有形式上的变化; 4.了解表示时间、地点和位置的介词; 5.了解英语简单句的基本形式和表意功能。	1.在具体语境中理解以下语法项目的意义和用法: · 名词的单复数形式和名词所有格; · 人称代词和形容词性物主代词; · 一般现在时,现在进行时,一般过去时和一般将来时; · 表示时间、地点和位置的常用介词; · 简单句的基本形式。 2.在实际运用中体会以上语法项目的表意功能。

通过对比可以看出,修订后的语法知识二级标准在表述上有了很大的变化。首先是体现了辩证实践外语教育途径的实践思路,在整体架构上添加了“在具体语境中理解以下语法项目的意义和用法”,“在实际运用中体会以上语法项目的表意功能”,所有的具体语法规则都要在这两条原则下来开展教学,从而体会“怎么教”和“教什么”的核心原理。

语法是从语言实践中归纳出来的,就必须回到实践中去教,即“在具体语境中理解”和“在实际运用中体会”语法,而不是孤立地讲解一条条语法规则;应该在实践中结合语境去学习,继而在实践中运用所学,进一步反思理解所学。每一种语法形式的选择都是为了表达说话者的意图,这个意图的大背景就是语境。例如,早上起来谈今天的计划时,用“be going to do”,时间的背景很清楚,要表达的是将来的事情,而晚上回家谈今天的事情,就是过去的事情,要用过去时了。在具体教学中,教师要创新设计语境,在语境中鼓励学生体验、思考、归纳出语法规则,再把语法规则具体运用到新的恰当的语境中。这就回答了“怎么教”的问题。

而“教什么”的问题,在修订后的语法知识二级标准有了新的提法,即语法项目的“意义和用法”与“表意功能”。语法规则既有形式上的体现,也有具体的用法,同时还表达一定语境下的目的和作用。传统语法教学注重结构形式本身,修订前的表述只关注简单句的表意功能,修订后的表述引导教师在形式学习的同时,要关注所有语法项目表意功能即目的和作用,这符合用英语做事情的实践原则，也符合小学生的心理特征，即探寻意义的天性，而不是天生喜欢形式和规则。例如，时间的变化、事件和过程都可以用时态的变化来表达，人际关系可以通过不同的情态动词来体现，如can、may、might或Would you mind...?等。这就回答了“教什么”的问题。

在具体的语法项目上，修订后的语法知识二级标准增加了“名词所有格”项目和“形容词性物主代词”，把“知道”和“了解”改为“理解”和“体会”，在程度上提高了要求。在时态项目上更加具体化，明确要求理解一般现在时、现在进行时、一般过去时和一般将来时，这给实际教学划定了范围，避免了“动词在不同情况下会有形式上的变化”这样模糊表达造成的混乱，实际上也是降低了难度。

英语教师在语法教学时，要遵循一些基本原则：语境原则、使用原则、简洁原则、得体性原则等。由于小学生学习能力较弱，学习动机不明确，教师要多采用“隐性”语法教学，防止学生对过多的语法讲解产生抵触情绪。隐性语法教学是以语言活动为基础的，教师提供语境和语言运用机会，将语法内容自然嵌入在活动中，让学生慢慢地在多次活动中去感知、理解、归纳语法知识。例如，可以将故事引入语境来介绍一些特定的句型①，如用图片辅助，给学生讲金发姑娘和三只熊的故事，以叙述和提问的方式多次抛出“Someone's been eating my porridge.”和“Who's been eating my porridge?”，或改成“Someone's been reading my newspaper.”和“Who's been reading my newspaper?”的表达，多次故事活动后，甚至可以加入“Someone's been using my computer.”或“Someone's been picking my flowers.”等②，这样几轮活动结束后，学生能在故事语境的帮助下体会和运用have been doing句型的意义和用法。虽然现在完成进行时在小学阶段没有提及，但是将故事引入语境还是十分有效的，值得尝试。

① 李静纯.小学英语故事教学[M].北京：外语教学与研究出版社，2013：38.

② 斯科特·索恩伯里.朗文如何教语法[M].邹为诚，译.北京：人民邮电出版社，2011：172-173.

（二）语法知识五级标准对比研究

修订前后的语法知识五级标准对比见表4-11。

表4-11 修订前后的语法知识五级标准对比

修订前的语法知识五级标准	修订后的语法知识五级标准
1.了解常用语言形式的基本结构和常用表意功能； 2.在实际运用中体会和领悟语言形式的表意功能； 3.理解和掌握描述人和物的表达方式； 4.理解和掌握描述具体事件和具体行为的发生、发展过程的表达方式； 5.初步掌握描述时间、地点、方位的表达方式； 6.理解、掌握比较人、物体及事物的表达方式。	1.理解附录“语法项目表”中所列语法项目并能在特定语境中使用。 2.了解常用语言形式的基本结构和常用表意功能。 3.在实际运用中体会和领悟语言形式的表意功能。 4.理解并运用恰当的语言形式描述人和物；描述具体事件和具体行为的发生、发展过程；描述时间、地点及方位；比较人、物体及事物等。

通过对比可以看出，修订前后的语法知识五级标准在具体内容上基本保持一致，注重了语言形式和表意功能之间的密切联系，要求学生在掌握基本结构的基础上，还要充分了解其表意功能，不能仅仅了解语法形式而已，要能够掌握和使用具有表意功能的多种语法表达形式，同时强调在实际运用中体会和领悟语言形式的表意功能，突出在实践中教语法、学语法和巩固语法的基本思路。

修订后的语法知识五级标准增加了“理解附录‘语法项目表’中所列语法项目并能在特定语境中使用”的表述，把语法教学的具体要求指向附录中的语法项目表，使其要求更加明确，也更加有利于教师的实践操作。在理解语法项目表的基础上，提出了“在特定语境中使用”的要求，这是对语法项目理解学习提出的新思路和新方向，明确了语法项目具有动态发展的特征，对其理解和运用都离不开一定的语境支持。在具体语法教学中，教师要善于理解语境和语法的关系，同时积极创设一定的语境，让学生在其中学习、理解和运用语法。

以现在进行时为例，作为一个重要的语法项目，其在不同的语境中，具有不同的表意功能，除了表达尚未完成、正在进行或发展之中的基本意义之外，还可以表达根据计划、安排很快要发生的事情，或者是表达令人恼怒的行为。如“We're leaving on Saturday morning.”、“I'm having a party next week， do you want to come?”、“She is always complaining whenever you talk to her.”，要准确理解并能够具体运用这些语法结构的表意功能，必须重视语境创设，培养学生在特定语境中理解并运用语法知识的能力。

同时，修订后的语法知识五级标准在语言表达上更加简洁。例如，把修订前关于人和物，具体事件和具体行为的发生、发展过程，时间、地点及方位，人、物体及事物比较的各类表达方式的要求，统一整合归纳在一个条目下，使得语法知识五级标准的表述更加紧凑精炼。

通过与语法知识二级标准对比，可以看出，在语法形式、基本结构以及语法的表意功能方面，语法知识五级标准都有了很大的提升。语法知识二级标准强调的是“理解”和“体会”语法项目的意义和用法，目标是提高对语法现象的识别能力和理解能力，为进一步的语法学习做准备。而语法知识五级标准强调的是不仅要能“理解”，还要能在特定语境中“使用”，突出了运用语法知识表意的要求，即在体会和领悟的同时，要求能够运用恰当的语言形式来“描述”和“比较”人、物体及事物等。

语法知识二级标准和五级标准都强调了在“实际运用”和“具体语境”中理解、体会、领悟和使用语法形式来实现表意功能，明确要求教师在语法教学中重视语境创设，提供语法运用的机会，而不能停留在传统的脱离语境的语法条例讲解上，更不能组织学生对语法规则死记硬背，要根据学生的年龄特点和学习风格，指导学生在语境和实践中理解、学习和运用语法知识。

四、功能意念分级标准解读

语言的研究从结构转向功能，促使了语言教学的转向，从单纯的语法结构的分析、语法原则的讲解，逐渐转向对语言的意念、功能的关注。这是语言教学历史中一个重要的发展步骤，将语言形式和功能意念联系起来，体现了“用语言做事情”的基本思路，为语言实践奠定了基础。这就是交际教学法的基本思路，培养学生何时、何地使用何种语言形式来表达何种功能、意念、意图和信息的能力，能理解和使用不同功能所需要的语言执行各种交际任务[①]。所以，在语言知识基础上，语言教学时要强调表达目的和意义以及

① 陈琳.辩证实践外语教育途径[M].北京:外语教学与研究出版社,2013:52.

用语言能做哪些事情，这是对语言知识的进一步理解。《英语课程标准(2011年版)》渗透了交际教学法的思想，自然要呈现功能意念项目，从附录4功能意念项目表可以看出，总共列出了社会交往、态度、情感、时间、空间、存在、特征、计量、比较和逻辑关系等10项共62条功能意念。

(一)功能意念二级标准对比研究

修订前后的功能意念二级标准对比见表4-12。

表4-12　修订前后的功能意念二级标准对比

修订前的功能意念二级标准	修订后的功能意念二级标准
了解问候、告别、感谢、致歉、介绍、请求等交际功能的基本表达形式。	理解和运用有关下列功能的语言表达形式：问候、介绍、告别、请求、邀请、致谢、道歉、情感、喜好、建议、祝愿等。

通过对比可以看出，修订后的功能意念二级标准添加了内容，如“邀请”“情感”“喜好”“建议”“祝愿”，这对学习者的要求有了提升。但是，这些要求在原来的教学中是有所体现的：在喜好方面，如I like ...，I don't like...；在祝愿方面，如Happy New Year，Good luck等。在这里将这些过去的常用表达，以国家课程标准形式强化在表述里面。

(二)功能意念五级标准对比研究

修订前后的功能意念五级标准对比见表4-13。

表4-13　修订前后的功能意念五级标准对比

修订前的功能意念五级标准	修订后的功能意念五级标准
1.在日常生活中恰当理解和表达问候、告别、感谢、介绍等交际功能； 2.在日常人际交往中有效地进行表达。	在交往中恰当理解和运用本级别所列功能意念的语言表达形式(具体内容参见附录4)。

对比修订前后的功能意念五级标准，可以看出，修订前的表达比较模糊，无法用其中的“问候、告别、感谢、介绍等交际功能”来涵盖其他具体的众多的功能，同时“在日常人际交往中有效地进行表达”的表述，让教师和学生在实践中很难把握和实施。首先，两条要求有重复的地方，“日常生活中”和“日常人际交往中”很难区分；其次是表达的内容很模糊，对“有效”的定义也

很难界定。修订后的表述明显更加科学、严谨，清楚表达了场合是“交往中”，教学要求是“理解和运用”语言表达形式来实现相应的功能意念要求，同时把此处无法一一罗列的功能意念内容明确指向附录部分，避免了简单罗列各类功能意念，也体现了英语课程标准中内在的呼应和联系。

一般来说，语言的功能由语言表达形式来体现，两者之间是辩证的关系。在具体教学中，教师要注意语言形式和功能的匹配。一般来说，两者之间是没有一对一的匹配关系，因为一种语言形式通常可以实现多种功能，反之，一类语言功能也可以由多种语言形式来实现。通常是把某些语言形式划归某个功能之下。如“警告”可以由以下表达来实现：“You'd better not do...”、“I wouldn't do that, if I were you.”、“If you do that, you'll be in trouble.”、“Mind you don't do that.”等。

修订后的功能意念五级标准在语言形式的基础上加强了功能的意识和运用。那么，在实践中如何区分一种形式何时体现何种功能呢？要成功地把形式和功能结合起来，有必要通过背景线索来理解说话者的意思。同时，一种功能由多种形式实现，要根据语境来选择表达形式。例如，初次见面问候语有“Hi.”、“Hello.”、“Nice to meet you.”、“How do you do?”等，要根据语境正式程度的不同选择不同的问候语。没有语境，形式可能正确，但功能无法匹配，会产生歧义，这会影响交际。所以，教师在具体教学中，注意功能和形式结合的同时，还要强调语境的重要性。

五、话题知识分级标准解读

交际教学法重视交际的范围，强调在不同的语境下交流，需要不同的语言形式和内容来支撑不同的话题。话题知识也叫知识图式或现实世界知识，指人们长期记忆中的知识结构。掌握一定的话题知识，有利于学习者在交际时对语境的预先判断，选择恰当的语言形式，调用背景知识内容，顺利进入交际角色，成功完成交际活动。在具体教学中，教师要开展各种活动，丰富学生的话题知识。《英语课程标准（2011年版）》在附录5话题项目表中列出了24个话题作为交际的范围，用以指导教材编写、课程教学和考核评价。

（一）话题知识二级标准对比研究

修订前后的话题知识二级标准对比见表4-14。

表4-14 修订前后的话题知识二级标准对比

修订前的话题知识二级标准	修订后的话题知识二级标准
能理解和表达有关下列话题的简单信息：数字、颜色、时间、天气、食品、服装、玩具、动植物、身体、个人情况、家庭、学校、朋友、文体活动、节日等。	理解和运用有关下列话题的语言表达形式：个人情况、家庭与朋友、身体与健康、学校与日常生活、文体活动、节假日、饮食、服装、季节与天气、颜色、动物等。

通过对比可以看出，修订后的话题知识二级标准在表述上有了变化，将原来的"能理解和表达有关下列话题的简单信息"改为"理解和运用有关下列话题的语言表达形式"。修订前关注的是话题的简单信息，是话题的内容，要求能理解和表达，但是如何表达话题的内容，未作表述。修订后关注的是话题的语言表达形式，这些形式是和这些话题密切相关的，要求是理解和运用。提出"运用"二字，很明显是符合语言实践的观点，所有的话题都要在听、说、读、写的语言实践中体现、体会、学习和运用，强调的是语言的表达功能。

另外，修订后的话题知识二级标准中，话题项目有了变化，删除了"数字""时间"和"玩具"，"动植物"删减为"植物"，其他的话题都增加了话题范围，更加符合学生日常生活的基本主题，如将"天气"改为"季节与天气"，扩展了对自然界的认识；"食品"改为"饮食"，将饮品加上，更加全面；"身体"改为"身体与健康"，引导学生培养健康意识；"学校"改为"学校与日常生活"，由校内生活扩展到校外的日常生活，丰富学生日常体验；将"节日"改为"节假日"，贴近学生的实际生活。

（二）话题知识五级标准对比研究

修订前后的话题知识五级标准对比见表4-15。

表4-15 修订前后的话题知识五级标准对比

修订前的话题知识五级标准	修订后的话题知识五级标准
1.熟悉与学生个人、家庭和学校生活密切相关的话题； 2.熟悉有关日常生活、兴趣爱好、风俗习惯、科学文化等方面的话题。	围绕本级别所列话题恰当理解与运用相关的语言表达形式（具体内容参见附录5）。

通过对比可以看出,修订后的话题知识五级标准,就话题在教学中如何使用的表达有了变化。修订前的要求是熟悉相关方面的话题,这种表达侧重的是话题本身的内容、信息等,是静态的知识内容,由于附录部分的话题项目表内容较多,此处提到的几个话题无法概括,未涉及语言实践运用方面。对话题的要求是熟悉即可,这种表述十分模糊,在教学实践中很难把握,缺乏操作性。

修订后的话题知识五级标准则明确提出,要围绕本级别所列话题恰当理解与运用相关的语言表达形式,重心转向语言表达形式,要求恰当理解与运用,将静态的话题知识融入到具体的语言实践中,语言表达形式要理解,运用要恰当,交际活动要顺畅。总之,话题知识要在实践中积累,也要在实践中运用,话题知识本身不是目的,关键是丰富的话题信息能在听、说、读、写的实践中得以运用,综合人文素养能够展示出来。由于话题内容丰富,无法在分级标准中简要概括,所以标注“具体内容参见附录5”。

六、语言技能与语言知识的辩证讨论

语言技能和语言知识在课程目标结构图中,同为重要的基础支撑,但《英语课程标准(2011年版)》在讨论综合语言运用能力的五大基本要素时,却一直将语言技能放在首位,这种排序并没有主次之分或重要性的差别。把语言技能放在语言知识前面,突破了过去的“知识与技能”的提法,折射出当前英语课程中的问题和思考。在国内英语教学环境下,教学容易集中在语言知识的讲解上,学生缺少语言实践的过程,无法顺利进行交际活动。将语言技能放在语言知识之前,客观上突破了强调语言知识的学习而忽略语言运用的传统做法。

语言知识主要指语音、词汇和语法知识,是语言运用的基础,传统的教学中一般提倡语言知识在前,语言技能在后。但是在语言交际中,是以技能运用、意义构建来实现交际目的的,而不是机械呈现大量词汇和语法。交际双方并非为了获得语言知识而交际,而是为了表达意义而使用语言,所以语言技能的运用应该得到更多的重视。

在涉及语言技能和语言知识的问题时,《英语课程标准(2011年版)》遵循了实践的观念，例如，人类语言本身是实践的产物，这就决定了掌握一门外语必须在大量的、渐进的语言实践中通过习得或学得的方式来进行；语法是从语言实践中归纳出来的，语法不是学习的目标，而只是一种手段；课堂教学必须以学生的语言实践为主，一个口若悬河的老师不是一个好老师[①]。基于以上的实践指导思想，《英语课程标准（2011年版）》高度重视语言实践能力的培养，在阐述综合语言运用能力的基本要素时，将语言技能放在首位，希望扭转过去重知识轻技能的局面，让教师和学生都能在教学中重视语言技能的训练和运用。

当然，语言技能和语言知识的关系是辩证统一、相辅相成的，没有语言知识打基础，语言技能无从运用，而没有语言技能的训练和实践，语言知识也得不到强化巩固，最终无法内化活用。在真实的语言交流中，知识和技能是同时出现、共同发展的，在形式上，多由听、说、读、写体现，在实质上，语音、词汇和语法全程参与。例如，在听、读的过程中，学生要感知语言声音或符号，识别词汇，获取词汇意义，分析句子语法，逐步实现篇章意义的理解。所以，在以技能实践为主的指导思想下，教师要探索如何在实践中运用知识，如何在知识学习过程中穿插技能活动。

在英语教学中，教师要大力提倡实践的观点，仅靠讲解知识是不能使学生的能力得到提高的，要让学生在体验和运用中学习语言；要改变灌输式的教学方式，创新设计大量贴近学生日常生活的活动，让学生在运用语言做事情的过程中巩固语言知识，同时也提升语言技能，这完全符合课标“能用英语做事情”的评估标准。即以学生在语言实践中表现出的综合语言运用能力的高低为标准，以学生是否能够熟练地、正确地说和写英语为标准，而不是以语言知识（语法规则）的掌握程度为标准。

① 陈琳.辩证实践外语教育途径[M].北京：外语教学与研究出版社，2013：5-6.

第三节 情感态度分级标准解读

一、情感态度的意义

情感态度指的是在语言学习过程中那些影响语言学习和使用的情感因素。情感态度既包括积极的态度,如浓厚的学习兴趣,强烈的学习动机,坚定的意志,乐于合作的精神以及较强的自信心和自我效能感,也包括诸多消极的态度,如焦虑、厌倦、冷漠等。

积极向上的情感态度,是义务教育阶段各门课程培养学生全面发展的重要方面。小学和初中阶段是情感态度和意志精神发展的重要时期,是健康心理塑造的关键时期,是培养学生全面发展的基础阶段,既要重视学生知识学习和技能培养,又要注意学生情感态度的正面引导,形成情商和智商的共同进步,最终达到人的全面发展。这种全方位的情感态度培养,既可以体现在相关课程中,如思想品德课等,也可以体现在学校教育中,如班主任的工作。学生的情感发展是多方面和多层次的,教师应该结合学科特点,将情感态度融入其中,在日常教学中自然地开展情感教育,培养学生积极的情感态度。英语课程作为外语教育的重要组成,因其内容广泛,涉及学生日常生活的诸多方面,所以特别适合融入情感态度的培养。

情感态度是影响语言学习,特别是外语学习的一个重要因素。克拉申的情感过滤假说指出,二语习得的成功取决于学习者的情感因素。如缺少动机和自信,焦虑和紧张等消极情感因素被认为是一种过滤器,阻碍学习者对输入信息的运用,从而影响语言学习的效果。在英语学习过程中,一般认为,动机强烈、自信心强的学生在个人焦虑程度低、课堂氛围活跃的情况下容易习得语言,因为动机强烈、自信心强有助于学生大胆参与语言学习活动,获得更多的语言实践机会;而过度内向的性格和害羞心理则不利于学生参与语言实践活动,容易使其失去开口机会,无法顺利进行语言锻炼。

情感态度是综合语言运用能力的重要组成部分。语言的综合运用包含了在人际交往中进行意义表达和情感交流，语言本身也承担着构建和维持人际关系的重要任务，所以，如何准确、适当地进行语言交流，必须考虑人际交往中的情感态度因素。外语学习者在学习和运用语言的时候，要处理好情感态度问题，正确地使用外语。

二、情感态度分级标准解读

《英语课程标准（2011年版）》在情感态度方面的内容和修订前的内容基本一致，包括动机兴趣、自信意志、合作精神、祖国意识和国际视野几个方面。在导言部分明确界定情感态度为“兴趣、动机、自信、意志和合作精神等影响学生学习过程和学习效果的相关因素以及在学习过程中逐渐形成的祖国意识和国际视野”，具体提出了情感态度培养的设计思路，即激发并强化学习兴趣→转化为稳定的学习动机→树立自信心→锻炼意志→认识自身优势和不足→乐于合作→养成和谐和健康向上的品格。这一思路以兴趣为基础和起点，以优秀品格的养成为目标，涵盖了积极情感态度的关键内容，对义务教育阶段英语课程教学中具体培养情感态度有着重要的指导作用。同时，导言最后还特别强调了要通过英语课程，增强学生的祖国意识，拓展学生的国际视野，这为积极情感态度的培养赋予了更丰富的内涵，将学生个人的心理素质培养延伸到国家和国际层面，着眼于学生未来综合人文素养的培养目标，同时也体现了外语教育的国家战略目标。

（一）情感态度二级标准对比研究

修订前后的情感态度二级标准对比见表4-16。

表4-16　修订前后的情感态度二级标准对比

修订前的情感态度二级标准	修订后的情感态度二级标准
1.有兴趣听英语、说英语、背歌谣、唱歌曲、讲故事、做游戏等； 2.乐于模仿，敢于开口，积极参与，主动请教。	1.能体会到英语学习的乐趣。 2.敢于开口，表达中不怕出错误。 3.乐于感知并积极尝试使用英语。 4.积极参与各种课堂学习活动。 5.在小组活动中能与其他同学积极配合和合作。 6.遇到困难时能大胆求助。 7.乐于接触外国文化，增强祖国意识。

通过对比可以看出，修订后的情感态度二级标准在内容上有了很大的扩充，从原来的2条增加为现在的7条。在具体内容上，修订后的情感态度二级标准也更加丰富和全面，充分体现了导言部分对情感态度标准界定的内容，使得情感态度标准实现理论和实践的相结合，标准内容前后的一致性，使教师在教学中对情感态度的把握有了明确的指引，按照相关类别开展的活动更具有操作性。修订前的情感态度二级标准只涵盖兴趣、动机和自信，在表述上也十分笼统，在兴趣方面具体的语言实践样例描述过多，未能集中在情感态度自身内容上的呈现，祖国意识和国际视野方面只字未提，这是一个重要的不足。修订后的情感态度二级标准第1条描述了动机兴趣，第2、3条描述了自信和积极的态度，第4、5、6条体现了参与意识和合作精神，第7条描述了祖国意识和国际视野，整体内容全面，情感态度的表述明确、集中。

（二）情感态度五级标准对比研究

修订前后的情感态度五级标准对比见表4-17。

表4-17 修订前后的情感态度五级标准对比

修订前的情感态度五级标准	修订后的情感态度五级标准
7.遇到问题时，能主动向老师或同学请教，取得帮助； 9.对祖国文化能有更深刻的了解； 10.乐于接触并了解异国文化。	7.遇到问题时能主动请教，勇于克服困难。 9.对祖国文化能有更深刻的了解，具有初步的国际理解意识。

情感态度五级标准在修订前后内容变化不大。在遇到问题时，由原来的“能主动向老师或同学请教，取得帮助”改为“能主动请教，勇于克服困难”，这种表述反映的是英语学习过程中的合作精神。修订后的情感态度五级标准中，请教的对象并没有具体化，实际上是开阔了学生的思维，合作的对象或请教的对象并不只限于“老师或同学”。在具体教学中，教师要鼓励学生积极思考解决问题的方法，尝试求助不同的对象，不能思维僵化。同时修订后的表述还扩展到了意志层面，鼓励学生培养、锻炼克服困难的意志，这是对原有表述内容的丰富和提升，反映了英语学习中学生积极的心态和坚定的意志。

在祖国意识和国际视野的表述形式上，修订后的情感态度五级标准将原来的两条合为一条，同时提高了对国际视野层面的要求，将原来的“乐于接触并了解异国文化”改为“具有初步的国际理解意识”。“乐于接触并了解异国文化”处于国际视野培养的初级阶段，重点仍然是对其他文化的兴趣培养，而修订后的要求则有所提高，要求通过语言学习实践活动，逐步形成“初步的国际理解意识”，能够体会中外文化的异同，进一步增强对文化差异的理解和认识。这一变化实现了从兴趣培养到实践锻炼的跨越，对学生的要求有了质的提升。

三、英语教学中情感态度培养的问题讨论

（一）快乐英语教学

保持积极的学习态度是英语学习成功的关键，而积极的学习态度的起点是兴趣和动机。从情感态度的具体标准中可以看出，“乐趣”的表述一直是贯穿其中的，例如，二级标准中的“能体会到英语学习的乐趣”和“乐于感知并积极尝试使用英语”；五级标准中的“有学习英语的愿望和兴趣，乐于参与各种英语实践活动”，“能体会英语学习中的乐趣，乐于接触英语歌曲、读物等”和“在生活中接触英语时，乐于探究其含义并尝试模仿”。所以，在情感态度培养的背景下，成功的英语教学首先是快乐的英语教学。

而在具体的教学实践中，如何发现英语学习的乐趣，如何在英语教学中传递乐趣，是英语教师要充分考虑的问题。一般来说，小学和初中阶段的教学中，主要是教学内容、教学方法、教学成果、教师个人、教学评价等方面能给学生带来学习乐趣。其中，有效的教学方法能够帮助学生提高学习效率，获得较好的学习成果，良好的学习成果对学生来说，能形成极高的成就感，而教师正面的评价能够给予学生积极的鼓励。从语言知识到语言技能，从节奏说唱到绕口令，从单词接龙到歌曲、动画等，都可以帮助学生体会到英语学习的乐趣，同时也能够形成持久的英语学习兴趣和动机。

当然，在教学内容方面，教师的精彩引导能让学生情绪高涨，注意力集中，从而更加容易记住所学的内容。同样，在英语学习中，教师的精心设计也会让学生对某一个单词产生美好的印象，迅速产生强烈的联想，从而对单

词或短语产生情感上的依恋[①]，觉得英语写出来好看，说出来好听。这种来自于英语本身的魅力，在教师的创新教学设计中，有助于学生对语言的学习和记忆，也值得教师积极去尝试。这种对语言本身极大的兴趣和快乐，可以在王蒙学习维吾尔语的体会中得到验证，“一讲维吾尔语，我就神采飞扬，春风得意，生动活泼，诙谐机敏”，“我欣赏维吾尔语的铿锵有力的发音，欣赏它的令人眉飞色舞的语调，欣赏它的独特的表达程序……一有空闲，我就打开收音机，收听维吾尔语广播。开始，我差不多一个字也听不懂，那也听，像欣赏音乐一样地如醉如痴地欣赏它，一听就喜笑颜开，心花怒放”[②]。

另外，教师的情绪在英语课堂中直接影响学生的情绪，一言一行、一举一动都被学生敏锐地捕捉并效仿。鉴于教师在课堂中强大的影响力，教师自身的素质要有所提升，专业知识和教学能力，特别是情商素养要有所提高。一位优秀的教师，在课堂上首先是一位快乐的教师。一位快乐的英语教师，还要善于发现、挖掘并传递给学生英语学习的快乐，能够引导学生体会英语学习的快乐，分享英语学习成果的快乐。

（二）人文主义教学

除了培养学生积极的情感态度，还应该帮助学生消除负面情绪。负面情绪不但影响语言学习，还影响学生整个学习过程，甚至影响学生个人的成长。根据克拉申的输入假说，学生要从可理解的语言输入中受益，学生的情感必须处于放松、积极和无威胁的状态。否则，学生的情感过滤就会加强，从而阻止输入的语言被吸收和加工。只有降低学生的情感过滤，学生接触的语言输入才能更有助于新语言的习得[③]。所以，消除过度的负面情绪，如焦虑、恐惧、紧张或沮丧等，可以帮助学生调整状态，回归正常的学习轨道，这也可以说是逆向实现快乐英语学习。引领学生发现、创造快乐固然重要，而帮助学生走出困境，也是快乐英语学习的途径。

教师可以采用人文主义的教学方法帮助学生克服负面情绪。例如，在人

---

① 杰里米·哈默.朗文英语教学实践：第4版[M].王蔷，陈芳，柳伟，等译.北京：人民邮电出版社，2011:53.

② 王蒙.我的另一个舌头[J].中国民族，2004(4):1.

③ 杰里米·哈默.朗文英语教学实践：第4版[M].王蔷，陈芳，柳伟，等译.北京：人民邮电出版社，2011:53.

文课堂上，使用更加贴近学生现实生活的内容、话题和任务等，让学生感受到语言学习和他们的生活是密切相关的。在讨论交流时，教师既要鼓励学生说出自己的感受和观点，表达自己的情绪，也要和学生分享自己真实的体会和情绪。在熟悉的话题、真实的情感交流中，学生容易放松心情，克服焦虑、紧张的情绪，把注意力放在语言交际的过程中。

在人文课堂上，教师要鼓励学生积极参与创造性的活动，要在情感上关心学生的感受，让学生自我感觉良好，逐步培养成就感。这要求教师科学对待学生的语言错误，最大程度地减少批评。科学对待学生的语言错误，首先要科学地认识到语言错误在语言学习过程中是不可避免的，要科学地分析和利用语言错误，采用多元化的纠错方法，鼓励学生多开口，在表达中不怕出错误。

在人文课堂上，教师要提供难度适中的学习内容，设计具有一定挑战性的活动任务，制定合理的教学进度，以缓解学生在英语课堂中的紧张和焦虑情绪。学习内容难度和活动任务挑战度高于自我能力的评估，学生就会高度紧张、焦虑、沮丧甚至恐惧，导致直接选择放弃；反之，学习内容和活动没有挑战性，缺乏新鲜感，学生又会感到厌倦，导致厌学。所以，英语课堂教学中，教师要设计一些既有趣又有挑战性，且在学生能力范围内的活动，这样才能消除学生的负面情绪，激发积极的学习兴趣和动机。

在人文课堂上，为了降低学生负面情绪的情感过滤，学生要加强真实情感的训练，教师要引导学生在英语学习中释放情绪，并且鼓励学生主动疏导负面情绪。例如，可以让学生在活动中扮演不同角色，感受不同的情绪需要，带着不同的情绪，如高兴、激动、焦虑、难过等，真实地完成交际任务；也可以让学生简单地朗读句子，但是要按要求表达出各式各样的情感态度，如“She's going to marry Peter(excited).”、“I missed the school bus(sad).”等。

在克服负面情绪的过程中，可以培养学生的自信意志和合作精神。当学生面临过度的负面情绪时，也是其面临巨大的学习困难的时刻，教师既要伸出援手，提供必要的帮助，也要鼓励学生自己尝试克服学习困难。教师可以安排学生之间进行合作学习，通过小组活动和同伴互助共同解决问题，完成任务，从而帮助学生消除负面情绪。

第四节 学习策略分级标准解读

一、学习策略的意义

一般来说，在学习活动中，学习者总是在寻找更高效、更快捷的策略，来参与学习实践活动，解决学习过程中的问题，完成任务，达到预定的学习目标。在英语学习过程中，学生同样在努力尝试各种策略，来解决各种英语问题。如词汇学习中，学生一遍一遍地拼读单词，同时又在重复地书写单词；在阅读学习中，学生不停地根据上下文猜测陌生单词的意思，努力概括出文章的大意；在语法学习中，学生常常通过背诵口诀来加强记忆，以便在实践中套用。

以上这些都是我们在日常教学中可以发现的各种学习策略的具体体现，这些策略有些是卓有成效的，有些是值得商榷的，但不论哪一种，都能反映学生在语言学习中积极地思考和主动总结。这就要求教师在教学实践中重视、思考、整理各种有效的学习策略。学习策略的研究也是学科教学研究的重要内容。

在英语学习过程中，一般来说，学习策略指语言学习者试图得出单词、语法规则和其他语言项目的含义和用法的方法。学习策略有多种分类，如有意识的和无意识的，可观察的和难以观察的，直接的和间接的，积极的和消极的，有效的和无效的。有从语言学习的知识和技能角度来划分的，如语音学习策略、词汇学习策略、语法学习策略，以及听、说、读、写等方面的学习策略；也有从心理和认知过程角度来划分的，如认知策略、记忆策略以及元认知策略、情感策略和社会交往策略等。

在学习策略的研究中，要注意策略与技巧的联系和区别。策略在高于技巧的层面上运作，是一种计划、管理、监控、协调技巧的能力，是一系列技巧的有目的的运用[①]。在具体的教学实践中，教师既要在微观层面加强对学习

① 威廉斯，等.语言教师心理学初探[M].刘学惠，导读.北京：外语教学与研究出版社，2000：145-146.

技巧和方法的指导，也要在宏观层面加强对学习策略的培养，鼓励学生结合自身实际水平、学习风格和学习阶段，针对不同的语言知识和语言技能，灵活调用、综合运用各种技巧，宏观规划和调控自身的学习，充分加强学习策略的培养意识。

运用有效的英语学习策略，可以改变英语课堂的整体面貌，促进学生对英语学习的科学认识，提高学生对英语学习的兴趣，改进英语学习的方式方法，切实解决英语学习中的问题和困难，减轻英语学习的负担，从而提高英语学习的效率和质量，最终实现义务教育阶段英语课程的总目标。同时，运用有效的英语学习策略可以促进学生正确理解学习，从而学会学习，发展自主学习的能力。在不断发展的现代社会，可持续的终身学习理念可以使学生更具有竞争力，而有效的学习策略又是其制胜的法宝。在学校的学习中，经过全面的学习策略培养和训练，学生掌握了学习策略，在走入社会后，就可以运用学习策略从事独立的学习和工作，实现终身学习的基本理念。

在学习策略的研究中，要注意学习策略与教学策略的辩证关系。首先，要明确两者的区别。学习策略是学生对学习活动中学习行为的认识和学习活动的宏观规划和调控，教学策略是教学设计、教学活动中对各种方法和技巧的综合运用。其次，学习策略和教学策略是相互促进、相辅相成的。在英语教学过程中，学习策略和教学策略具有交叠性，两者相互交融，特别是教学策略中就包含了对学生学习策略的指导和培养，是教学策略的重要组成部分。教师在教学过程中对学习策略的关注和研究，有助于教学策略的调整和改进，使其更具有针对性，符合学生的学习发展规律，从而提高教学效果和质量。

二、学习策略分级标准解读

《英语课程标准（2011 年版）》在学习策略的导言部分，明确指出了学习策略的定义，学习策略包括认知策略、调控策略、交际策略和资源策略等。在解释具体各项策略后，导言进一步探讨了学习策略的使用、训练和意义。对比《英语课程标准（实验稿）》中学习策略的导言部分，修订后的内容有了一些变化。如在学习策略的定义方面，把原来的“学生为了有效地学习和发展而采取的各种行动和步骤”，改为“学生为了有效地学习和使用英语而采取的各种行动和步骤以及指导这些行动和步骤的信念”，修订后的表述把学习策略的理解从“行动和步骤”扩展至“指导这些行动和步骤的信念”，明显比原来的表述更加科学、严谨，也更加全面和完整。同时，使用学习策略的目的也由原来的“为了有效地学习和发展”改为“为了有效地学习和使用英语”，突出了英语课程标准内容的学科特点。

在四项策略的具体阐述上，也有三处细微的变化。修订前对调控策略、交际策略和资源策略的表述模式都是“××策略是指……的策略”，修订后将调控策略解释为学生采取的“行动和步骤”；将交际策略也具体解释为学生采取的“行动”；将资源策略解释为“方式和方法”。各项具体的策略最终都要落实到行动中去，体现在各个具体的步骤上，表现为各种方式和方法，因此各项学习策略都要在实践中得到应用才能改变学生的学习状态，提高学生学习效率。这些改变再次体现出实践的观点在《英语课程标准(2011年版)》中的具体落实。

其中，认知策略是指“学生为了完成具体学习任务而采取的步骤和方法”，主要涉及学习过程中的智力活动，关注的是信息内容的获取、加工和记忆，有助于学生认识和理解事物。调控策略是指“学生对学习加以计划、实施、反思、评价和调整的行动和步骤”，这实际上是元认知策略，并不涉及具体的信息和知识的获取和理解，关注的是学习者能否了解自己的学习过程，能否有意识地控制自己的认知过程，能够对其进行规划、调整和评价，所以，一般也认为，元认知策略就是对认知的认知。交际策略是“学生为了争取更多的交际机会、维持交际以及提高交际效果而采取的行动”，在真实的交际过程中，可以采用许多方法来发起交际活动，运用体态语来提高交流效果，遇到语言障碍时，通过寻求帮助来解决问题。资源策略是“学生合理并有效利用多种媒体进行学习和运用英语的方式和方法”。语言的学习和运用离不开一定的资源支持，有效的资源利用可以激发学习者的兴趣，提高学习和运用英语的效率。在国内英语学习和运用的自然环境并不充分的情况下，各种资源的有效利用，特别有助于充实英语课堂教学内容，帮助学生实现一定程度的自主学习。

在学习策略的使用方面，修订后的导言部分将原来的“因人、因时、因事而异”调整为“因人、因时、因地、因事而异”，在表述上更加全面，对学习策略使用的相关因素也考虑得更加周全。学习策略的使用不能千篇一律，“一刀切”，要体现其动态发展的规律。例如，在不同的文化背景下，不能生搬硬套交际策略中的体态语，而是要考虑交际对象的习俗文化，加以取舍和调整。

在学习策略的培养和训练方面，修订后的导言部分有了一处变化，即将原来的“具有不断调整自己的学习策略的能力”改为“不断调整自己的学习策略”。这里要求教师帮助学生形成适合自己的学习策略，考虑了学生的个体差异，体现了学习策略必须因人而异的基本思路；要求学生不断调整自己的学习策略，则是反映了英语学习是一个动态发展的过程，学习状态或水平改善了，学习策略就要相应改变，学习难度或障碍增加了，学习策略自然要及时调整，这是一个不能停滞中断的监控过程。

在有效使用学习策略的意义方面，修订后的导言部分将原来的“为终身学习奠定基础”改为“为终身可持续性学习奠定基础”。增加了“可持续性”学习的理念，是科学发展观在英语课程标准中的具体体现，明确了学生走上社会后自主学习的基本特征，反衬了有效使用学习策略的强大威力，在义务教育阶段的英语学习中，能够解决问题，提高效率，逐步形成自主学习的能力，让学习者终身受用。

（一）学习策略二级标准对比研究

修订前后的学习策略二级标准对比见表4-18。

表4-18　修订前后的学习策略二级标准对比

修订前的学习策略二级标准	修订后的学习策略二级标准
2.主动向老师或同学请教； 3.制订简单的英语学习计划； 4.对所学习内容能主动练习和实践； 10.能初步使用简单的学生英汉词典。	2.遇到问题主动向老师或同学请教。 3.会制订简单的英语学习计划。 4.对所学内容能主动复习和归纳。 7.在课堂交流中，注意倾听，积极思考。 11.能初步借助简单的工具书学习英语。

通过对比可以看出，修订后的学习策略二级标准在基本结构上没有变化，仍然以“基本策略”的形式出现，并未将四项学习策略进行分类阐述。这

是因为小学阶段的学习策略培养处于起步阶段，策略内容也不完整，并不适合具体分项解释。

修订后的学习策略二级标准在基本内容上有了一些变化，例如，增加了“在课堂交流中，注意倾听，积极思考”，这是基本的认知策略体现，“倾听”获得信息，“思考”准备反馈，如此才能顺利完成课堂中的交际交流活动。从课堂学习的角度看，增加的内容突出了课堂教学在英语课程学习中的基础地位，要求学习者调整注意力，积极参与到课堂教学中来，利用课堂教学时间完成教学任务。

在认知策略层面，修订后的学习策略二级标准将“对所学习内容能主动练习和实践”改为“对所学内容能主动复习和归纳”，提高了小学生的认知要求。“复习”包括了“练习和实践”，但是“归纳”则是更高水平的认知活动，在复习的同时，要有一些整理和归纳总结的活动，这是积极思维的主动参与。

在资源策略层面，修订后的标准将“能初步使用简单的学生英汉词典”改为“能初步借助简单的工具书学习英语”，突出了使用资源的明确目的，即学习英语。同时，“简单的工具书”也不再局限于“简单的学生英汉词典”，而是拓宽了工具书的范围，如相应水平的画册、百科全书等，都可以推荐学生使用。

(二)学习策略五级标准对比研究

修订前后的学习策略五级标准对比见表4-19。

表4-19 修订前后的学习策略五级标准对比

修订前的学习策略五级标准	修订后的学习策略五级标准
认知策略 3. 在学习中积极思考； 8. 注意发现语言的规律并能运用规律举一反三；	**认知策略** 7. 在学习中积极思考，主动探究，善于发现语言的规律并能运用规律举一反三。
调控策略 3. 制订简单的英语学习计划； 4. 把握学习的主要内容；	**调控策略** 3. 制订切合实际的英语学习计划。 4. 把握学习内容的重点和难点。
交际策略 4. 在交际中，必要时借助手势、表情等进行交流；	**交际策略** 4. 借助手势、表情等体态语进行交流。
资源策略(无变化)	

修订后的学习策略五级标准从认知、调控、交际和资源四个方面进行描

述，和修订前的内容对比，整体变化不大。

在认知策略方面，做了一些整合，将原来的第3、8条融入学习规律的归纳整理方面，提出了“主动探究，善于发现语言的规律”，鼓励学生在英语学习中加强主动性，在大量语言实践的基础上，通过总结自己的体会和经验，归纳整理语言规律，逐步形成自己的学习策略，从而进一步指导语言实践。这既是学习策略的内容构成，也是形成学习策略的重要途径之一，学生必须从自我的实践体验中总结自己的学习策略。

在调控策略方面，将原来的“制订简单的英语学习计划”改为“制订切合实际的英语学习计划”，深化了对学习计划制订的认识。“简单”的英语学习计划是从形式来描述，“切合实际”的英语学习计划则是从质的角度来限定，体现了学习计划的核心特征，即不能脱离学生的实际情况，要结合学生现有的英语水平、学习习惯、掌握的资源等因素，如果脱离实际，计划无法实现而是成了空谈，不论是否简单都失去了意义。另外，调控策略还突出了对学习内容的规划取舍，将原来的“把握学习的主要内容”改为“把握学习内容的重点和难点”，要求学生在有限的学习时间里，梳理思路，集中精力解决重点和难点问题。对重点和难点的把握是自主学习能力的重要内容，能够改进学生思维和学习模式，提高学习效率。教师要指导学生逐步学会梳理思路，结合自身水平，确定英语学习中的重点和难点。

在交际策略方面，将“在交际中，必要时借助手势、表情等进行交流”改为“借助手势、表情等体态语进行交流”，引入“体态语”的概念，避免交际策略局限在手势和表情上。体态语包含的内容更广，如空间距离、眼神交流、嗓音变化等，它们在交际中起到辅助作用。删除了“必要时”这个前提，是肯定了交际中体态语较高的参与频率，鼓励学生在交际中全面主动融入自然的体态语，以解决当前学生交际中注意力高度集中在语言表达准确度上、整体表达状态极不自然的问题。所以在教学过程中，教师要结合文化的差异，专项进行体态语的教学。当然，体态语的运用要与语言表达的内容和时机有所契合，不能为了教而教，体态语终究是辅助手段，只有巧妙结合语言表达，才能有效完成交际任务。

三、英语教学中学习策略培养的问题讨论

（一）学习策略培养要以教师引导为主

学习策略的形成可以有多种渠道，自我感悟、体会、提炼，或是直接向成功的学习者学习，或是英语教师直接传递。在义务教育阶段学习策略的培养必须以教师的引导为主。学习策略的培养和训练，是英语教学的重要内容，教师要加强正面引导，以教学策略带动学习策略。一方面，教师要了解、学习、研究学习策略的构成和内容，在熟练掌握认知、调控、交际和资源策略的基础上，以学定教，以学法来确定教法。另一方面，在教学过程中，教师要结合学生的实际水平，渗透常用的有效的学习策略，灵活指导学生从教学活动中提升学习策略，如迁移式指导、点拨式指导、矫正式指导等。

在认知策略方面，以词汇教学为例，要实现学生掌握“借助联想学习和记忆词语”的策略，在词汇的讲解、操练和巩固过程中，教师要设计语境，描述背景，丰富学生对词汇的情感和文化的联想空间，巧妙利用词性、词义和构词法的特性，扩展学生对同音词、同义词、近义词、上义词、下义词、短语搭配、前缀和后缀等词汇学习基本元素的联想广度和深度。例如，打乱字母顺序，鼓励学生重组拼写，以教学小活动的形式加深学生对词缀的联想，培养学生认知策略意识。

在资源策略方面，课程标准要求：“1. 注意通过音像资料丰富自己的学习。2. 使用简单的工具书查找信息。3. 注意生活中和媒体上所使用的英语。4. 能初步利用图书馆或网络上的学习资源。”[①]这些是英语教师在教学策略中必须思考的内容，如果教师能够身体力行，在教学中践行这些基本思路，也为学生学习策略的培养提供了榜样。其中，能初步利用“网络上的学习资源”，在教学实践中颇有争议性。学生家庭网络条件差异较大，网络上确实存在的一些糟粕内容，以及学生辨别能力、自控能力有限，容易沉迷于网络，导致了家长过度控制学生接触网络，学生无法充分使用网络上的学习资源。

① 中华人民共和国教育部. 义务教育英语课程标准：2011 年版[M]. 北京：北京师范大学出版社，2012：23.

然而，我们不能否认网络提供的丰富的英语学习资源，英语教师应该发挥积极引导学生科学和认识谨慎运用网络资源。具体来说，首先，教师可以介绍一些权威的、优秀的网络学习资源，将其融入语言知识和语言技能的教学活动当中，让其成为教材的有益补充。如BBC英语教学网站提供的“随身英语”“地道英语”“媒体英语”“都市掠影”“你问我答”“今日短语”“成语老师”等资源内容丰富多彩，可以供教师和学生使用。

其次，教师可以借助宽带或移动技术（如智能手机的热点功能）积极将网络引入课堂，利用交互式电子白板或传统的投影设备，带领学生在网络上开展简单有趣的教学活动。如BBC英语教学网站提供的单词大师（Word Master）和英国文化教育协会英语教学网站提供的疯狂拼单词（Wordshake）这两款互动词汇游戏十分简单易用，对于初中小学阶段的学生既有趣味性又有挑战性。

最后，教师可以指导学生在家中利用网络资源，辅助英语课程学习，锻炼英语自主学习的能力。教师可以通过电子邮件帮助学生解疑答惑，开设班级英语学习群组论坛，利用社交网站分享英语教学资源和经验。

（二）学习策略培养要求学生积极参与实践

在英语课程教学中，学生是活动的主体，所有知识、技能和策略的最终掌握和运用都要由学生完成，教师可以引导，但是无法替代。所以，优秀的教师总是能够激发学生积极参与到各类学习活动中来。学习策略的归纳和总结同样需要学生的主动参与，交流学习；学生如果在学习策略方面不思考，不参与，则会陷入被动，缺乏理性认识，失去学习的强大动力。

正因如此，《英语课程标准（2011年版）》在学习策略方面也提出“对所学内容能主动复习并加以整理和归纳”，“在学习中积极思考，主动探究，善于发现语言的规律并能运用规律举一反三”，“经常与老师和同学交流学习体会”，“积极参与课内外英语学习活动”等具体要求[①]。在学习活动中，学生既是在实施学习策略，也是在进一步积累学习策略的经验。在教学活动中，教师要有意识地组织相关的活动，如在日常学习过程中，组织学生制订切合实

① 中华人民共和国教育部．义务教育英语课程标准：2011年版[M]．北京：北京师范大学出版社，2012：22.

际的学习计划，主动监控自身的学习进程；复习课上，多让学生回顾、整理、总结相关的知识内容，并体验各项学习策略的运用；鼓励学生积极思考，努力解决问题。比如，在班级收集英语学习中的各类问题，然后让学生随机抽选，分组讨论，合作解决，这既可以提高学生的学习兴趣，又实现了学生主动思考。

学生对学习策略的掌握和运用不能仅停留在几个方法或术语的认识和记忆上，必须在实践中亲身体验才能感受学习策略的功效。以资源策略为例，无论教师在教学策略上如何引入网络上的英语学习资源，如果学生没有后续的经常性的网络实践来体验，还是无法进一步整理、归纳和应用网络上的英语学习资源。

由于学生个体的差异，学习策略的培养还要在实践中检验，才能逐步形成适合自己的学习策略。例如，认知策略中提出“尝试阅读英语故事及其他英语课外读物”，而学生在多元智能发展上的不平衡，就有可能表现出对阅读的差异化偏好。例如，就课外读物的类型而言，学生要在阅读实践中来体验和感受，对于适应视觉输入的学生，可以大量开展课外阅读活动；对于偏好听觉输入的学生，则可以做出调整，补充相关的音频材料，如歌曲和演讲等。同时，学习策略的发展是一个动态的过程，随着学生年龄、心智、知识和能力的发展而变化，必须做出相应的调整。

第五节 文化意识分级标准解读

一、文化意识的意义

文化包括一个民族或国家的地理环境、历史背景、风俗习惯、思维方式、生活方式、行为特征、宗教信仰、文学艺术、价值观念等基本因素。语言和文化密切相关，语言是文化的重要组成部分，同时，语言又是文化的载体，文化的发展、传承和传播要依赖语言才能实现，语言反映了文化的诸多内涵。不同的语言反映了不同的文化，如爱斯基摩人对“雪”的丰富表达与他们的生活环境分不开，日语中复杂的“敬语”与日本重身份、重等级分不开。但是在差异的背后，人类的语言表达和思维意识也呈现出一些共性。

所以，在语言表达中，要了解这些文化背景的异同，就离不开语言学习者的文化意识培养。文化知识的学习是语言学习的重要内容，它能促进语言学习，而语言学习的过程就是文化知识学习的过程。在语言学习过程中，要注意学习者的文化意识培养，认识文化差异，超越文化差异，逐步形成跨文化交际的能力。学习一门语言，在掌握语言知识和语言技能的基础上，要想在交际中获得成功，就要注意文化知识的积累、文化理解的深入以及跨文化能力的培养。

（一）文化知识

文化知识可以从语言结构的多个层面来体现。例如，在词汇表达方面，汉语的乐器“二胡”体现的民族文化特征明显，它在英语中就没有对应的词；而英语中的“coffee”同样也体现了异域文化，只能音译或采用复杂的解释来传达其中的意义。要真正理解词汇所表达的意义，就要对其承载的文化知识有所了解。这类带有强烈文化内涵的表达可以激活学习者的文化联想，能够带给学习者积极的情感联结。再次以王蒙学习维吾尔语的体会为例，“它们又是那样使我倾心，使我迷恋。它们和所有的能歌善舞的维吾尔人联结在一起。它们和吐鲁番的瓜与葡萄、伊犁与焉耆的骏马、英吉沙的腰刀、喀什的清真大寺与香妃墓、和田的玉石与地毯联结在一起……”①所以语言的学习和文化的体验、积累是同步进行的，在文化意识的基础上，借助文化联想和情感联结，语言学习就更具有人文性。

在习语表达方面，由于其源于语言长期使用和发展的结果，具有强烈的民族性，与地理环境、风俗习惯、宗教信仰、经济生活、心理状态、价值观念等都有紧密的联系，是词汇中对民族文化的发展和变化最为敏感的部分，常常成为语言学习者的疑惑难点。例如，“wear the pants”，是“穿裤子”的意思吗？要理解其真实含义，就要回顾其历史民俗。这个短语起源于四百年前，按照当时的民俗，男人穿裤子，女人穿裙子，男人养家糊口、当家作主。然而有些母亲，担当起丈夫的责任，这时人们就会说这位妇女“wear the pants”，因为她

① 王蒙.我的另一个舌头[J].中国民族，2004(4)：1.

承担了男人的义务，渐渐地，人们就用这个短语来指当家作主的人了。如“My mom wears the pants at home and my dad is my mom’s puppet.”（在我家里是妈妈当家，爸爸听妈妈的。）随着时代的变迁，今天也表示管事的人。和decision-maker，have the last word/say 比起来，“wear the pants”的文化内涵更加丰富，需要调用学习者较多的文化知识积累，但是在表达上也更加生动，更具有画面感。

此外，在语法结构、语篇结构、话语风格、语义和语用、体态语以及语言态度等多个语言相关层面都有文化内涵的体现。如对“龙”和“dragon”，“个人主义”和“individualism”，或是“同志”和“comrade”的语义理解的差异，是由不同的民族风俗、历史发展和文化模式造成的；在西方访谈节目中主持人的话语风格普遍咄咄逼人，使得访谈节目常常争论升级，这既有媒体行业特征，也带着西方文化对人际关系的理解烙印；西方文化人际交往中对距离、空间和亲密程度的理解与中国文化不同，这常常让中国学生感到迷惑；学生对“英式英语”或“美式英语”的偏好，实际上是学生的语言态度的表现，体现了英国或美国文化对学生产生了潜移默化的影响。

了解文化内涵的差异性，有助于学生识别、理解和选择正确的语言表达，有效参与交际。同时，学生有必要了解英语国家的基本概况，如历史文化、政治经济、地理与建筑、文化艺术、民俗节日等，这有助于语言交际中文化信息的获取、交流和探讨，丰富语言交际的话题和内容，形成综合语言运用能力，提高学生人文素养。

例如，历史文化方面，英国为何是联合王国，美国为何是合众国，英联邦又是怎么回事，这些问题对于学生来说是必须掌握的基本文化常识；西方的诸多节日与宗教有着密切关系，从复活节到万圣节、从感恩节到圣诞节，都属于文化知识的范畴；公众人物方面，从英国女王到美国总统，从娱乐明星到科技精英，都可以是语言交际的热门话题；地理与建筑方面，英国的大本钟、伦敦眼、巨石阵、尼斯湖，美国的自由女神像、帝国大厦、华尔街、五大湖、黄石公园，都应该成为学生基本的文化知识储备。

（二）文化理解

在文化知识积累的基础上，文化意识还包含了文化理解。如对某些文化知识的历史背景、文化含义、宗教含义有所理解，有助于了解其背后所渗透的道德观、价值观和世界观等。例如，圣诞节所蕴含的宗教背景和民俗文化，西餐中体现出来的餐桌礼仪，环游地球所体现的冒险精神，DIY现象中所体现出来的自主自立精神和独立个性意识，地球熄灯一小时背后提倡的绿色环保意识等。

在文化理解的过程中，教师要鼓励学生用发展的眼光来学习、理解变化中的文化以及这种变化在语言中的体现。例如，计算机和网络的发展改变了人们工作、学习、生活的方式，大量相关的文化现象应运而生，如低头族、拇指族、移动学习等，同时大量与网络相关的词汇也随之出现，如download/upload，online/offline，weblog，Twitter，Facebook，mobile learning等。《牛津英语词典》每年评选出的年度热词，是英语文化的浓缩，反映了语言文化发展的脉络。其中2013年评出“selfie”为年度热词，反映了手机文化、社交网络分享的流行文化发展，2015年评出“Face with Tears of Joy”为年度热词，反映了全球社交网络中表情符号的流行趋势。表4-20为2004—2017年《牛津英语词典》评选出的年度热词，有助于学生对当前的文化发展和语言发展的认识和理解。

表4-20　2004—2017年《牛津英语词典》评选出的年度热词

Year	Oxford Dictionaries UK Word of the Year	Oxford Dictionaries US Word of the Year
2004	chav	
2005	sudoku	podcast
2006	bovvered	carbonneutral
2007	carbonfootprint	locavore
2008	creditcrunch	hypermiling
2009	simples	unfriend
2010	bigsociety	refudiate
2011	squeezedmiddle	
2012	omnishambles	GIF (verb)

续 表

Year	Oxford Dictionaries UK Word of the Year	Oxford Dictionaries US Word of the Year
2013	selfie	
2014	vape	
2015	Face with Tears of Joy, part of emoji	
2016	posttruth	
2017	youthquake	

(三)跨文化交际意识和能力

跨文化交际是指不同文化背景的人之间的思想、信息等的交流,由于每个人都根据自己的文化传统和预期理解别人的话语,跨文化交际中出现的问题一般要比相同文化背景的人之间的交际中出现的问题多①。跨文化交际的意识和能力的培养在跨文化交际中显得尤为重要。跨文化交际意识是指对外国文化和本国文化的异同对比的敏感度,同时指在跨文化交际中,如何根据外国文化的特点来调整自己的语言表达和行为表现的一种自觉意识。跨文化交际意识是在跨文化交际中自觉不自觉形成的一种认知标准和调节方法。

跨文化交际意识体现了多元文化的意识。一种语言承载多个文化,如英语世界里,就有英国文化,美国文化,加拿大、澳大利亚及其他多个英语国家丰富多彩的文化。同一个国家的文化内部体现了不同的地域特征,如英国文化包括英格兰文化、苏格兰文化、威尔士文化、北爱尔兰文化等,美国作为一个移民国家,其丰富的移民文化构成了当今美国多元文化的主要特征。同时,在跨文化交际中,文化的交流是双向的、互动的,了解本国文化和外国文化的异同,有助于更好地理解、鉴赏本国文化和外国文化。

跨文化交际意识还体现了文化包容的意识。世界多元文化共存,彼此之间各有差异,也有共性,并不存在文化之间的高低优劣之分。文化包容的意

① 里查兹,史密特,等.朗文语言教学与应用语言学词典:第3版[M].管燕红,唐玉柱,译.北京:外语教学与研究出版社,2005:175.

识，是指客观、宽容地对待外国文化，而不是用本国文化的观点和标准来主观地、狭隘地评价和批判外国文化。同时，应该区别对待外国文化的精华和糟粕，要培养学生的鉴别能力，在对比中外文化的基础上，选择、调整交际语言和行为，顺利完成跨文化交际。在跨文化交际中，外语学习者既不能盲目排斥外国文化，也不能放弃本国文化传统。放弃本国文化传统，就不能称之为跨文化交际，跨文化交际的本质是多种文化在碰撞、交融和协商中和谐交流。

此外，跨文化交际中要防止文化定型的误用。文化定型是指在文化学习中对外国文化形成的一种刻板印象和思维定势。如果在跨文化交际中缺乏灵活性，将这种刻板印象套用在交际个体身上，就会出现问题。如，对意大利歌剧文化的深刻印象，并不能指望交际中的意大利朋友也会演唱歌剧，对中国文化中武术、功夫的印象，同样不能推定每一个中国朋友都是武林高手。在跨文化交际研究中，要以科学的态度对待文化定型，要逐渐更新和打破文化定型。

二、文化意识分级标准解读

《英语课程标准（2011年版）》中文化意识的导言部分首先介绍了外语教学中文化的基本定义和构成，即“所学语言国家的历史地理、风土人情、传统习俗、生活方式、行为规范、文学艺术、价值观念等”①。其次描述了语言教学中渗透文化学习的作用和意义，“有益于对英语的理解和使用，有益于加深对中华民族优秀传统文化的认识与热爱，有益于接受属于全人类先进文化的熏陶，有益于培养国际意识”②。最后阐述了具体的文化教学步骤和分阶段的目标，在小学阶段“应使学生对中外文化的异同有粗略的了解，……并

① 中华人民共和国教育部.义务教育英语课程标准：2011年版［M］.北京：北京师范大学出版社，2012：23.

② 中华人民共和国教育部.义务教育英语课程标准：2011年版［M］.北京：北京师范大学出版社，2012：23.

能激发学生学习英语的兴趣”[1];初中阶段“使他们提高对中外文化异同的敏感性和鉴别能力,进而提高跨文化交际能力”[2]。

和《英语课程标准(实验稿)》的文化意识导言部分相比较,《英语课程标准(2011年版)》在描述上有了部分修改。其中,对文化的范围有了明确的界定,将原来“英语国家文化”的表述改为“外国文化”。“外国文化”的表述和定义部分的“所学语言国家”文化的表达看似矛盾,扩大了文化学习范畴,实际上是符合跨文化交际中多元文化意识要求的,考虑到英语作为国际通用语,正在被世界上不同民族文化背景的人们使用,所以英语教学中的文化内容是以英语国家文化为主,兼顾世界文化。

在探讨文化教学的作用和意义时,修订后的表述变化较大,将原来的“有益于加深对本国文化的理解与认识”改为“有益于加深对中华民族优秀传统文化的认识与热爱”,强调了中华民族优秀传统文化的重要地位。同时对优秀传统文化学习的目标由原来的“理解与认识”改为“认识与热爱”,明显提高了要求,从文化知识的一般性理解学习,上升到了情感上强烈热爱的层次,包含了对其高度的认同感和自豪感。

同时,修订后还增加了“有益于接受属于全人类先进文化的熏陶”,这对学习世界先进文化提出了全新要求,反映了文化学习范畴的扩展,跳出了英语语言学习中进行英语国家文化学习的传统认识,明确了英语课程培养综合语言运用能力中的文化意识并不仅仅是英语文化意识,而是世界文化意识,是全人类先进文化意识。随后的导言部分又将原来的“有益于培养世界意识”改为“有益于培养国际意识”,表述从静态的地理的层面,上升为动态的国家与国家之间的关系层面,对学生的文化学习要求有了方向性的调整,更加符合跨文化交际意识和能力培养的需要。

文化教学到底有什么意义?综合来看,修订后的表述给出了更加全面的认识模式(见图4-2),其层次清楚,逻辑性强,有助于教师在英语教学中的理解、把握和应用。

---

① 中华人民共和国教育部.义务教育英语课程标准:2011年版[M].北京:北京师范大学出版社,2012:23.

② 中华人民共和国教育部.义务教育英语课程标准:2011年版[M].北京:北京师范大学出版社,2012:24.

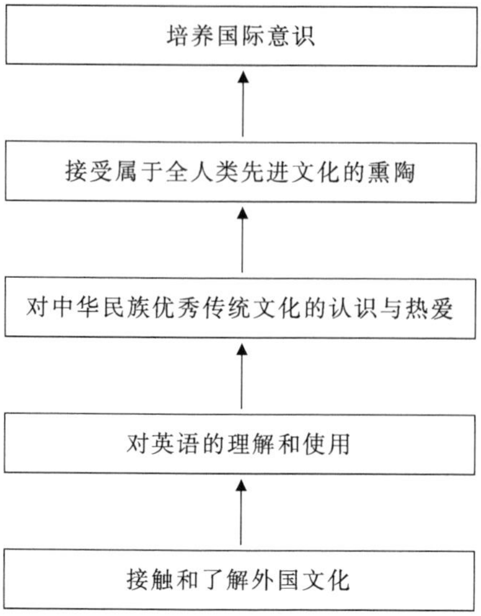

图4-2　文化教学意义

(一)文化意识二级标准对比研究

修订前后的文化意识二级标准对比见表4-21。

表4-21　修订前后的文化意识二级标准对比

修订前的文化意识二级标准	修订后的文化意识二级标准
2. 对一般的赞扬、请求等做出适当的反应; 3. 知道国际上最重要的文娱和体育活动; 4. 知道英语国家中最常见的饮料和食品的名称; 6. 了解世界上主要国家的重要标志物,如:英国的大本钟等;	2. 对一般的赞扬、请求、道歉等做出适当的反应。 3. 知道世界上主要的文娱和体育活动。 4. 知道英语国家中典型的食品和饮料的名称。 6. 了解主要英语国家的重要标志物,如英国的大本钟等。 8. 在学习和日常交际中,能初步注意到中外文化异同。

通过对比可以看出,修订前后的文化意识二级标准在内容结构上基本一致,符合"教学中涉及的外国文化知识应与学生的学习和生活密切相关"的要求,主要描述了文化知识内容,提出了初步的文化意识实践能力的要求,以英语国家文化知识为主,兼有世界文化知识的补充。修订后的文化意识二级标准也有了一些变化,例如,增加了对"道歉"做出适当反应的要求,这是文化内涵丰富的日常生活中常见的表达,也与"语言知识"方面的功能要求的修订保持一致。将原来"了解世界上主要国家的重要标志物"改为"了

解主要英语国家的重要标志物”，降低了小学阶段的文化学习要求，保证了起始学习阶段学生注意力集中在英语国家文化上。在语言表达方面，修订后将原来的“最重要的”“最常见的”等绝对化的表述，改为“主要的”“典型的”，更为科学严谨，有利于教材的编写和教师在教学中灵活选用一些文娱和体育活动或饮料和食品。

修订后的文化意识二级标准的主要变化是增加了“在学习和日常交际中，能初步注意到中外文化异同”，它初步渗透了跨文化交际的基本理念，要求小学生能够逐步形成中外文化比较的意识，在交际中注意中外文化的异同，调整交际表达和行为，保证交际顺利进行。这既是跨文化交际意识的初步形成，也是跨文化交际能力的基础性体现。

（二）文化意识五级标准对比研究

修订前后的文化意识五级标准对比见表4-22。

表4-22　修订前后的文化意识五级标准对比

修订前的文化意识五级标准	修订后的文化意识五级标准
4.了解英语国家中家庭成员之间的称呼习俗； 5.了解英语国家正式和非正式场合服饰和穿戴习俗； 7.对别人的赞扬、请求等做出恰当的反应； 10.了解常见动植物在英语国家中的文化涵义； 11.了解自然现象在英语中可能具有的文化涵义； 12.了解英语国家中传统的文娱和体育活动； 13.了解英语国家中重要的节假日及主要庆祝方式； 14.加深对中国文化的理解。	5.对别人的赞扬、请求、致歉等做出恰当的反应。 8.了解英语国家的人际交往习俗。 9.了解世界上主要的文娱和体育活动。 10.了解世界上主要的节假日及庆祝方式。 11.关注中外文化异同，加深对中国文化的理解。 12.能初步用英语介绍祖国的主要节日和典型的文化习俗。

修订后的文化意识五级标准的变化较大，删除了“了解英语国家中家庭成员之间的称呼习俗、了解英语国家正式和非正式场合服饰和穿戴习俗、了解常见动植物在英语国家中的文化涵义、了解自然现象在英语中可能具有的文化涵义”的要求。这些要求对于初中生来说难度较大，缺乏一定的文化体验条件，调整过后，减轻了学生的学习负担。

另外，修订后增加了“关注中外文化异同”和“能初步用英语介绍祖国的主要节日和典型的文化习俗”的要求。对中国文化的理解要建立在中外文化异同的比较基础上，学习中外文化的异同，目的是要实现对中国文化的理解和热爱。用英语来介绍祖国文化，是加强对中华民族优秀传统文化学习的重要体现。这些要求的提升，本质上是“提高对中外文化异同的敏感性和鉴别能力，进而提高跨文化交际能力”。可以说，没有中国文化的支撑，没有中外文化异同的敏锐认识，就无法进行跨文化交际活动。

三、英语教学中文化意识培养的问题讨论

作为综合语言运用能力的一个重要组成部分，文化意识的培养包含了文化知识、文化理解、跨文化交际意识和能力三个方面，三者之间是循序渐进、逐渐递进的关系，也体现了从知识积累到理解领会，最后到实践能力的培养过程。在英语教学过程中，这三个方面既体现在教材内容里，也体现在教师的教学引导上。

（一）文化意识培养的阶段性原则

在义务教育阶段的英语课程教学中培养文化意识，要遵循整体性和阶段性的辩证统一原则。在英语教学中，要充分考虑不同阶段学生的年龄、生理、心理、语言水平、认知能力和兴趣特点，循序渐进地有步骤地开展文化教学。这一原则也符合文化意识分级标准提出的要求，即教师应该根据学生的年龄特点和认知能力，逐步扩展文化知识的内容和范围。小学阶段在文化教学的过程中，应该使学生对中外文化的异同有大致的了解，教学中涉及的外国文化知识应与学生的学习和生活密切相关，并能激发学生学习英语的热情。教师要以趣味性为主，结合学生的学习生活来开展活动，要避免一味地深入挖掘内涵，无限制地扩展内容，加重学生学习负担，导致对文化学习丧失兴趣，学生对中外文化异同的了解达到粗略的水平即可。

例如，关于“知道主要英语国家的首都和国旗”这条二级标准的具体要求，在小学阶段仅仅是“知道”即可，教师没有必要深入探讨国旗背后的历史背景。以美国国旗为例，星条旗的结构、色彩的搭配就属于“知道”的范畴，教师可以通过设计多种活动，激发学生兴趣，参与到美国国旗涂色等活动中来，完全没有必要触及美国早期的殖民地历史和后来各州发展的情况。而

到了初中阶段,教师应该结合“初步了解英语国家的地理位置、气候特点、历史等”的要求,再次拿出美国国旗来进行具体分析,配合美国地图,设计生动有趣的活动,逐渐导入美国历史的初步讨论。

而对于“对中外文化异同的敏感性和鉴别能力”的较高要求,就要安排在初中阶段来进行。教师要扩大学生接触外国文化的范围,开拓学生国际视野,增加中外文化异同比较的实践机会,这样才能逐渐提高学生对中外文化异同的敏感性和鉴别能力,最终提高跨文化交际意识和能力。

(二)文化意识培养的比较原则

在文化意识培养的教学中,教师常用的而且行之有效的方法就是,通过对比中外文化的异同,来加深学生对中外文化的理解,提高其跨文化交际意识和能力。既要学好外国文化,也要重视中国文化,两者之间相互促进,和语言学习齐头并进。

在《英语课程标准(2011年版)》的指导思想下,以英语的形式来探讨中国的优秀传统文化,既能带来一定的乐趣,又能逐渐形成传播中国文化的强烈意识和习惯。这有助于对祖国文化的情感培养,形成真挚的强烈的爱国主义情怀,同时也更加开阔视野,形成一定的国际意识。

以文化意识五级标准中的“了解英语国家的饮食习俗”为例,可以用精美的美食类纪录片,如《流行世界的美食》第四集中对三明治的介绍作导入,然后结合《舌尖上的中国》对中国饺子描述,将中外饮食习俗作简单对比(如食材、制作和文化内涵等),关注中外文化的异同,这既实现了“能初步用英语介绍祖国的主要节日和典型的文化习俗”,又加深了学生对两种饮食习俗的了解,挖掘其背后的人文情怀,加强对中国传统饮食的情感联结以及西方饮食习惯的深层次理解。

在文化教学的中外文化异同比较活动中,既要注意差异的分析,也要重视共同之处的归纳。在传统的文化比较学习活动中,教师的注意力大多集中在文化差异方面。事实上,不同文化之间的共性特征也会通过语言表现出来。例如,从一些中英文谚语或成语中,我们可以看出不同文化和语言之间的契合[①]。如,趁热打铁(Strike while the iron is hot.),良药苦口(Bitter pills

① 陈琳.辩证实践外语教育途径[M].北京:外语教学与研究出版社,2013:18.

have good effects.)，祸不单行(Misfortune never comes single.)，一箭双雕(Kill two birds with one stone.)。在文化差异性对比的同时，对不同文化之间的共性特征的分析，有助于学生从“异”的关注过渡到“同”的欣赏，形成较全面的语言文化认识。

(三)文化意识培养的体验原则

文化意识的培养离不开教师在具体的语言实践活动中，鼓励学生学习、认识、理解、对比和体验外国文化。这种体验并不是一定要进入外国文化的真实生活，在目前国内的语言环境和教育背景下，教师应该结合学生的语言水平和认知发展特点，在课堂教学中创新设计活动，提供合适的材料和内容，丰富学生对外国文化的感性认知和理性分析。

例如，在词汇学习中，可以提供大量文化内涵丰富的英语习语，让学生在语言学习的同时，感受英语语言文化中包含的历史、地理、风俗、宗教、文学等诸多元素。如，“Do in Rome as the Romans do.”(入乡随俗)，“Rome was not built in a day.”(伟业非一日之功)，“All roads lead to Rome.”(殊途同归)，都是罗马征服不列颠后罗马文化在英语语言中留下的痕迹。学生通过习语学习，可以感受到语言背后的文化因素，同时又在实践中加强和巩固这些习语的用法。

丰富的文化实践体验，还可以通过大量的听、说、读、写活动来实现。教师提供合适的音视频、简易的文学读物，可以激发学生对文化学习的兴趣。其中，大量优秀的儿童英文歌曲，难易适中的英语电影，都可以让学生在轻松愉快的活动中学习外国文化。在文化学习方面，BBC英语教学网站提供了大量制作精良的视听和阅读节目，生动、全面、深入地介绍英国文化知识，如*Ask about Britain*《问答英国》可以就学生用英语提出的有关英国的问题，给予解答。这样，学生可以在语言实践的真实活动中提高文化认识。

此外，英语教师还可以搜集有关热点新闻事件的材料，及时丰富学生的文化体验。例如，2014年9月18日苏格兰全民公投后决定留在英国，整个事件备受全球关注。教师可以抓住机会，让学生借此了解英格兰和苏格兰的历史，或让较高水平的学生深入学习，模拟投票，感受苏格兰人民的复杂心态。2012年伦敦奥运会开幕式也是一次很好的文化学习机会。它浓缩了英国的历史发展和主要文化特征，从女王出场到甲壳虫乐队的经典歌曲，从足球明星到喜剧明星，从伦敦塔桥到伦敦眼摩天轮，展现了英国的田园风光、工业革命、莎士比亚戏剧经典选段、007特工的电影特效、“憨豆先生”的英式幽默、哈利波特的神奇魔法等一个个令英国人引以为傲的文化符号。这些内容在听觉和视觉上都极具冲击力和震撼力，可以为学生提供丰富的文化体验，是一次绝妙的英语文化探索之旅。

第五章 “实施建议”研究

基于课程的性质、基本理念、目标及分级标准，英语课程标准的实施建议部分对英语教学的具体步骤提出了详细的操作指南，是英语教学相关参与者在安排英语教学基本环节时的主要参考。教师通过学习研究实施建议，可以巩固英语课程标准的基本内容，紧密结合教学实践，顺利践行课程标准的主旨思想，高效开展教学、评价、教材编写、课程资源等方面的工作。修订前后的实施建议结构对比见表5-1。

表5-1 修订前后的实施建议结构对比

修订前的实施建议结构	修订后的实施建议结构
一、教学建议	一、教学建议
二、评价建议	二、评价建议
三、课程资源的开发与利用	三、教材编写建议
四、教材的编写和使用建议	四、课程资源开发与利用建议

修订后的实施建议继续保留了教学建议、评价建议、教材编写建议、课程资源开发与利用建议四个方面的基本内容，但是在基本结构上将“教材编写建议”部分提前至第三项，并且将“教材使用建议”部分挪至“教学建议”的第五项，更新为“结合实际教学需要，创造性地使用教材”。此外，修订后的实施建议还将原来的“教学案例”和“评价案例”改为“课堂教学实例”和“评价方法与案例”，更新、扩充其内容，并从实施建议部分挪至附录部分。这些变化使得《英语课程标准（2011年版）》的实施建议部分的结构更加清晰合理，表述更加明确，与附录部分形成呼应，便于教师查阅、学习和应用。

第一节 教学建议解读

《英语课程标准(2011年版)》在教学建议部分增加了导言内容,强调了英语课程的性质和目标,简要阐述了英语教学过程中的几大基本点,即教学对象、教学过程、学习过程和教师发展,明确了英语教学中要集中解决的几大重点问题。

教学建议主要从教学对象、教学过程、学习策略、跨文化交际意识、教材使用、资源利用、课外活动和教师发展等角度,为英语教师提出了八个方面的具体建议,具有权威指导意义,也具有一定的可操作性。修订前后的教学建议要点对比见表5-2。

表5-2 修订前后的教学建议要点对比

修订前的教学建议要点	修订后的教学建议要点
(一)面向全体学生,为学生全面发展和终身发展奠定基础	(一)面向全体学生,为每个学生学习英语奠定基础
(二)关注学生的情感,营造宽松、民主、和谐的教学氛围	(二)注重语言实践,培养学生的语言运用能力
(三)倡导"任务型"的教学途径,培养学生综合语言运用能力	(三)加强学习策略指导,培养学生自主学习能力
(四)加强对学生学习策略的指导,为他们终身学习奠定基础	(四)培养学生的跨文化交际意识,发展跨文化交际能力
(五)拓展学生的文化视野,发展他们跨文化交际的意识和能力	(五)结合实际教学需要,创造性地使用教材
(六)利用现代教育技术,拓宽学生学习和运用英语的渠道	(六)合理利用各种教学资源,提高学生的学习效率
(七)组织生动活泼的课外活动,促进学生的英语学习	(七)组织生动活泼的课外活动,拓展学生的学习渠道
(八)不断更新知识结构,适应现代社会发展对英语课程的要求	(八)不断提高专业水平,努力适应课程的要求
(九)遵循课时安排的高频率原则,保证教学质量和效果	

对比修订前后的教学建议要点，可以看出一些内容、理念和表述上的变化。在基本构成方面，修订后的教学建议删除了“（二）关注学生的情感，营造宽松、民主、和谐的教学氛围”和“（九）遵循课时安排的高频率原则，保证教学质量和效果”，增加了“（五）结合实际教学需要，创造性地使用教材”。增加的要点是从《英语课程标准（实验稿）》“教材的编写和使用建议”中有关教材使用的内容移过来的。教材的编写和使用是密切联系、相互促进和相互融通的，创造性地使用教材是教学过程中教师主动参与的一个重要环节，教材使用的所有活动都集中在教学过程中，所以，将教材使用的内容调整到教学建议中来，是合情合理的。

修订后的其他各项教学建议要点在语言表述上更加简洁，更加精准具体，具有高度的概括性，内涵更加丰富。例如，“（一）面向全体学生，为每个学生学习英语奠定基础”的表达，突出了教学对象在英语方面的发展要求，更加具有针对性。“（二）注重语言实践，培养学生的语言运用能力”，将修订前对应的要点表述中的“倡导‘任务型’的教学途径”，提炼为“注重语言实践”，这反映了在英语课程改革中对任务型教学途径的深入思考，重视多元化的教学途径，这是符合语言实践的基本理念的。

“（三）加强学习策略指导，培养学生自主学习能力”将修订前的“为他们终身学习奠定基础”的目标描述改为“培养学生自主学习能力”，更加符合此项要点对学习策略的指导建议。同时，具体化的策略目标描述在教学实践中也更具操作性，学习策略的指导和培训，主要是帮助学生逐步形成一定的自主学习能力，只有这样学生走上社会后才能终身学习。自主学习能力既是学习策略培养的关键，也给教学策略调整提供了必要的参考。

“（六）合理利用各种教学资源，提高学生的学习效率”的表述也更加具有概括性，把修订前的“利用现代教育技术”改为“各种教学资源”，拓宽了教师教学中资源运用的范围，不论是多媒体技术，还是传统的教学资源，只要在教学中能够发挥积极作用即可。同时，在各种教学资源的利用原则上，修订后增加了“合理”的描述，在多种资源的背景下，要考虑学生的水平、教学的需要，平衡搭配，灵活运用，体现合理的原则。此外，教学资源合理利用的最终目的是“提高学生的学习效率”，而不仅仅是修订前的“拓宽学生学习和运用英语的渠道”,修订后的教学建议表述体现了对教学资源利用有了更加深入的理解。

而对于“课外活动”的理解,将修订前的“促进学生的英语学习”改为“拓展学生的学习渠道”,突出了课外活动的组织和开展对于英语学习渠道拓展的意义。在教师的专业发展方面,将修订前的“不断更新知识结构”改为“不断提高专业水平”,丰富了教师发展的内涵,由知识结构的单一层面,替换为“专业水平”的概括性表达,涵盖内容从知识结构延伸至教学实践能力以及教学反思。

一、面向全体学生,为每个学生学习英语奠定基础

本项教学建议包含了“全体学生”和“奠定基础”两大基本思想。

义务教育的基本特征包括了“全体性原则”,义务教育阶段的英语课程必须面向全体学生,以学生为本。在具体的英语教学过程中,教学目标、方法、内容、过程评价等都要考虑全体学生的发展。因此,《英语课程标准(2011年版)》提出的英语课程基本理念已经有明确的阐述,即“(二)面向全体学生,关注语言学习者的不同特点和个体差异”。《规划纲要》中也提出要注重因材施教;关注学生不同特点和个性差异,发展每一个学生的优势潜能;推进分层教学、走班制、学分制、导师制等教学管理制度改革;建立学习困难学生的帮助机制。这些阐述都为教学建议中的“面对全体学生”提供了理论依据和政策支持。

在具体建议中,《英语课程标准(2011年版)》提出了“了解学生整体水平→了解学生个体差异→发掘学生不同潜能→组织多种课堂活动→宽容对待学生错误→积极帮助困难学生”的因材施教模式。每一个学生对课堂教学的理解和接受程度不一样,学生个体的知识和能力背景、个性特征、学习风格都各不相同,因此每一个学生的学习效果也各不相同。所以教师要仔细剖析学生的语言学习潜能、认知风格和情感因素,有针对性地采取相应的方法,以多元化的活动贯穿英语课程的全过程。同时,教师也要承认学生在学习效果上的差异性,积极帮助困难学生,保证全体学生都能在原有的基础上有所进步。

以语言学习潜能为例，有些学生的语法和词汇能力较弱，但是在发音方面却表现出很强的语音敏锐性。面对这一类学生，教师要关注学生这方面的优势潜能，设计相关活动，使其优势潜能得到最大化的发挥。同时，教师要注意到学生的优势潜能处于动态发展的过程，在不同的学习阶段要定期调整教学策略和重点，与学生的潜能发展阶段相适应。如小学阶段的语音解码能力较强，对语音的输入较敏感，而语法的敏感性、科学记忆能力以及整理归纳能力都是在随后的学习阶段中发展起来的。当然，对学习潜能的关注和引导，不能只重视学习者的优势潜能发挥，要注意弱势潜能的培养和提升，促进学生英语学习的全面发展。

义务教育的基本特征还体现了“基础性原则”，也就是说，义务教育阶段的英语教学要遵循基础教育的原则，在语言技能、语言知识、情感态度、学习策略和文化意识等方面打好基础，为学生进一步学习英语创造条件，最终实现综合语言运用能力的发展。英语教学要考虑整体性和阶段性的辩证统一。英语学习是一个持续的过程，从小学阶段逐步过渡到初中、高中和大学阶段，学生的语言技能、语言知识、情感态度、学习策略和文化意识等方面的具体要求各不相同，但是各阶段又是相互衔接、相互支持的。在不同阶段的教学中，教师要精准把握和理解教学目标，组织合适的教学活动，避免盲目提升义务教育阶段英语教学的难度，增加学生学习负担，导致学生产生厌学情绪。

为此，《英语课程标准(2011年版)》在基本理念中提出“整体设计目标，充分考虑语言学习的渐进性和持续性”，在教学建议中特别提出了“在小学阶段，教师尤其需要注意培养学生浓厚的学习兴趣、积极的学习态度、良好的学习习惯和创造性运用语言的意识”①，完成这些目标，就是为今后的英语学习奠定基础，这体现了义务教育阶段英语课程的基础性特征。

二、注重语言实践，培养学生的语言运用能力

本项教学建议体现了语言学习的实践性原则和运用能力的培养目标。

① 中华人民共和国教育部.义务教育英语课程标准：2011年版[M].北京：北京师范大学出版社，2012：3，26.

语言来源于人类的实践活动,只有通过实践活动才能有效掌握,对学生语言能力的评价也必须在实践活动中开展。所以,《英语课程标准(2011年版)》的基本理念提出“强调学习过程,重视语言学习的实践性和应用性”,在语言技能分级标准中提出“以学生在某个级别‘能做什么’为主要内容,这不仅有利于调动学生的学习积极性,促进学生语言运用能力的提高,也有利于科学、合理地评价学生的学习结果”[①]。

在学校教育的背景下,要开展各项英语能力的培养和训练,就要考虑如何在课程教学中设置真实的语境,让学生在实践活动中学习语言,在实践中培养语言运用能力。基于此,本项教学建议中明确提出了具体要求,为语言实践和语言运用能力的培养提供了实施方法,即教师要通过创设接近实际生活的语境,采用循序渐进的语言实践活动以及各种强调过程与结果并重的教学方法,如任务型教学法等,培养学生用英语做事情的能力。

这一阐述提出了“各种强调过程与结果并重的教学途径和方法”,继续推荐了“任务型语言教学途径”,但同时也肯定了其他各种教学途径和方法,使得广大英语教师在教学实践中有了很大的灵活性。此处的表述和《英语课程标准(实验稿)》中“尽量采用‘任务型’的教学途径”对比,有了很大的改进,进一步深化了对教学途径和方法的认识。修订后的表述肯定了只要是“强调过程与结果并重”的教学途径和方法,都是值得尝试和运用的。

在具体内容阐述上,修订后的表述也不再强调和解释“任务型”教学活动的注意事项,而是突出了各种教学途径和方法中的语境设置要求,对语言实践活动提出了相关的建议。如活动要有明确的交流目的、真实的交流意义和具体的操作要求;活动的内容和形式要贴近学生的生活实际,符合学生的认知水平和生活经验;活动应包括学习语言知识和发展语言技能的过程;活动应有利于英语学科与其他学科的渗透与联系等[②]。

《英语课程标准(2011年版)》在教学建议中,将教师的注意力从任务型语言教学途径转移到了语言实践活动的具体设计原则上来,其实质是,不论

① 中华人民共和国教育部.义务教育英语课程标准:2011年版[M].北京:北京师范大学出版社,2012:3,12.

② 中华人民共和国教育部.义务教育英语课程标准:2011年版[M].北京:北京师范大学出版社,2012:27.

哪一种教学途径和方法，在教学实践中考虑的核心问题都是活动的设计和应用。同时，从倡导“任务型教学途径”到举例“任务型教学途径”，既突出了语言教学设计的核心原则，也拓展了语言教学活动的多样性，为英语教学的本土特色发展提供了渠道，是文化自信在中国英语教育发展中的具体体现。

在推荐的“任务型教学途径”中，包含了 Pre-task，Task cycle 和 Language focus 三大基本活动，其任务活动的设计同样要遵循“过程和结果并重”的原则，重视任务的介绍和示范、分组活动、完成任务、汇报任务结果，教师对语言讲解和操练的流程，既有非语言性的任务成果，也有语言学习的结果。任务型教学途径的研究专家 Jane Willis 在网站（*www.williselt.co.uk*）上展示一些任务案例，其中有 Whose parents were the strictest?的任务活动。该活动呈现了以下具体的过程：Introduction → Student questionnaire → Discussion → Post-discussion → Language Focus → Controlled practice。通过活动，学生要讨论得出谁的家长最严厉这一非语言性的结果，还要熟练掌握此活动的基本语言表达：“When I was a child my parents made me...”、“They let me ...”、“I was forced to ...”、“I was allowed to ...”、“I was supposed to ...”等。这些活动反映了语言实践活动中语境设计的基本原则，也体现了教师的设计创意。而另一个活动“Which is colder: the north pole or the south pole?”则体现了英语学科与其他学科的相互渗透与联系，值得教师学习并重点关注活动的设计和运用。

三、加强学习策略指导，培养学生自主学习能力

有效的学习策略能够极大地促进学生英语学习效果，教师在教学实践中应该关注如何帮助学生培养有效的学习策略。此项教学建议侧重于教师对学生学习策略的指导，帮助学生逐步形成自主学习能力。

教师可以采用直接讲解和间接渗透的方法，也就是独立式策略和嵌入式策略来培养学生有效的学习策略。直接讲解的方法适用于较高的学习阶段，一般是学习策略的短期集中训练，而在较低的学习阶段，一般采用间接渗透的方法，在教学实践中积极地体现某种学习策略，在潜移默化中鼓励学生举一反三，逐步掌握。

在学习策略的指导方面，首先要考虑学生在不同学习阶段的学习风格特

征和学习目标要求。例如,小学生模仿能力强,对英语充满好奇,所以在学习策略的指导方面要“特别强调培养对英语的感知能力和良好的语言学习习惯”。在小学生的学习策略培养上,教师主要采用间接渗透的方法,结合英语课程教学活动,自然展示各种学习策略,促使学生逐步感知不同的学习策略,养成良好的语言学习习惯。而在初中生的学习策略培养上,除了语言教学外,教师可以采用直接讲解的方法,同时鼓励学生参与学习策略的讨论和反思,积极引导学生探寻对自身有效的学习策略。

其次,在比较中培养学生的学习策略。不同学习策略在应用中表现出来的差异性和多样性,可以给学生留下深刻印象,对不同学习策略的运用形式和实际效果形成直观的印象。在学习策略的培养过程中,教师可以组织学生积极探讨交流学习策略。在交流中,学生可以相互比较、相互借鉴、相互学习,在探讨交流后,学生可以加深对各种学习策略的理解,逐步选择适合自身的学习策略。

最后,在应用中培养学生的学习策略。要在语言学习实践中逐步培养有效的学习策略,同时要在实践中验证和改进学习策略,在实践中逐步形成符合自身特点的学习策略。因此教师要设计恰当的实践活动,鼓励学生体验和应用,在实践中获得经验或教训,选择正确的学习策略。例如,学生刚学英语时在单词拼写记忆训练中常常采用字母拼读的方式,但是在词汇量逐渐扩大、语音规律逐步掌握的时候,学生会体会到字母拼读方式的不足之处,教师可以建议其根据语音规律来记忆单词,当然,这些方法是否有效还要在实践应用中加以检验。

在英语学习策略的培养过程中,要处理好自主学习与合作学习的关系。学习策略的培养和发展,有助于提高英语学习的效率,加快形成综合语言运用能力,更重要的是逐渐提高学生的自主学习能力,为学生未来终身学习奠定基础。学会与他人合作,学会求助相关人员解决学习问题,也是重要的学习策略之一。在学校教育的背景下,学生在集体环境中共同学习,合作学习是自然之选,大势所趋。学生在合作中能够形成更强的学习能力和更好的学习效果,在合作交流基础上,在思想碰撞中,学生才能充分发展思维能力,进而发展综合语言运用能力。合作学习可以运用在语言知识学习和语言技能的训练中，也可以嵌入在不同的教学途径和方法中。如任务型教学途径中，就可以穿插在小组合作解决问题的活动中。

合作学习和自主学习是辩证统一的，两者之间相辅相成。自主学习能力是合作学习的基础，没有自主学习的积累，合作学习徒具形式。而合作学习可以提高自主学习的能力和效果，拓宽自主学习的思路，成为自主学习的有益补充。

四、培养学生的跨文化交际意识，发展跨文化交际能力

关于跨文化交际意识和能力，《英语课程标准（2011年版）》在课程基本理念的第一条就提到，“学习一门外语能够促进人的心智发展，有助于学生认识世界的多样性，在体验中外文化的异同中形成跨文化意识，增进国际理解，弘扬爱国主义精神，形成社会责任感和创新意识，提高人文素养”①。《规划纲要》中也有这样的描述，“加强国际理解教育，推动跨文化交流，增进学生对不同国家、不同文化的认识和理解”。

本项教学建议强调了培养跨文化交际意识和能力过程中的“学生对不同文化的理解力”和“跨文化交际情境”。

增强学生对不同文化的理解力，是跨文化交际的基础，包含了对语言和语用中的文化因素的理解以及对中外文化的对比。对不同文化的理解力的培养，主要是在英语课堂中进行，而课堂教学中的英语教材提供了大量文化内容丰富的语言形式、语用表达，中外文化对比的专题活动，教师应该在此基础上设计活动，鼓励学生关注不同文化，了解不同文化。如在中外家庭教育的对比中，教师可以设计“Whose parents were the strictest?”的任务型活动，让学生进行对比的同时，引入中外家庭教育是否有共同之处等话题。

在跨文化交际能力的培养过程中，教师要尽量增加学生体验跨文化交际的机会，在实践中锻炼学生跨文化交际的能力。教师要“创设尽可能真实的跨文化交际情境”，如在课堂教学中的阅读、视听、话题讨论等活动中培养学生的跨文化交际能力。例如，西方文化中的冰桶挑战活动，是学生日常生活

① 中华人民共和国教育部.义务教育英语课程标准：2011年版[M].北京：北京师范大学出版社，2012:2.

体验中需要了解的内容，教师可以设计相关话题，组织学生辩论，分析其背后的慈善文化。反映中美文化差异的电影《刮痧》可以让学生体会到跨文化交际中的现实困惑，教师可以借此设计简单的讨论话题，让学生表达文化的差异，寻找解决之道。另外，《熊猫爸爸挑战虎妈》探讨了中外家庭教育的异同，而甲壳虫乐队主唱约翰·列侬创作的歌曲 *Beautiful Boy* 又能在美妙的音乐中给学生带来细腻的父爱，在跨文化交际体验中感受中外文化的共通之处。

此外，教师还可以大胆创新，充分利用网络资源，搜集整理话题和素材，模拟中外文化对话。如，教师可以充分利用西方主流媒体的报道，或者主要网站上外国网友的评论，巧妙设计活动，如组织学生对某些评论进行“跟帖”，这样可以形成中外隔空对话的效果。

五、结合实际教学需要，创造性地使用教材

教材是实现教学目标的重要材料和手段，广义上指教师和学生在教学过程中使用的所有材料，狭义上指教科书和相关的配套材料。对于学生来说，义务教育阶段的教材是主要的语言学习依据和阵地，也是主要的英语语言输入渠道。对教材的学习有助于学生充分掌握教材传递的语言技能和语言知识，并在此基础上，能够从教材学习延伸至课外语言学习，以至终身英语学习。教材按照教学大纲和课程标准来编写，是体现教学内容和教学方法的知识载体。教师在教学中应该准确理解和把握教材，灵活运用教材，动态调整教学策略，巧妙设计教学活动，最大化地利用好教材，为教学服务。

一般来说，教师根据教材选择相应的教法开展教学。教学活动是教师和学生合作的过程，是教师和教材合作的过程，也是教师和教法的互动过程。教师要根据教材内容调整教学策略，扮演不同的教学角色，完成教学任务。同时，教师也要根据教学需要，在使用教材时灵活决定是否删减、补充、替换和调整教材内容。

因此，本项教学建议突出了教材使用过程中的“实际教学需要”和“创造性使用”的原则。

“实际教学需要”千变万化，不同区域学生的英语水平和教学条件各有差

别，相同地区的学生有个体性和阶段性的差异，不同教师在个人性格、行为习惯和知识能力方面各不相同。所以，在面对同样的教材时，会出现不同的教学需要。

而教材也有一定的局限性，如教材基于全国或区域普遍需求编写，无法考虑到每个学校和班级的具体情况，有时无法紧跟始终处于变化中的学生日常生活；有些教材在内容编排和教学思路上存在不足，如果机械使用，反而会影响教学。在这样的情况下，英语课程的教材就有可能无法满足实际教学需要，授课教师在教学中要加以处理，要创造性地使用教材。本项教学建议具体阐述了一些基本的教材使用方法，如删减、补充、替换和调整，最终实现提高学生综合语言运用能力的目标。例如，译林出版社出版的教材《牛津小学英语5A》Unit 2 A new house讨论了房间的结构和摆设，教师会根据内容会设计活动，让学生描述自己房间的情况，这既是教学内容的补充，也是教学内容的实践巩固；而Unit 3 At a Music Lesson讨论了音乐课程的内容，提及了能否演奏小提琴、演唱各类英语歌曲，逐步实现用can表示能力的用法，教师在处理教材时，既要提供大量的音乐知识和歌曲作为补充，也要考虑不同地区学生的家庭条件和音乐素养的差别，鼓励学生调整思路，转向其他方面（如体育活动），巩固can的表达方法。

要对教材内容进行删减、补充、替换和调整，教师必须具有一定的教学积累，逐步建立自己的“教学包”。教师可以找出教材的不足或不能满足实际教学需要之处，搜集可以替代的教学内容，并将其编入由文本、音频、视频构成的教学包，同时可以将学生英语学习的优秀作业和作品收入教学包。长此以往，教师就逐步形成具有自己风格的教学内容资源库，以备在具体教学实践中灵活调用。

六、合理利用各种教学资源，提高学生的学习效率

教学资源包括课堂教学使用的教育技术，既有现代教育技术，也有传统的教学媒体，同时教学资源也包括学生语言输入、知识巩固和技能操练的多种学习材料和渠道，既有课堂上师生之间的学习生活体验交流，也有课后学生自主学习过程中的各类在线或线下的教育资源。

语言学习需要大量的语言内容输入和大量的语言实践活动，让学生在不同教学资源的体验中感知语言和使用语言。《英语课程标准（2011年版）》在课程基本理念中提到“丰富课程资源，拓展英语学习渠道”，在“学习策略”方面重点阐述了“资源策略”，要求学生掌握注意通过音像资料丰富自己的学习、使用简单的工具书查找信息、注意生活中和媒体上所使用的英语、能初步利用图书馆或网络上的学习资源。

义务教育阶段英语课程的教师要积极发挥指导作用，在教学中利用各种教学资源，以教学中的应用示范来培养学生的资源策略，这既能提高英语课程的教学效率，也能帮助学生提高英语学习效率。在资源运用原则上，本项教学建议提出“教师要根据教学目标、学习内容、学校条件和学生实际情况，积极学习并在课堂教学中合理利用现有的教学资源和现代教育技术，同时也要充分发挥传统的教学手段和教学资源的作用，使各种教育技术和手段都能科学、合理、恰当、简约地为提高学生英语学习效果服务”[①]。在具体操作方面，修订后的教学建议提出英语课堂教学中要协同运用传统媒体和现代教学资源，拓展学生自主学习资源渠道，小学低年级要使用丰富多样的教学资源，要利用教师和学生自身体验，结合多媒体开展真实的交际活动。

在当前互联网的时代背景下，教师要结合学习内容、学生水平和兴趣，积极尝试先进的现代教育技术，使用网络上丰富多样的英语资源。如Word、PowerPoint等基础性软件的创新运用，交互式电子白板的课堂使用，电子邮件和聊天工具，语料库内容的实际运用，词典类软件的教学应用，移动式学习设备的课堂运用，远程教育资源等。现代教育技术与传统的教学媒体如黑板、挂图等是相互补充的，是重要的教学资源。

以语音教学为例，教师可以在不同终端上安装《朗文发音词典》和《朗文当代英语词典》，提供单词和例句的真人发声示范。在课堂教学中，教师可以利用手机或其他移动设备终端中的词典软件，连接便携录音机或音箱，快捷地提供语音资源。教师还可以在电脑和移动设备上使用英国文化协会英语教学网站提供的Phonemic Chart（电子音标表），提供音标和例词发音。再

① 中华人民共和国教育部．义务教育英语课程标准：2011年版[M].北京：北京师范大学出版社，2012：30.

以词汇教学为例，教师可以利用软件Puzzle Maker来制作各式各样的填字游戏，如单词查找、纵横填词、词汇迷宫等，这款软件非常方便教师开展教学活动。

七、组织生动活泼的课外活动，拓展学生的学习渠道

语言学习需要大量的实践机会，需要在一定语境下开展用英语做事情的活动，从而逐步发展语言能力、思维能力和交流合作的能力。这些活动的开展，仅仅依靠课堂教学是不够的，教师要合理开展课外活动，创设语境，引导学生进行语言实践活动，尝试不同的学习渠道。

本项教学建议明确指出“英语课外活动是学生英语学习的重要组成部分，能为学生的语言实践和自主学习提供更大的平台。课外活动要有助于激发和提升学生学习英语的兴趣、丰富语感、开阔视野、增长知识、发展智力和塑造性格”①。这些阐述表明了课外活动在英语学习过程中特殊且重要的作用，是语言实践尤其是自主学习能力培养的重要平台。所以，教师必须组织系列课外活动，指导学生自主策划和开展，为长远的终身学习奠定基础。

在具体的课外活动组织工作中，本项教学建议重点阐述了切合实际的多项活动设想，如“朗诵、唱歌、讲故事、演短剧，以及英语角、英语墙报、校园或班级刊物等，还可以举办英语演讲会、英语演出、英语主题班会以及英语作品展示会等，甚至可以参与社区英语活动”②。同时也强调了英语课外活动中要调动学生参与的积极性，特别强调了小学阶段课外活动的内容要突出童趣。最后本项教学建议提出了“教师要充分发挥学生的自主性，尊重他们的策划和选择并给予恰当的引导和辅导”③。

组织开展英语课外活动时，要考虑活动的趣味性。只有在趣味活动的基础上，学生才会有参与活动的积极性。如活动场所的改变会引起学生的好

① 中华人民共和国教育部．义务教育英语课程标准：2011年版[M]．北京：北京师范大学出版社，2012：31.

② 中华人民共和国教育部．义务教育英语课程标准：2011年版[M]．北京：北京师范大学出版社，2012：31.

③ 中华人民共和国教育部．义务教育英语课程标准：2011年版[M]．北京：北京师范大学出版社，2012：31.

奇心，活动形式的变化能激发学生参与尝试的兴趣，自主策划和安排的挑战也会给学生带来兴奋和刺激。所以，教师在组织开展课外活动时，既要放手让学生讨论、设计和安排，也要精心准备和引导，既不能让课外活动偏离学习活动的主题，也不能过度束缚，使其重复课堂学习的形式和内容。

教师要围绕综合语言运用能力的培养目标，结合语言技能、语言知识、情感态度、学习策略和文化意识几方面来设计和安排英语课外活动，把语言学习的内容自然地融入课外活动中。例如，对于初中生来说，可以在校园网上开展英语墙报设计比赛。每个班级有一个主页，具体内容和形式由学生来确定，可以是阅读资源的精选，也可以是班级英语写作的展示，可以有音视频内容，也可以有动画图片。此项活动在教师的指导下，学生搜集整理、编辑处理资料，运用计算机进行初级的网页设计。这项活动可以锻炼学生的多项能力。

八、不断提高专业水平，努力适应课程的要求

英语教师在讨论如何提高学生综合语言运用能力，培养学生自主学习能力，为将来终身学习奠定基础的同时，也应该思考如何提高自身的专业水平。

教学是发展的动态过程，课堂是充满互动和变化的场所，学生的构成、水平、特点在不停地变化，随着时代的发展，英语课程标准也在动态地发展，教材、理念、目标、思路、方法、策略、资源都在不断地更新，教师的教学水平应该不断发展，自身的素质应不断提升，这样才能积极应对变化着的英语课程要求。

在现实教学中，一些教师因为例行的教学和重复教授的课文，逐渐失去对教学的新鲜感，逐渐产生职业倦怠感，进而丧失教学发展的动力和源泉。所以每一位英语教师都要在教学中不断发展自我。

本项教学建议重点探讨了教师的发展，明确提出了更新学科专业知识，提高语言素养；不断积累学科教学知识，提高教学实践能力；开展教学反思，促进专业可持续发展的具体措施。这里的学科专业知识、学科教学知识，都是教师发展的基础内容，教学反思是教师专业化发展的重要途径。

在专业知识的发展方面，教师每日要有一定量的英语语言输入。通过阅读、视听输入大量的英语信息，英语教师可以了解最新的英语发展动态和国际文化发展动态，保证英语语言素养的持续发展，最终在英语课程教学中运用自身扎实的学识，为学生提供优质的英语语言输入，精准理解教材，高效组织英语教学活动。

在教学反思方面，教师可以通过写日志、给自己录课、阅读相关文献资料等方式来开展，可以和同事开展合作教学和互相听课，或者创建教师小组，还可以定期自主选择相关教研议题进行讨论交流。

在教学反思的基础上，教师还应该开展行动研究。行动研究是指“教师由于想改善教学的某方面或评价某些活动及教学程序是否成功或恰当而参与的一系列过程”①。行动研究主要是解决参与者眼前的问题，回答教学实践中与个人相关的紧要问题。所以，教师可以进行个案研究，这对参与研究的教师有着特殊的意义，既能解决或回答自身教学中的问题，也能推广应用，帮助更多的教师。行动研究的内容包括确定问题、明确具体目标、收集数据、分析数据、采取行动、解决问题。行动研究的问题来源于教师的教学实践，教师可以自主选择当前最主要和最迫切的问题来研究，如班级太大怎么办，学生常用母语完成口语任务怎么办，如何就学生的写作给出有效的反馈，等等。

在教师职业发展的过程中，教师还应该关注自身的健康状况，以保证正常的生活和学习。面对教学压力和职业倦怠感，教师可以通过体育运动，来减轻压力，缓解疲劳。在日常教学中，教师要保护嗓子，科学用嗓，远离刺激性饮料；还要调整气息和音量，科学发声。

另外，教师要积极参加各类培训活动，如“国培计划”。各类培训可以多角度系统地提升教师教学能力。国内主要的远程培训机构有很多。比如，全国教师网联成员单位教师远程培训机构：北京师范大学网络教育学院、华东师范大学网络教育学院、陕西师范大学远程教育学院、福建师范大学网络教育学院、华南师范大学网络教育学院、中央电化教育馆培训中心、北京大

① 杰里米·哈默.朗文英语教学实践：第4版[M].王蔷，陈芳，柳伟，等译.北京：人民邮电出版社，2011：432.

学继续教育学院(网络教育)等,网络培训专门机构:全国中小学教师继续教育网、新思考网、中国教师研修网、奥鹏远程教育中心等,省级教师远程培训机构:上海市教师教育网、安徽省中小学教师教育网、山东省教师教育网、湖南省中小学教师继续教育网、广西中小学教师远程培训平台、甘肃基础教育资源网、广西小学英语教师教育网、安徽省中小学教师继续教育中心、安徽基础教育资源网等。

第二节 评价建议解读

语言评价是英语课程教学的重要组成部分,科学的评价体系有助于检测英语教学是否有效,以便下一步调整教学策略,提高英语教学质量;有助于了解学生整体的英语水平,语言技能和语言知识掌握情况,情感态度、学习策略和文化意识方面的发展情况,发现学生学习中存在的问题,帮助其调整学习策略,进一步发展综合语言运用能力。

以前,由于英语课程评价体系中各类评价标准没有充分体现综合语言运用能力发展,这严重制约了英语学习者的英语实践能力发展。在上一轮的英语课程改革中,广大英语教师逐步理解先进的评价理念,采取合理的评价措施,取得了较大的进步。在新一轮的课程改革中,仍然要坚持评价体系改革的正确方向,加大力度,在考试招生制度方面融入科学的评价体系,积极引导英语教学实践中评价活动的稳步发展。

《国务院关于深化考试招生制度改革的实施意见》提出“2014年启动考试招生制度改革试点,2017年全面推进,到2020年基本建立中国特色现代教育考试招生制度,形成分类考试、综合评价、多元录取的考试招生模式,健全促进公平、科学选才、监督有力的体制机制,构建衔接沟通各级各类教育、认可多种学习成果的终身学习‘立交桥’”。这一目标的提出以及各项相关措施的制定,对英语课程教学评价体系的发展,产生了积极而重要的影响。

《英语课程标准(2011年版)》提出了“优化评价方式,着重评价学生的综合语言运用能力”的基本理念,具体指出“英语课程评价体系要有利于促进学生综合语言运用能力的发展，要通过采用多元优化的评价方式，评价学生综合语言运用能力的发展水平，并通过评价激发学生的学习兴趣，促进学生的自主学习能力、思维能力、跨文化意识和健康人格的发展"[①]。

《英语课程标准(2011年版)》实施建议中的评价建议也重点阐述了评价的多元化、评价的主体地位、评价的内容和标准、评价和教学的关系等关键问题，为义务教育阶段英语课程教学中的评价明确了思路，指明了方向，提供了具体的操作原则，为进一步深化课程改革奠定了基础。修订前后的评价建议要点对比见表5-3。

表5-3　修订前后的评价建议要点对比

修订前的评价建议要点	修订后的评价建议要点
(一)体现学生在评价中的主体地位	(一)充分发挥评价的积极导向作用
(二)注重形成性评价对学生发展的作用	(二)体现学生在评价中的主体地位
(三)注意评价方法的多样性和灵活性	(三)依据课程目标要求确定评价内容与标准
(四)注重评价结果对教学效果的反馈作用	(四)注意评价方法的合理性和多样性
(五)终结性评价要注重考查学生综合运用语言的能力	(五)形成性评价要有利于监控和促进教与学的过程
(六)注意3~6年级英语教学评价的特殊性	(六)终结性评价要注重考查学生的综合语言运用能力
(七)注意处理教学与评价的关系	(七)注意处理教学与评价的关系
(八)各级别的评价要以课程目标为依据	(八)小学的评价应以激励学生学习为主
	(九)合理设计和实施初中毕业学业考试

通过对比可以看出，修订后的评价建议要点增加了一项"合理设计和实施初中毕业学业考试"，有关学生的主体地位、终结性评价、教学与评价的关系三项要点保持不变，其余各项均有不同程度的修改。以下为各项评价建议的简要述评。

① 中华人民共和国教育部.义务教育英语课程标准：2011年版[M].北京：北京师范大学出版社，2012：4.

一、充分发挥评价的积极导向作用

英语课程教学过程的评价是教育评价的一种，是英语教学体系和英语教育过程的重要组成部分。通过评价，参与和干预教育过程，对教育过程有一定的影响作用。这种影响也可以称为“反拨作用”，其评价结果对教育过程的参与者、教育教学内容、策略等都有一定积极或消极的影响。

《英语课程标准(2011年版)》提出“充分发挥评价的积极导向作用”的建议，和修订前的“注重评价结果对教学效果的反馈作用”相比较，这里的描述更加全面地概括了评价在教学过程中的地位和作用，即指明方向、引导教学。评价的目标要与英语课程标准一致，发挥积极的反拨作用，也就是本项评价建议提出的监控教学过程、反馈教学信息、激励学生学习等几方面。

评价为英语教学指明什么样的方向呢？本项评价建议从学生、教学、学校和家长等角度提出了几个“有利于”的原则：必须要有利于学生认识自我，改进学习，突出学生的发展和主体地位；必须要有利于教师反思教学，改进教学，促进教师专业化发展；必须要有利于学校改进教学管理，促进英语课程的发展；必须有利于家长和社会了解英语教学情况，共同推进英语教学发展。

其中，英语课程教学要面向家长和社会，传递英语教学积极正面的信息，这样有助于英语教学的健康发展。英语教学需要一个良好的社会氛围和环境，也需要广大学生家长的理解和支持。

评价活动如何引导英语教学呢？这就涉及评价工具、评价内容、评价方法和手段、评价信息的解读等具体内容。科学正确地设计、实施和评价活动的具体环节，才能引导英语教学朝着正确的方向稳步前进。以上这些内容将在接下来的各项评价建议中进行具体阐述。

二、体现学生在评价中的主体地位

就学生在英语课程教学中的地位而言，《英语课程标准(2011年版)》在评价建议中的描述是，“学生是学习的主体，也是评价的主体。评价标准的确定、评价内容和方式的选择以及评价的实施等均应以促进学生的发展为目标"[①]。这里既肯定了在英语学习的整体过程中学生的主体地位,也体现在评价中学生的主体地位。

学生在英语课程教学中的主体地位,是基于《英语课程标准(2011年版)》中的课程基本理念,"义务教育阶段的英语课程应面向全体学生,体现以学生为主体的思想,在教学目标、教学内容、教学过程、教学评价和教学资源的利用与开发等方面都应考虑全体学生的发展需求"[②]。这一课程基本理念把学生的主体地位扩展到了英语课程教学的所有步骤和环节中,并且准确解释了如何理解学生的主体地位。

学生在评价中的主体地位,并不是说学生自主决定如何考核、评价自己的英语学习情况。学生在评价中的主体地位,体现在评价过程中,教师要充分认识到评价的目的是要促进学生的发展,评价的方式要围绕学生综合语言运用能力的发展,要遵循学生成长的规律,考虑学生的情感态度,调动学生的积极性,把学生的发展放在评价的设计和实施的出发点上。评价应起到激励学生努力学习、总结经验教训以推进进一步学习的作用[③]。

以学生的发展为评价的出发点,就要将形成性评价和终结性评价相结合,就要注意学生评价的阶段性设计,不能完全用传统的大型统一考试来评判学生的成长,不能用一刀切的评价方式来统一小学和初中的评价活动。例如,小学阶段的评价,要遵循小学生的身心发展规律和学习特点,设计玩、演、视、听等丰富多样的活动,促进学生积极参与,在语言实践活动中,逐步学习、掌握语言运用能力。

学生在评价中的主体地位,还体现在各类评价活动中,学生都应该是积极的参与者和主动的合作者。评价和考核意味着对学生水平的评估,某种程度上决定着下一步的学业发展,这对学生来说,具有一定的压力和困难。所以,要想让学生成为积极的参与者和主动的合作者,必须要丰富评价形

① 中华人民共和国教育部.义务教育英语课程标准:2011年版[M].北京:北京师范大学出版社,2012:34.

② 中华人民共和国教育部.义务教育英语课程标准:2011年版[M].北京:北京师范大学出版社,2012:3.

③ 陈琳.辩证实践外语教育途径[M].北京:外语教学与研究出版社,2013:58-59.

式，增加形成性评价活动，把评价融入整个英语学习成长的过程中，设计多元化的、合作性的、趣味性的、活动性的评价活动，积极鼓励学生参与评价活动，培养学生的成就感。

学生在评价中的主体地位，还体现在学生的自主反思评价上，即“学生应当在教师的指导下，学习使用适当的评价方法和可行的评价工具，了解评价标准和学习进程，发现和分析学习中的具体问题，主动反思和调控自己的学习策略，认识自我，树立自信，不断明确自己的努力方向”①。培养学生自主反思评价，这是对学生在评价活动中的较高要求，通过教师的引导，学生主动评价自己的学习活动，逐步认识自己在英语学习上的进步和不足，进而发展自己的调控策略和自主学习能力。

三、依据课程目标要求确定评价内容与标准

关于评价内容与标准，修订前的描述是“各级别的评价要以课程目标为依据”，修订后将评价的表述细化为“评价内容与标准”，有助于评价活动的具体设计与实施。

本项评价建议具体提出了如何依据课程目标要求，确定评价内容与标准，“教师应当综合考虑本标准所规定的语言技能、语言知识、情感态度、学习策略和文化意识等五个方面的目标要求及特点，根据学生实际情况，确定评价标准，选择评价内容，采用恰当形式”②。

综合语言运用能力是义务教育阶段英语课程的总目标，其五大基本要素的目标在英语教学的整个过程中都应该得到体现，是教学内容、教学策略和教学评价等诸多教学步骤实施的参考依据。

综合语言运用能力总目标的五大基本要素，提出了评价内容与标准的具体方向。在评价的具体设计实施过程中，需要将这五大基本要素细分并融入可检测的具体评价要求中去，进一步制定语言能力评估量化表。其中，语言技能和语言知识方面具有显性特征，一般可以按照听说读写、语音、词汇、

① 中华人民共和国教育部．义务教育英语课程标准：2011年版[M].北京：北京师范大学出版社，2012：34-35.

② 中华人民共和国教育部．义务教育英语课程标准：2011年版[M].北京：北京师范大学出版社，2012：35.

语法等相关项目来细分、考察和评测。而情感态度、学习策略和文化意识方面，由于其隐性特征，同时受到评估者主观态度的影响，不易在测试中测得，可以在一般的测试评价之外，尝试采用综合的评价手段，集测试性与非测试性评估于一体。

此外，评价内容与标准的确定还要考虑学生的实际情况。教师要在综合语言运用能力总目标的指引下，全面考虑不同地区的教育条件、学生的实际发展水平、教师的教育教学能力等因素，制定出符合地方实际发展水平的、符合学生发展规律的评价内容与标准。

四、注意评价方法的合理性和多样性

与修订前“注意评价方法的多样性和灵活性”的表述相比，本项评价建议在修订后更加注重了评价方法的合理性。评价方法的合理性和多样性是本项评价建议的核心内容。

合理的评价方法，首先要有利于促进学生综合语言运用能力的发展，能够反映语言技能、语言知识、情感态度、学习策略和文化意识等五个方面的目标要求及特点。其次，评价方法的合理性还体现在遵循青少年身心发展的一般规律，不能超越基础教育不同学段的发展现状。教师应该根据各阶段教学的特点与评价目的，充分考虑学生的年龄、心理特征以及认知水平。具体来说，小学阶段的评价要有利于培养学习兴趣、自信心和成就感，强调用英语做事情的方法，在语言实践活动中设计表现性和合作性的评价方式，以激励学生积极参与评价活动，提升自信心。进入初中阶段，学生的语言能力、情感、策略等方面都有了很大的发展，评价活动的设计同样要符合这一发展现状，反映语言学习和认知能力的提升。

评价方法的合理性是评价活动的坚实基础，而评价方法的多样性是评价活动的发展方向和实施原则。综合利用多元化的评价方法，才能全面地、客观地检测学生在综合语言运用能力不同方面的发展情况。

从评价的操作主体来看，可以有自我评价、同伴评价、家长评价、教师评价等；从评价的过程来看，可以有形成性评价和终结性评价，形成性评价包括形式多样的过程性评价活动，终结性评价采用不同类型的综合性和表现性的评价形式，以口试、听力和笔试相结合的方式进行评价；从测试的应用来看，可以有测试类和非测试类的评价活动；从测试的类型来看，有单元测试、阶段测试、随机测试、学业水平考试和升学考试；从测试题型来看，有客观性试题和主观性试题。

五、形成性评价要有利于监控和促进教与学的过程

修订前的评价建议提出“注重形成性评价对学生发展的作用”，相对停留在对形成性评价的定义层面，概括性太强。修订后的评价建议提出的“形成性评价要有利于监控和促进教与学的过程”，强调了形成性评价的核心内容，即对学习过程进行反馈和监控，提供有益信息，指导学生改进学习，促使教师及时调整教学策略，促进下一步的教学活动。

因此，形成性评价是过程性的评价，在教学过程中要采用形成性评价，使其服务于教学活动。在学习过程中对学生的表现进行评价，对学生的学业发展和教师的专业发展都能产生积极的影响。所以，从学生的角度看，形成性评价的基本原则就是参与性原则，要鼓励学生参与评价活动，在评价活动中认识自我，在反思中形成自主学习能力；从教师的角度看，形成性评价的基本原则是激励性原则，要设计生动多样的评价方法，让学生乐于参加评价活动，真实体现英语水平，提供有益的教学反馈。

对于促进教与学的过程，本项评价建议提出了具体的阐述，其中形成性评价应该促进教师教学的改进，为下一步调整教学目标、改进教学方法、提高教学效率提供依据；应该激励学生参与评价活动，使其通过参与各种评价活动，增强自信心，从而有效调控自己的学习过程。

形成性评价在教学过程中开展，其形式丰富多样，既包括教师对学生学习行为和表现的正面、积极的评价性课堂用语，也包括学生的学习档案袋。形成性评价可以清晰地展示学生的学习过程，提高学生自主学习能力，培养反思能力，有助于学生对自己的学习进行自我监控。

为此，本项评价建议还提出了具体指导，即形成性评价可采用多种方式，如测试与非测试、教师评价、个人自评与学生互评相结合等。同时还要求教师要及时反馈评价结果，与学生开展不同形式的交流，充分肯定学生的进

步，鼓励学生自我反思。

师生的交流讨论，可以提供一个理性反思的互动平台。在形式上，教师可以拓展渠道，尝试课内与课外、线上和线下、口头和书面相结合；在内容上，教师要提供具体案例，组织学生讨论，分析学习困难和问题，鼓励学生自主思考下一步如何改进学习，逐步培养学生的自主学习能力。

六、终结性评价要注重考查学生的综合语言运用能力

终结性评价，一般是指课程或项目结束时，"一次性"地对学生的知识和能力进行测试，确定其学习的成果和水平。本项评价建议将终结性评价定义为，"在一个学习阶段结束时对学生学习结果的评价，如期末考试、毕业学业考试等"①。在教学实践中，所谓的"一个学习阶段"是指一个学段内的分阶段的测试，如一个学期、一个学年等。如果是对整个学段（如小学或初中）的最终学习评价，要采用综合性评价，包括形成性评价和终结性评价，才能全面评价学生。

关于终结性评价的具体要求，本项评价建议明确提出"要注重考查学生的综合语言运用能力"，要在测试中涵盖语言技能、语言知识、情感态度、学习策略和文化意识等五个方面，要"根据教学的阶段性目标确定评价的内容和形式，可以包括口语、听力、阅读、写作和语言知识运用等部分"，"着重考查学生在具体语境中运用英语的能力"②。

传统的终结性评价一般使用间接性的、客观性的试题来考查语言技能和语言知识，本项评价建议提出要检测学生综合语言运用能力的发展程度，就必须采用直接性的、主观性的试题，结合任务型和表现性的评价活动，重点考察在一定的语境下，学生运用语言的能力。

终结性评价要体现阶段性目标。学段不同、年级不同，终结性评价的内容和形式各有不同。例如，大量的客观性的选择题对于小学生来说并不合适，可以在测试中提供图片，鼓励学生探索图片内容；在口语测试中要结合

① 中华人民共和国教育部．义务教育英语课程标准：2011年版[M]．北京：北京师范大学出版社，2012：36.

② 中华人民共和国教育部．义务教育英语课程标准：2011年版[M]．北京：北京师范大学出版社，2012：36-37.

小学生的发展规律和现有水平,设计图片讨论、故事讲述等简单形式。初中三年的英语教学重心各不相同,学生的认知能力和英语水平也在逐年提升,体现在从听说向读写的过渡发展,每个学期的考试不能完全套用中考的考试形式。

终结性评价要全面体现综合语言应用能力。在语言技能方面要包括口语、听力、阅读、写作等,在语言知识运用方面要体现语音、词汇和语法等内容,对情感态度、学习策略和文化意识等方面的考查要能巧妙设计,自然渗透其中。对于不同学段的综合语言应用能力的组成部分的检测,不能仅仅根据评价活动组织的难易程度,人为地减少甚至放弃对某些组成部分的检测。以口语的评价为例,口语是语言学习的基础,是学生语言课程的核心内容,如果只是采用阅读和写作的方式来评价,就否定了语言学习的实质。现实的教学评价中,往往存在口语评价被忽略的情况,无法全面体现综合语言应用能力的评价,也会对英语教学产生负面的影响,违背语言教学的基本规律。

传统的终结性评价侧重测试语言结构性知识,强调记忆的准确程度,不能很好地反映学生的语言应用能力。《英语课程标准(2011年版)》提出了考查学生在具体语境中运用英语的能力的要求,需要学生将语言知识内化,在语境中运用语言进行交际活动,这是终结性评价的一个重要转变。例如,在口语测试中,既要关注语音能力,也要考查口头表达能力以及交际策略的使用;在听力测试中既要关注基础性的语音辨析能力,也要在语境中考查学生理解和获取信息的能力;在阅读和写作部分,要考查学生理解真实语言材料和表达真实思想的能力。

七、注意处理教学与评价的关系

教学与评价都是英语课程教学的重要组成部分,在综合语言运用能力总目标的指引下,教学与评价之间是辩证的关系。本项评价建议提出教学是培养学生实际语言运用能力的关键环节,评价是及时监控教学过程和教学效果的重要手段。教学要围绕语言运用能力开展,培养学生英语素养,在科学的评价活动中展示学生真实的语言水平和能力。教学的形式和内容在评价中也有着大量的体现，为评价活动的设计提供了参考。

同样，评价活动对教学有着重要的影响。评价要服务教学、反馈教学并促进教学，这就意味着，评价的方法和手段能够有效检测学生的语言能力，为教学提供客观真实的信息，实现评价反馈教学的目标；评价的内容和形式要能在教学中发挥积极正面的反拨作用，提高学生兴趣和自信心，引导教学关注语言运用能力的培养和发展。

教师在教学中具有主导作用，同样，在协调和平衡教学与评价的关系方面应该争取主动权。教师要深入学习、理解和掌握英语课程的基本理念，熟悉多元化的评价方法和手段；在日常教学中，教师要积极采用形成性评价方式，培养学生自主反思能力，及时调整教学策略；面对大规模终结性评价，教师要熟悉评价的目的和特点，充分了解学生的实际水平，合理协调教学和备考过程，要避免为考而教、不考不教以及以考代教的倾向，特别是要避免采用题海战术干扰正常教学的做法。

八、小学的评价应以激励学生学习为主

关于小学阶段的评价，修订前的评价建议为“注意3～6年级英语教学评价的特殊性”，其在表述上比较模糊，没有将这种特殊性用简洁的语言表述出来。修订后的评价建议明确提出“小学的评价应以激励学生学习为主”，它既体现了小学阶段评价的特殊性，也提炼出小学阶段评价的主要原则。

小学阶段的学生在英语学习方面具有一定的特殊性，小学阶段的评价要考虑这些特殊性。小学阶段的学生具有不同的个性、喜恶和兴趣，在多元智能方面存在差异，在生理方面处于发育的基础阶段，在认知、社交和情感方面处于初步发展阶段；读写能力和理解力在英语学习过程中也处于逐步发展的过程中；对英语学习充满好奇心，喜欢探索和交流，但也很容易因负面评价、批评而在情感上受到挫伤，同时对于失败的承受能力有限，容易失去语言学习的兴趣。因此，小学阶段的评价要有别于初中阶段的评价，需要采用特殊的方式。

《英语课程标准（2011年版）》加强了对小学阶段英语教学的目标、内容、策略、方法和评价的描述，体现了对小学阶段英语教学的高度重视。小学阶

段是英语学习的起始阶段，主要任务是培养和建立学生对英语学习的兴趣和信心。所以，小学阶段的评价要围绕这一目标，借助科学多元的评价方法，培养小学生学习英语的兴趣和成就感，激励学生进一步深入学习英语。在评价设计中，教师要遵循小学生的身心发展规律，采用符合学生认知水平、具有多样性和可选择性的评价方式。

小学阶段的评价应以形成性评价为主，重点评价学生平时参与各种教学活动的表现情况。形成性评价在小学阶段可以采用多种方式进行，主要依托于课堂教学活动，体现评价活动随时性、过程性和表现性的特征。对学生的评价方式可以是口头的鼓励、正面的反馈、多样化的奖励形式，评价应该融入课堂教学中。同时，也可以考虑多样化的档案袋评价方式，鼓励学生参与收集、整理、分享自己的学习成果，记录成长过程，积极和同学以及家长交流学习过程，培养自我反思和自主学习的能力。

小学阶段的终结性评价主要采用与平时教学活动相近的方式进行，合理采用口试、听力和笔试相结合的方式，考查学生基本的理解和表达能力，重点考查学生用英语做事情的能力。这些具体的要求，充分体现了小学英语学习的特殊性，符合小学生语言学习的基本特征，遵循了多元化的评价原则，也反映了在实践中学习评价语言，促进学生提高综合语言运用能力的英语课程总目标。

九、合理设计和实施初中毕业学业考试

本项评价建议是《英语课程标准(2011年版)》的新增内容，体现了对义务教育阶段终结性考试的重视，其在具体要求中也提出了一些建议，重在引导初中毕业学业考试的设计和实施，在具体实践中也能促进评价活动对英语课程教学的积极反拨作用，以初中毕业学业考试的科学发展来提高初中英语教学效果。

本项评价建议明确定义初中毕业英语学业考试是义务教育阶段英语学科的终结性考试，提出了应重点考查语言技能的综合实践能力以及灵活运用语言知识的能力要求。其中在听读方面，要求考查基本的语言理解能力和信息获取能力，同时强调了对信息的判断、归纳和综合能力。在说写方面

要求考查语言知识和技能的运用能力，综合体现语言实践运用能力。语言知识的考查不能孤立进行，要综合、灵活安排，强调知识的运用，而不是机械的记忆。

对于初中毕业英语学业考试的命题，《英语课程标准(2011年版)》提出了基本的原则，强调了课程标准的权威性，要求命题结合学生实际水平，重点考查综合语言运用能力，体现了辩证实践外语教育途径的核心思想。

初中毕业英语学业考试，对初中英语教学有着重大的反馈影响。在消极的反拨作用影响下，考试的形式对课堂形式有着决定性作用，教师选择以考定教的方式开展教学，课堂活动局限于考试习题的训练。但是，《英语课程标准(2011年版)》对初中毕业英语学业考试的具体要求，以及据此要求制定的测试题并非与现代的英语课堂格格不入。所以，在应试的过程中，教师要设计多样性和趣味性的活动，在学生有明确的考试目标的情况下，教师要积极培养学生良性的自主学习能力，如复习、使用工具书等。

第三节　教材编写建议解读

广义的教材包括应用在某一课程的课堂教学和课外学习，教师和学生使用的各种学习材料，既包括教科书，也包括各类相关的辅助材料，既有教师自己收集编制的教学材料，也有学生自己整理归纳的学习材料，既有传统形式的各种材料，也有现代的新媒体材料。只要有利于学生综合语言运用能力提升的材料都能成为师生使用的教材。

狭义的教材指教科书，即学生用书以及围绕教科书同步编写的教师用书、练习册、配套音像制品、挂图、卡片等相关材料。《英语课程标准(2011年版)》的教材编写建议中，明确定义英语教材为“英语教学中使用的教科书以及与之配套使用的练习册、活动册、读物、自学手册、录音带、录像带、挂图、卡片、教学实物、计算机软件等”[①]，也就是狭义的教材。

① 中华人民共和国教育部.义务教育英语课程标准：2011年版[M].北京：北京师范大学出版社，2012：39.

英语教材是义务教育阶段英语课程教学的基础和核心的教学材料，贯穿课堂教学的全过程，反映最新课程标准的基本理念，传递其倡导的教学目标、方法和策略，为学生提供基本的语言知识材料和语言技能实践活动，渗透着本土文化、英语国家文化和世界文化，引导培养学生的自主学习策略。可以说，英语教材在英语课程教学中起着基础性的作用。

当然，教材也存在一些局限性，如缺乏语言材料真实性，与学生生活和社会发展脱节，无法满足所有学生的多元需求等。所以，为了满足英语课程教学的需要，克服教材的局限性，教材编写者必须依据《英语课程标准(2011年版)》的课程目标和教学要求，尽可能关注不同学生的多元化个性需要，切实考虑英语教学中的实际需要，融入先进的英语学习和教学的理念和方法。

为此，《英语课程标准(2011年版)》提出了教材编写的四大原则，即思想性原则、科学性原则、趣味性原则和灵活性原则。

思想性原则，是指学生在英语学习过程中，教材要提供适当的内容和活动，帮助学生形成正确的人生观、价值观和世界观。英语教材既是英语教学的主要内容和手段，也是对学生开展思想品德教育的重要媒介。要实现这一目标，英语教材的编写就要加大在文化意识培养方面的引导，既要体现外国文化、世界文化精华的学习，也要突出中外文化的异同对比。在民族文化的渗透和体现上，要重点强调爱国主义教育、社会主义核心价值观教育、中华传统美德教育以及民主与法制教育的内容。通过文化内容的思想渗透，引导学生提高文化鉴别能力，树立民族自尊心、自信心和自豪感，这是教材编写思想性原则的基本特征。

科学性原则，是指英语教材的编写要符合英语课程教学的基本规律，体现《英语课程标准(2011年版)》强调的英语课程意义、性质、理念、设计思路、总目标以及分级标准。英语教材要体现语言学习的阶段性、渐进性、多样性、交叉性、真实性、实践性和前瞻性等特点，尽量满足学生个性化的发展需求。在内容和目标方面，突出体现语言技能、语言知识、情感态度、学习策略和文化意识等目标相互结合、相互渗透、相互支持。

在具体编写过程中，要充分考虑多种教材编写模式的协调与平衡，如语法大纲、内容大纲、功能大纲、交际教学大纲和任务型教学大纲；要融合显性和隐性学习方式，贯穿教材话题内容与语言形式的辩证实践思路，通过多样化的任务活动设计，实现语言形式和语言意义的共同推进；在语言素材的选择方面，要以真实语言材料和话题为基础，根据不同学段的水平和要求，适度改编和设计。在这些具体科学性原则指导下，陈琳先生提出了“素质—话题—功能—结构—任务—可行”的教材编写公式[①]，值得英语教材编写的参与者关注。

趣味性原则，是指教材的编写要符合义务教育阶段学生的“知识、认知和心理发展水平”，要考虑不同年龄段学生的“兴趣、爱好、愿望等学习需求”。为此，教材编写过程中，要选用真实的材料和话题，反映学生的实际生活，体现教材思想内容的时代性，在活动设计方面，要突出语境化、多样性和互动性，培养义务教育阶段学生对语言学习持久的兴趣和动机。

灵活性原则，是指教材编写过程中要考虑地区差异、学生的个性和水平差异，在科学性原则的基础上，充分体现教材的弹性和伸缩性，具有一定的包容性，引导英语教师在教学中根据具体情况和需求，灵活地选择教材内容和活动开展的形式，允许教师对教学内容和方法进行调整、取舍和改造。

第四节　课程资源开发与利用建议解读

为了改善国内英语教学的语言氛围，提高英语教学的效果，满足学生差异化的学习需求，培养学生英语学习的资源策略，《英语课程标准(2011年版)》提出了课程资源开发与利用建议，明确了英语课程资源包括“英语教材以及有利于发展学生综合语言运用能力的其他教学材料、支持系统和教学环境等”以及“人的资源，如学生资源、教师资源和家长资源”[②]。这就要求在英语教学过程中，教师和学生要在英语教材的基础上，充分挖掘多元化的资源渠道，作为教学和学习的内容和材料，使教学和学习顺利进行。在教学活动中，教师应该积极调用自身的生活经历和知识结构，激活学生的情感体

① 陈琳.辩证实践外语教育途径[M].北京:外语教学与研究出版社,2013:26.

② 中华人民共和国教育部.义务教育英语课程标准:2011年版[M].北京:北京师范大学出版社,2012:41.

验,充分挖掘人的资源,促进英语教学活动开展。

在具体建议方面,《英语课程标准(2011年版)》提出了要开发与利用教材资源、开发与利用学校资源、开发与利用网络资源、开发与利用学生资源的要求,强调了学校要建立有效的课程资源管理体系,在充分利用已有课程资源的基础上,积极开发新的课程资源,为英语课程资源的开发和利用提出了行动指南。基于这些建议,以下几个方面值得义务教育阶段英语课程教学参与者思考。

第一,开发与利用的辩证关系。课程资源的开发要以利用为目标,课程资源的利用要以开发为基础,两者之间是相互依存的关系。在课程资源开发的过程中,要了解英语教学中课程资源的现状和真实需求,并在此基础上收集、整理、讨论、研发,最终直接应用在英语教学中。而在教学中利用课程资源时,要及时收集师生的反馈,为进一步整理开发课程资源做好准备。要做到英语课程资源开发和利用齐头并进,平衡发展,切实保证各类课程资源真正能够为英语教学而开发,最后方便英语教学使用。

第二,建立英语课程资源开发与利用的管理平台。学校要建立统筹管理开放平台,要逐步实现开发和利用的课程资源数字化和主体多元化,便于所有英语教学参与者进行交流和分享。从教材的使用和解读,到网络资源的收集整理,在此平台上要有一席之地。同时,在开发和利用的主体上,要体现多元化的思路,高校学科教学的研究者、英语教研人员、英语教师、广大学生,都应该在此平台上进行交流和分享。随着共享平台上资源的积累,使用资源的便捷程度逐步增加,既可以避免开发和利用脱节、重开发轻利用的问题,也可以方便使用、上传、更新平台上的英语课程资源,有助于实现教师的自我发展和学生的自主学习,体现互助共享的精神。

第三,辩证认识英语课程的网络资源。随着网络时代的全面到来,慕课(MOOC)、微课、翻转课堂、播客(Podcast)、社交网络技术、智能移动设备APP的发展和流行,在线教育逐步深入人心,计算机和网络已经成为教育和信息的重要平台,尤其对英语课程教学来说,学生的学习和交流,教师的教学与反思,都可以在网络上找到海量的资源和交流的机会。特别是对学生来说,网络突破了时空局限,创造了很好的语言学习环境和氛围,已经成为综合语言运用能力培养和实践的重要平台。

然而，因为网络资源良莠不齐，学生缺乏辨别能力，容易沉溺网络，迷失在游戏中而忽略了网络上的学习资源，导致义务教育阶段的部分英语教师，在网络资源的“疏”与“堵”的思路上选择了“堵”，在“利用”与“放弃”的困惑中选择了“放弃”。在教学实践中，部分教师不顾英语课程标准对“开发与利用网络资源”的明确要求，无视网络资源策略和能力在基础教育阶段的培养，无视网络资源对学生现阶段和未来的英语学习上的至关重要的作用，选择“堵”和“放弃”的做法，是明知其有意义而不思考、不研究、不应用，是明知其有作用而不作为。

网络作为工具，有利必有弊，网络资源作为英语教学的重要来源，也要经过筛选和处理才能使用。正是因为网络资源具有必要性和复杂性，英语教师有必要深入研究网络资源，既不能放任不管，也不能绝对“断网”，而是要通过网络资源的有效过滤和筛选，加深学生的网络工具意识和交流分享意识，培养学生英语学习的新思维，发展自主学习策略和能力，形成未来持续学习的扎实基础。

第六章 “附录”研究

修订前后的附录项目对比见表6-1。

表6-1 修订前后的附录项目对比

修订前的附录项目	修订后的附录项目
一、语音项目表 二、语法项目表 三、功能意念项目表 四、话题项目表 五、技能教学参考表 六、课堂教学用语 七、词汇表	附录1 语音项目表 附录2 语法项目表 附录3 词汇表 附录4 功能意念项目表 附录5 话题项目表 附录6 课堂教学实例 附录7 评价方法与案例 附录8 技能教学参考建议 附录9 课堂用语

通过对比可以看出,《英语课程标准(2011年版)》的附录项目与《英语课程标准(实验稿)》的附录项目相比较有了一些变化,将修订前正文中的“教学案例”和“评价案例”放在了附录中,并分别改为“课堂教学实例”和“评价方法与案例”;词汇表的位置提前,体现了语音、语法、词汇、功能、话题等语音知识的整体性;其余附录项目的名称变化不大,但是在具体内容上都有了一定的变化。接下来本章将逐一分析9个附录项目。

第一节 语音项目表解读

一、语音项目表的意义

《英语课程标准(2011年版)》的语音项目表呈现了义务教育阶段英语课

程学生语音学习的具体内容，体现了二级和五级语音知识的基本要求。同时语音项目表也明确了语音教学的基本思路，用以指导英语课程教学中教材编写、课堂教学和考核评估等相关工作。所以，英语教师要认真学习语音项目表的基本内容，体会其核心指导思想，积极开拓语音教学思路，创新语音教学实践活动，提高学生的语音能力，使其在英语交际活动中顺利表达意图，传递信息。

二、语音项目表的变化

对比修订前后的语音项目表，可以看出，结构上略有变化。《英语课程标准（2011年版）》的语音项目表将修订前的语音项目表最后的说明部分，调整到语音项目表的开头部分，以概要形式着重阐述了语音教学的基本思路，从一开始就旗帜鲜明地阐述语音教学的几个重要问题，这些是教师语音教学的基本依据。

首先，概要部分阐述了语音教学的意义和目标，“语音教学是语言教学的重要内容之一。自然规范的语音、语调将为有效的口语交际打下良好的基础。语音教学应注重语义与语境、语调与语流相结合，不要单纯追求单音的准确性”[①]。这里明确提出了发音要自然规范，目标是要将语义与语境、语调与语流相结合，这与语音的表意功能是一致的，也是真实语言交流的基本特征。仅凭单音的准确性，不考虑语境，不会调用语调的表达形式，是无法顺利完成交际活动的。

其次，概要部分阐述了语音教学的方法和途径，“在英语教学起始阶段，语音教学主要应通过模仿来进行，教师应提供大量听音、反复模仿和实践的机会，帮助学生养成良好的发音习惯”[②]。义务教育阶段的学生对英语充满好奇，善于模仿，乐于表达，正是语音能力发展的最好时期，教师应该提供大量的真实语音输入和语言体验机会。这种在实践中学习的思路与语音规则以及音标的学习并不矛盾，是感性知识逐步向理性知识发展的过程。在一

① 中华人民共和国教育部.义务教育英语课程标准：2011年版[M].北京：北京师范大学出版社，2012：45.

② 中华人民共和国教育部.义务教育英语课程标准：2011年版[M].北京：北京师范大学出版社，2012：45.

定的语音学习实践的基础上，一定的词汇量和语法知识的支持下，教师引入语音规则和音标教学，可以促进学生语音能力的发展，提高学生对语音规则和音标的认识。

最后，概要部分阐述了语音教学中对不同口音的理解，“英语有不同的口音，如英国口音、美国口音等。教学中，应让学生在基本掌握一种口音的基础上，适当接触不同的口音，为他们发展交际能力打下基础”[①]。这里首先肯定了英语口音的多样性。除了有英国口音、美国口音，还有其他口音，如澳大利亚口音、新西兰口音、印度口音、南非口音，当然还有中国口音，甚至是地方口音。其次，概要部分提出了一致性和基础性的原则，即好的发音是成体系的，不能是一句英国口音，一句美国口音。学生要选择一种发音模式作为基础。这样的提法并没有给出很多教师想要的答案，即到底教哪一种。所以，还应该提出一条实用原则，即教师应该教他们自己知道并正在使用的英语口音。从《英语课程标准（2011年版）》附录中的词汇表里面的英式英语拼写可以看出，至少修订组选择的是英式英语模式。概要部分的最后提出了交际原则，从英语作为国际通用语来看，国际交流的对象是不停变化的，各种口音参与其中。为了将来的顺利交际，现在就要学生接触不同的口音，能够理解、辨认、领会意义，这也是学生应该掌握的一种基本能力。

其实，英语口音问题远比这里讨论的要复杂，它涉及语言历史变迁对口音的影响、不同社会人群对口音的选择等。在交际过程中，可理解性是第一位的。《朗文发音词典》不但列出了英国口音和美国口音的差别，还列出了各自内在的发音偏好调查结果，以单词“February”为例的发音偏好调查结果见图6-1。即使有可理解性原则支撑，要教或学哪一种口音，也是个难题。在教学实践中还要考虑一致性、连续性和交际性几项原则的结合。

① 中华人民共和国教育部．义务教育英语课程标准：2011年版[M]．北京：北京师范大学出版社，2012：45.

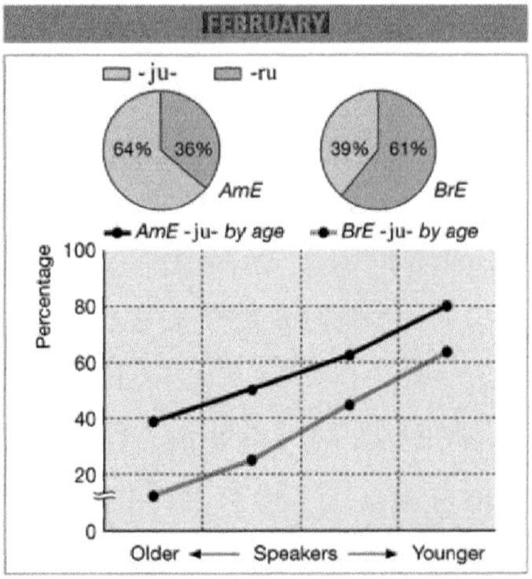

图6-1　单词"February"发音偏好调查结果

接着语音项目表列出具体的各项语音知识，它分为基本读音、重音、意群的读音、语调与节奏四大部分。修订后的内容有一处变化，即删除了"元音字母a，e，i（y），o，u在重读音节中的读音"，因为在"元音字母在单词中的基本读音"词条描述中已经包含了元音字母在重读音节中的读音。

从语音知识的基本构成来看，《英语课程标准（2011年版）》重视基本读音，强调了重音、意群和语调与节奏，突出了语音的表意功能，强调了在实践中学习、理解和运用这些语音复杂特征来表达说话者的意图和态度，有助于教师在语音教学中强化这些特点。在基本读音中，突出强调了辅音的内容，从辅音字母组合，到辅音连缀，特别是成节音的读音。这是因为辅音比较复杂，学生易受母语影响，表达有困难，需要教师强化指导。

语音项目表并没有将语音知识内容按级别分开描述，所以在具体使用语音项目表时，不同年级面对同一项语音知识，教师应该按照分级标准中的二级和五级具体要求来执行，处理好同一个语音项目表下，不同程度的教学要求。

第二节 语法项目表解读

一、语法项目表的意义

语法项目表是义务教育阶段英语课程中语法教学的基本参照,对教材编写、课堂教学和课程评价有着指导作用。教师在日常教学中要学习领会其中的要求和变化,不能盲目提高要求和扩大范围,增加学生的学习负担。

二、语法项目表的变化

语法项目表提供了五级语法基本内容,明确注明“二级的语法项目参见‘分级标准’中的‘语言知识’部分”,为小学英语语法教学提供了具体的要求,使得小学英语教学有了更加具体的指导。而在《英语课程标准(实验稿)》中为“二级语法项目暂不具体规定”,容易造成小学英语语法教学理解上的混乱,教学上容易盲目随意。

对比修订前后的语法项目表的具体内容,可以看出,修订后的语法项目表有了较大的变化。

第一,在基本结构上,将“时态”“被动语态”由修订前的单列条目,调整归于“动词”条目下,使得语法项目表形式上更加趋于统一,呈现出“词类→句型”的基本脉络,简洁清晰,有利于教师理解和掌握。

第二,在具体项目表述上,有了更多的说明和限定,为具体的语法教学限定了范围,为英语教师的教学组织提供了把握尺度,符合初中生的学习特点和现有水平,相比较修订前的版本,切实为学生减轻了负担。例如,不定代词条目只限定“some,any,no”的相关搭配;被动语态条目限定在“一般现在时、一般过去时和一般将来时”;非谓语动词条目在修订后也有了内容的限定,“动词不定式做宾语、宾语补足语、目的状语”;定语从句条目的只限定“能辨认出由 that,which,who 引导的限定性定语从句,并能理解句子意思”。

以定语从句为例,由于其结构用法较为复杂,在初中阶段,并不适合扩展学习,在运用方面也有相当大的难度,所以修订后的语法项目表对其要求是“辨认”和“理解”。在教学实践中,教师就有了参照,学生只需要区分定语从句和其他从句,能够明白定语从句表达的基本内容即可,而不是在口头和书面表达中使用它,同时定语从句的类型也明确为由 that,which,who 引导的限定性定语从句,这给教师在教学范围上提供了清晰的指导。

所以,在教学实践中,教师要提供大量的语言输入,让学生有机会接触并了解定语从句的实例,逐渐培养学生对定语从句的感性认识和理解,而不是一味追求语法的整体性和系统性,违背英语课程安排中整体性和阶段性辩证统一的原则,将定语从句的语法内容在初中阶段就全面铺开讲解,这样势必会加大学生学习难度,违背语言学习的基本规律,挫伤学生英语学习的积极性,反而影响语法学习的效果。

第三,修订后的语法项目表根据初中教学的实际发展情况,在内容上做出了增加、删减、替换等改变,更加符合初中英语教学的实际情况,有助于教师把握教学的难易度。

在动词这一条目下,增加了“动词短语”的内容,符合初中阶段对动词搭配的具体要求,体现了动词短语在短语和词块中的核心地位,与词汇方面对习惯用语和固定搭配的要求相呼应,使得对动词这一词类的理解更加完善和全面,强化了教师对初中英语动词学习全新指引。例如,一些基本动词如 put,break,take 等,一旦构成动词短语,意义丰富,表达功能倍增,可以极大提升学生语言运用能力。

在句子层面,删除了以下内容:“句子成分”的所有内容;疑问句中的“反意疑问句”;“直接引语与间接引语”。这些语法项目比较抽象,语法结构较为复杂,初中生理解掌握有困难,删除后有利于减轻学生负担。以反意疑问句为例,在交际实践中使用的频率较低,而且大量的表达特例让学生记忆负担增加,在具体实践中也很难得到运用。句子成分是基本句型中各部分的解释和说明,其在语言实践中不是学习的目的,而是语法分析过程中的辅助手段。删除句子成分可以避免教师对学生进行大量抽象讲解,要求学生对句子成分本身进行记忆也会影响基本句型的学习和运用。

在构词法方面，用“前缀、后缀”替换了原来的“派生法”，构词法在派生方面的要求具体化，直接体现为前、后缀，有助于教师教学和学生学习。

第三节 词汇表解读

一、词汇表的意义

词汇表是词汇知识的重要内容，规定了相应级别学生词汇学习的范围。在此范围内，教师按照词汇知识的分级标准要求来分类、组织、安排、使用词汇表；在教材编写和考核评价时，教师也要参考词汇表，引导学生在语言实践活动中积极运用词汇表中的词汇，参与表达、完成交际。学习研究《英语课程标准（2011年版）》的词汇表，首先要和《英语课程标准（实验稿）》的词汇表对比，从中找出变化，分析变化背后的教学思路，从而指导具体的教学实践。

二、词汇表的变化

第一，词汇表整体布局和结构上有了较大的变化。词汇表不再是最后一个附录内容，而是和其他语言知识项目一起构成前五个附录项目。修订后的词汇表拆分成二级词汇表和五级词汇表，有利于小学阶段和初中阶段各自明确目标开展教学。修订前的词汇表将小学、初中和高中的词汇要求融入一表，导致学段之间无法区分，全凭教师自我体会，这带来众多问题。修订后的二级词汇表和五级词汇表都只列出基本词汇，如二级词汇表423词，五级词汇表1500词，同时让各地自行选择其他词汇，如二级200～300词，五级100词。这样减轻了学生学习负担，增加了教学灵活度。

第二，每一级词汇表的开头都提供了说明部分。修订前的词汇表开头部分只有一条注：“本表共收约3300个单词和360个短语或词组。”修订后的说明部分则概括性地解释了词汇表里的一些新变化和编写备注，包括词汇学习的程度要求，调整、删减内容的相关依据等。新增的说明部分有助于广大英语教师快速把握词汇表的基本内容，了解词汇表的框架结构，准确参照词汇表的内容开展语言实践教学。

第三，修订后的词汇表删除了词汇的外延内容。其中，不标注单词的词性和中文释义，不列词组和短语，不收入数字、星期和月份，不列语法术语，不单列可根据构词法推导出的部分词汇。删除词性和中文释义，体现了在具体语境中学习和使用单词的理念。词汇在具体语境中会体现一词多性、同形异义词和一词多义，词性和释义和单词很难做到一一对应。所以，词性和中文释义的学习要在动态和发展的语境中进行，机械地把单词和某个词性或中文释义捆绑在一起，违背了词汇的基本特征，限制学生的真实语感培养，脱离语境死记硬背，片面理解词汇意义和用法，受制于列出的中文释义，思维僵化，导致交际中词汇误用或中式表达，最终不利于综合语言运用能力的发展。修订后语言知识分级标准提出了二级“50个左右的习惯用语”和五级“200～300个习惯用语或固定搭配”。修订后的词汇表不列词组和短语，是基于语境考虑，词组和短语要在语境中积累，旨在活跃教师和学生思路，让他们不局限于某些推荐词组和短语，而是归纳搭配模式，灵活运用（如have a walk → have a swim、have a talk）词组和短语。

第四，修订后的词汇表不收入数字、星期和月份，明确建议按类别整体学习，这符合词汇学习规律，学习效率更高。不列语法术语，是因为词汇的相关语法意义不是靠死记硬背来巩固的，要在实践中体会和运用，这大大减轻了学生负担。不单列可根据构词法推导出的部分词汇，意味着这些词汇规律性很强，完全可以通过词根和不同的词缀搭配来理解，如果单列出来就没有任何意义。同时这有利于引导教师关注构词法，引导学生学习构词法，体会词汇的基本构成和语法意义。

第五，修订后的词汇表增加了不规则动词表。不规则动词表纳入词汇表，符合一般词汇整理的做法，如词典编纂时，大多会单列不规则动词表，这有助于学习者快速对比学习、归纳整理、熟悉运用。

基于此，可以看出修订后的词汇表在编制思路上的变化，如减轻学生学习负担、增加教学灵活程度和强调在语境实践中学习。同时，在不同级别对相同词汇的教学过程中也体现渐进积累的原则。教师不能一次教完词汇的音、形、义，学生在实践运用中也无法一次体现各自词汇的所有特征，所以词汇学习必须是渐进的过程，不同阶段要提出不同程度的学习内容。例如，walk最初学习时的意思是“走路”，学生可以在运动游戏中体会walk和run、jump、stand的区别，随着学习的深入，学生逐渐会发现walk有词性的变化，通过学习have a walk的搭配，体会不同的词性和表达。

第四节　功能意念项目表解读

一、功能意念项目表的意义

功能意念项目表对教材编写、课程教学和考核评价有着重要的指导作用。结合不同的话题项目，各项功能意念的表达形式，可以贯穿在日常教学的不同环节中，融合在语言技能和语言知识的训练中。教师要对比分析课程标准要求，在教学中创设语境，设置话题，在实践中引导学生熟练运用各种功能意念的表达形式。

二、功能意念项目表的变化

通过对比可以看出，修订后的功能意念项目表，删除了子功能下的所有样例，使得功能意念项目表摆脱了原来的臃肿庞杂，呈现出清晰的结构和脉络，减少了对功能意念表达形式的限定，给予教师在实际教学中一定的自由度和灵活性。

在具体项目上，删除的内容有：

态度：“责备和抱怨”、“冷淡”、“偏爱和爱好”中的“爱好”；

情感：“忧虑”、“同情”、“恐惧”、“愤怒”；

职业：整条删除。

同时，增加了以下内容：

社会交往："警告和禁止"、"接受与拒绝"、"请求与提供帮助"中的"请求"；

态度："判断与评价"；

情感："关切"；

计量："重量"。

此外，对部分内容的表述做了修改：

态度："偏爱"改成了"偏爱和优先选择"；

时间："时序"改成了"顺序"。

这些变化使修订后的功能意念项目表中的语言表述更加严谨，结构更加合理，内容更加符合初中生的日常生活，在一定程度减轻了学生英语学习的负担。

第五节　话题项目表解读

一、话题项目表的意义

话题项目表作为分级标准的话题知识的内在组成部分，了解话题项目表的变化，有助于教材编写体现时代变化，更加符合当前学生的现实生活。学习话题项目表，有利于教师更新教学内容，掌握话题项目的分类，了解细分话题的相邻项目，整体把握义务教育阶段英语课程中的话题内容。

二、话题项目表的变化

在整体结构上，由于《英语课程标准（实验稿）》包含了普通高级中学的内容，所以修订前的话题项目表将五级要求和八级要求放一起，以标注形式区分；《英语课程标准（2011年版）》未涉及普通高级中学的内容，只体现五级要求；修订前和修订后的二级话题项目都列在"分级标准"中的"语言知识"部分。在具体形式上，修订前的每一个话题下的子项目以英文体现，并且有进一步的细分说明；修订后的每一个话题下的子话题改为中英文对照，这有助于快速参照使用，同时删除了下一级别的细分说明，简化了话题项目表内容，既考虑了每个级别继续细分的困难，也给教师使用话题时一定的灵活度。例如，在“朋友”这个子话题下，朋友可以是邻居、校友、同学、室友、队友，也可以是互联网时代的网友，教师可以根据需要，灵活选择。在数量上，修订前后的话题都是24个，子话题修订前有109个（除去八级要求中的14个），修订后有85个，大幅减少，概括性更强，着实减轻了学生的学习负担。在内容和名称上，修订前后的话题和子话题都有所变化。表6-2是修订前后话题项目表变化的具体内容，有助于广大英语教师快速掌握。

表6-2 修订前后的话题项目表对比

	修订前的话题项目表	修订后的话题项目表
1	**1.个人情况（Personal information）** （4）Data use	**1.个人情况（Personal background）** （4）兴趣与爱好（Interests and hobbies）
2	**3.周围的环境（Personal environment）** （1）Kinds of homes （4）Schools （5）Outside	**3.居住环境（Living environment）** （9）房屋与住所（Houses and apartments） （12）社区（Community）
3	**4.日常生活（Daily routines）** （1）Getting ready （2）Dressing, brushing teeth, washing hands and face, taking a shower, etc. （3）Eating （4）Daily chores （5）Homework （6）Family time	**4.日常活动（Daily routines）** （13）家庭生活（Life at home） （14）学校生活（School life） （15）周末活动（Weekend activities）
4	**5.学校生活（School life）** （1）School building （2）School organization （6）Instructions （7）Educational methods	**5.学校（School）** （16）学校设施（School facilities）

续 表

	修订前的话题项目表	修订后的话题项目表
5	**6. 兴趣与爱好(Interests and hobbies)** (1)Lessons (2)Games (4)Reading (5)Cultural events (7)Socializing (8)Expressing your reactions to these activities	**6. 个人兴趣(Personal interests)** (20)游戏与休闲(Games and leisure) (23)旅游(Tourism)
6	**7. 个人情感(Emotions)** (1)Describing feelings (2)Expressing emotions (3)Describing facial expressions and gestures	**7. 情感与情绪(Feelings and moods)** (24)情感(Feelings) (25)情绪(Moods)
7	**8. 人际关系(Interpersonal relationships)** (1)People (3)Getting together	**8. 人际交往(Interpersonal communication)** (27)合作与交流(Cooperation and communication)
8	**9. 计划与愿望(Plans and intentions)** (2)Organizing	**9. 计划与安排(Plans and arrangements)** (29)安排(Arranging)
9	**10. 节假日活动(Festivals, holidays and celebrations)** (1)Cultural festivals (2)Religious holidays (3)Personal celebrations (4)Describing your own experiences of these activities and stating your preferences, etc.	**10. 节假日活动(Festivals, holidays and celebrations)** (30)节日与假日(Festivals and holidays) (31)庆祝活动(Celebrations)
10	**11. 购物(Shopping)**	**11. 购物(Shopping)** (36)个人喜好(Personal preference)

续 表

	修订前的话题项目表	修订后的话题项目表
11	**12. 饮食(Food and drink)** (1)Meats (2)Soups (3)Vegetables (4)Staple food (6)Fast foods (7)Snacks (9) Ordering and offering different foods and drinks (10)Likes and dislikes	**12. 饮食(Food and drinks)** (37)食物(Food) (40)点餐(Ordering food and drink)
12	**13. 健康(health)** (1)Eating habits (5)Medications (5)Accidents (7)Doctors, nurses & hospitals (8)Describing problems	**13. 卫生与健康(Hygiene and health)** (41)身体部位(Parts of body) (45)健康饮食(Healthy diet) (46)医疗(Medical care)
	—	**14. 安全与救护(Safety and first aid)** (47)安全守则(Safety rules) (48)意外(Accidents) (49)急救(First aid) (50)自我保护(Self protection)
13	**14. 天气(Weather)** (1)Describing weather (2)Understanding weather reports	**15. 天气(Weather)** (51)天气情况(Weather conditions) (52)天气预报(Weather report)
14	**15. 文娱与体育(Entertainment and sports)** (3)Team games (4)Games of two or four (5)Racing (6)International sports events (7)Spectators and fans (8)Physical exercises	**16. 文娱与体育(Recreation and sports)** (56)体育与赛事(Sports and matches)

续 表

	修订前的话题项目表	修订后的话题项目表
15	**16. 旅游与交通(Travel and transport)** (3)Getting and asking directions (4)Safety rules and warnings (5)International travel (6)Inquiring and making reservations (7)Describing a journey	**17. 旅游与交通(Travel and transport)** (59)交通标志(Traffic signs) (60)使用地图(Reading maps)
16	—	**18. 通讯(Communications)** (61)写信(Writing letters) (62)打电话(Making phone calls) (63)使用互联网(Using the Internet)
17	**17. 语言学习(Language learning)** (1) Differences between American English and British English (3)Language learning difficulties (4)Attitudes to language and communication (6)Communications repair	**19. 语言学习(Language learning)** (64)语言学习经历(Language learning experiences) (67)体态语(Body language)
18	**18. 自然(Nature)** (3)The sun, the moon and stars (4)Describing land	**20. 自然(Nature)** (69)山川与河流(Mountains and rivers) (70)季节(Seasons) (71)宇宙(Universe) (72)人与自然(Man and nature)
19	**19. 世界与环境(The world and the environment)** (1)Countries and maps (2)Issues	**21. 世界与环境(The world and the environment)** (73)国家与民族(Countries and nationalities) (74)环境保护(Environmental protection) (75)人口(Population)
20	**20. 科普知识与现代技术(Popular science and modern technology)** (1) Recent inventions, medical advances, technological advances, etc. (2)Computer science	**22. 科普知识与现代技术(Popular science and modern technology)** (76)数字与数据(Figures and data) (77)科普知识(Popular science) (78)发明与技术(1nventions and technological advances) (79)信息技术(1nformation technology)

续 表

	修订前的话题项目表	修订后的话题项目表
21	21.热点话题(Topical issues) (5)Population	—
22	22.历史与地理(History and geography) (1)General knowledge of history and geography about China (3)Historic events 23.社会(Society) (1)Nationality and people (3)Law (4)Ways of dressing (7)Religious festivals (8)Customs and culture	23.历史与社会(History and society) (80)中国历史与世界历史(History of China and the world)
23	24.文学与艺术(Literature and art) (1)Forms of literature and art	24.故事与诗歌(Stories and poems) (82)故事(Stories) (83)诗歌(Poems) (84)短剧(Short plays) (85)作家(Writers)

通过对比可以看出,24个话题有较大变化,呈现出以下特点:

第一,增加了体现时代发展的话题,贴近学生日常生活。例如修订前没有“安全与救护”和“通讯”的话题。语言交际具有时代性,交流的内容必然随着时代发展而变化,课程标准必须体现这样的发展和需要。在通讯方面,进入互联网时代,使用互联网的话题是社会的热门话题,必须增加。另外,科普知识与现代技术下面的子话题“Computer science”已经毫无疑问地让位于“信息技术”了。“安全与救护”话题与青少年日常生活息息相关,突发事件容易造成伤害,增强安全意识逐渐成为社会重要话题,符合保护青少年利益的需要。

第二,减少或合并了一些话题,减轻了学生负担。例如,删除了“热点话题”“历史与地理”中的“地理”,合并了“历史”与“社会”。实际上,修订前的话题项目表中的“热点话题”具体内容可以划归其他话题下,无须单列一个话题。

第三,子话题呈现高度概括的特点,提升了操作的自由度。例如,以“体育与赛事”来概括原来繁多的体育项目,以“食物”替代了原有的对各种食物的具体描述。这对教学实践有好处，有利于教师灵活处理。修订前“饮食”下各种食物子话题罗列有限，缺失“水果”的表述，有违常识，修订后以“食物”为子话题，没有进一步具体细分，就不存在争议了。

经过概括整合、添加删减，《英语课程标准（2011年版）》中的话题项目表有了很大的变化，体现了简洁易操作、通用易扩展的特点。在围绕话题开展教学实践时，要遵循以下原则。第一是实践性的原则。教师要创新设计各类情景和话题，提供机会让学生运用恰当的语言表达形式来完成相关话题的讨论，不能让话题停留在静止的知识层面。第二是扩展性的原则。科学技术发展日新月异，话题项目表无法自我更新，英语教师应该密切关注社会发展，及时更新具有时代性的新话题，搜集整理相关语言表达形式，引导学生正确理解和运用。例如，通讯技术发展快，此次修订后才增加的“写信、打电话”，现在又有更新的必要了，智能移动设备已经逐步取代传统通讯方式，成为了社会生活的热门话题，这就需要教师主动引导学生及时关注这一话题内容。第三是灵活性的原则。因为地域差异，各地学校师资条件和学生的发展水平不均衡，教师要灵活选用适当话题，组织学生运用语言表达形式参与话题学习和实践活动。

第六节　课堂教学实例解读

一、课堂教学实例内容解读

教学实例可以是帮助教师更好地理解《英语课程标准（2011年版）》中第四部分实施建议中的教学建议，在具体的教学过程中理解和把握教学目标和标准，落实课程标准的理念和要求。相对于修订前的教学建议中例举的5个教学案例，修订后的课堂教学实例在形式和内容上都有了充实和更新。

修订后的6个课堂教学实例都包含了教学目标、教学内容、教学活动和教学过程，以及较具体的评析，这些成为《英语课程标准（2011年版）》附录部分重要的更新内容之一。

二、课堂教学实例使用

教学实例是具体的案例呈现,有其特殊的教学背景、教学对象、教学目标和教学方法,并不是通用、标准的范例。教师在学习这些教学实例时,要结合自己英语课程教学的实际情况,重点关注教学实例中的基本教学思路、综合语言运用能力的培养情况、课程标准实施建议的体现情况等。本书第二部分将重点探讨课程标准实施策略,集中探讨教学实例,本小节只选择其中一个教学实例做简单分析。

教学实例6是有关书信的短文阅读,重点突出了在阅读材料中获取所需信息,进行事物异同的比较,以期实现口语、阅读、写作能力的综合提升。整个阅读教学活动分成读前、读中和读后三个环节,结构清楚,易于操作。

读前活动中,教师提出问题,引导学生猜测英国学校的基本情况,收集学生对此话题的已有知识,这符合建构主义关于知识建构的一般规律;同时组织学生分组探讨中英学校的异同,这符合中外文化异同对比的文化意识培养目标,小组合作学习也能够培养学生合作意识和组间竞争意识。当然读前活动采用问题形式导入话题,不是唯一的做法,在创设语境上优势不大,因为图片、视频可以给学生更直观的认识和引导。如果读前活动数量较多,在教学实践中,教师就要收放自如,控制好质和量,把握好时间。

阅读活动中,教师设计的判断题,有助于学生在阅读过程中,将文本信息进行视觉化处理,完成基本信息的获取。在进一步阅读过程中,通过表格设计,要求学生提取文化异同的信息,在对比中巩固阅读的基本内容。在小组完成异同信息的书面对比后,教师安排了学生的口语活动,交流各自获取的中英学校异同对比结果,将阅读和口语活动结合起来,鼓励学生将获取的信息进行处理,组织适当的语言输出表达。

读后活动中,集中了词汇和语法的学习和操练,避免了传统阅读教学中忽略信息获取和交流表达,过度强调通过阅读来学习词汇和语法的做法,保证了阅读中学生注意力放在信息的获取和处理上。这里的词汇和语法的学习和操练,是紧紧围绕阅读的主体信息来开展的,突出了有关中英学校设施的词汇和异同对比的语法表达方式的练习。读后活动的最后环节是写作练习，介绍英国学校情况或中英学校异同。写作练习的设计，体现了在阅读技能中信息处理能力的基础上进一步延伸，通过写作来实现语言信息输出的培养，实现了语言综合技能的培养策略。

第七节　评价方法与案例解读

一、评价方法与案例内容解读

评价方法与案例，是《英语课程标准（2011年版）》的重要更新部分。

在数量上，从原来《英语课程标准（实验稿）》中6个评价案例发展到修订后的41个，增加了35个，体现了对英语课程教学评价重视程度的大幅提升，也反映了广大英语教师对评价活动的高度关注。

在结构上，修订后的评价方法与案例分为两大部分，将一至二级和三至五级分开阐述（见表6-3和表6-4）。其中一至二级评价方法与案例又细分为听力、口语、读写能力几大方面，三至五级评价方法与案例分为形成性评价和终结性评价两大类，终结性评价方法与案例又按笔试和口试分开阐述。评价方法与案例的细分描述，有助于小学和初中阶段评价方法的针对性阐述，体现了评价方法的阶段性原则，有利于不同学段的教师参考学习，有利于对评价方法的类型归纳和掌握，也有利于教师从技能和语言形式方面快速使用评价方法与案例。

表6-3　一至二级评价方法与案例结构

评价方法与案例	结构
听力评价方法与案例	听力评价案例（1-4）
	听力活动表现性评价参考标准（5）
口语评价方法与案例	口语评价案例（6-10）
	口语活动表现性评价参考标准（11）
	玩、演、视、听表现性评价参考标准（12）
	口语能力综合评价参考标准（13）

续 表

评价方法与案例	结构
读写能力评价方法与案例	读写评价案例(14-19)

表6-4 三至五级评价方法与案例结构

<table>
<tr><td>评价方法与案例</td><td colspan="2">结构</td></tr>
<tr><td>形成性评价方法与案例</td><td colspan="2">形成性评价案例(20-25)</td></tr>
<tr><td rowspan="4">终结性评价方法与案例</td><td rowspan="2">笔试</td><td>笔试评价案例(26-35)</td></tr>
<tr><td>写作评分标准(36)</td></tr>
<tr><td rowspan="2">口试</td><td>口试评价案例(37-40)</td></tr>
<tr><td>口语能力综合评价参考标准(41)</td></tr>
</table>

在内容上,修订后的评价方法与案例分为两种类型,一类是评价的基本思路和评价标准,另一类是具体的测试试题。修订前的6个评价案例以评价表、评价参考方案、学习档案、评分方法和标准、评价参考标准的形式呈现,修订后增加了大量的测试试题,这可以给广大英语教师提供具体的学习、讨论的案例,对义务教育阶段英语课程评价有着直观的指导作用。同时,测试试题配有相关的评析,进一步解释测试试题的设计意图、考核目标和实施建议,有助于教师系统、理性地学习应用评价方法与案例。

在评价的基本思路和评价标准上,修订后的评价方法与案例提供了相应的导读内容,分别对小学和初中阶段评价的背景、特征、操作、类别进行介绍,对形成性和终结性的评价方法进行了深入的分析和介绍,这些都有助于教师集中回顾、整理、学习、应用评价方法的重要内容。

二、评价方法与案例使用

评价方法与案例对英语教学评价活动提出了详细具体的指导。但是这些方法和案例不是放之四海而皆准的范例,教师要结合自身教学实际情况来调整应用,也要在此基础上,逐步创新,尝试更多的评价方法。限于篇幅,下文只对其中的形成性评价方法与案例做简单评析。

课程基本理念和评价建议中对形成性评价作了重点介绍,其中评价建议中具体提出了“可采用与课堂教学活动接近的形式以及平时测验、学习档案、问卷调查、访谈等形式。学生可以在教师指导下，根据自己的特长或优势选择适合自己的评价方式”[①]；“可采用多种方式，如测试与非测试、教师评价、个人自评与学生互评相结合等”[②]。

《英语课程标准（实验稿）》中的评价案例过少，形成性评价的案例只有一个，即评价案例4：学习档案，客观上也不利于广大英语教师学习和研究形成性评价方式。修订后的课程标准在理论上明确指出形成性评价是指“贯穿在学习过程中的评价，其主要目的不是评估学生的学习结果，而是及时了解学生的学习情况，向学生提供及时的并具有个性化特征的反馈，为调整和改进下一步的教学提供依据，从而促进学生的学习，提高教学的效果”[③]。在获取学生信息方面，可以采用多种形式，如课堂观察、课堂提问、小组讨论、小测验、课后作业、师生交谈等。

基于理论和形式上的发展，修订后的课程标准提出了5个形成性评价案例，丰富了课程标准在形成性评价方面对教师的具体指导，有助于教师在教学实践中学习、讨论和创新。这5个评价案例分别是基于课堂观察的表现性评价、基于课堂提问的阅读理解评价、基于师生交流的写作评价、基于自评表的单元学习评价、基于自评表的阅读兴趣与策略评价和基于学习档案的形成性评价。这些评价案例体现了形成性评价的基本理念和思路，实现了课堂观察、课堂提问、师生交谈、自评等多元化的评价方式。

以基于师生交流的写作评价为例，传统的终结性评价在写作方面，只关注学生上交的作文，依据写作评分标准进行批阅，提供书面修改意见反馈，缺乏和学生的进一步互动交流，学生很难观察和把握学习过程的内隐特性以及在写作中的思维过程、语言选择和使用等具体情况。修订后的课程标准提出的形成性评价目的是要“了解学生的学习情况”，传统终结性评价方法无法实现对学习过程的了解，因此提出了通过师生交流，即一对一的教师辅导，来全面掌握学生在写作过程中的具体情况。但是，这种一对一的教师

① 中华人民共和国教育部.义务教育英语课程标准：2011年版[M].北京：北京师范大学出版社，2012:35.

② 中华人民共和国教育部.义务教育英语课程标准：2011年版[M].北京：北京师范大学出版社，2012:36.

③ 中华人民共和国教育部.义务教育英语课程标准：2011年版[M].北京：北京师范大学出版社，2012:141.

辅导，在班级人数较多的情况下，开展起来有较大难度，占用时间较多，建议在小范围先尝试，然后选择个别写作任务有针对性地开展。

第八节 技能教学参考建议解读

一、技能教学参考建议内容解读

听、说、读、写的技能教学是英语课程教学的基本构成，也是发展学生综合语言运用能力的主要形式。教师在技能教学过程中，应该条理清楚，有章可循，《英语课程标准(2011年版)》的附录8就提供了听、说、读、写几方面具体的参考建议，包括教学目的、基本技能、教学程序、教学活动、教学材料和教师角色等内容。

对比《英语课程标准(实验稿)》附录五中的技能教学参考表，修订后的技能教学参考建议在形式和内容上都有了很大的改进。在形式上，原来的表格形式将听、说、读、写各项技能教学一起呈现，无法集中体现单项技能教学的相关内容，也容易造成阅读困难。修订后的技能教学参考建议采用了文字陈述形式，分小节对听、说、读、写几方面进行详细阐述，有助于教师分类学习和研究。

在内容上，一方面修订后的技能教学参考建议在教学目的、基本技能和主要教学活动举例上，分成“一至二级”和“三至五级”来阐述，特别加强了对小学英语教学的具体指导，也有助于教师分学段学习和研究技能教学。另一方面，在具体的各项参考建议内容上，修订后的技能教学参考建议内容更加丰富充实，尤其是对具体教学程序和教学活动的举例更加细致，教师可以直接选择，设计教学流程，开展教学活动。

二、技能教学参考建议使用

技能教学参考建议内容丰富、指导性强，具有现实操作性，对英语教师进行技能教学有着重大的引导、规范和推动作用，在具体使用时要注意以下几点：

其一，要结合课程标准的整体学习。技能教学参考建议反映了《英语课程标准(2011 年版)》的总目标和分级目标，是语言技能分级标准在课堂教学中的进一步细化。教师在学习、应用技能教学参考建议时，如果不能结合课程标准的整体学习，就会缺乏宏观上的指导。

其二，要灵活选择、创新使用。技能教学参考建议内容总体上较笼统，步骤特点比较明显。教师在听、说、读、写教学时，对于相关的基本技能、教学活动流程、教学材料要根据教学对象、教学条件、教材内容等实际情况，灵活机动地挑选，对于步骤中的活动、任务设计还需要发挥主观能动性，创新地设计。如“读前活动”要求熟悉话题、激发兴趣，具体如何实现这些要求需要教师充分发挥智慧，创新设计活动；技能教学参考建议指出在教学活动上采用前—中—后的流程模式，如何与任务型教学和其他各类多元化的教学途径相融合，也需要教师积极思考，协调平衡。

第九节　课堂用语解读

一、课堂用语内容解读

课堂用语，即英语教师在英语课堂教学使用的话语，主要是英语话语。课堂用语一般分为课堂常规程序用语和组织教学用语两大部分，既是英语教师语言基本功的重要组成部分，也是英语课堂教学的重要组织手段，是英语教师长期训练、逐渐提高的一项基本教学技能。课堂用语具有真实性、互动性、逻辑性和规范性的基本特征，是学生可理解语言输入的主要来源，是课堂交际和意义协商的主要形式,是组织语言知识和技能教学的主要手段,也在一定程度上反映了教师的基本素养和教学理念。

为了引导教师积极使用英语课堂用语,促进教师自身的专业发展,改善义务教育阶段英语课堂的教学氛围,《英语课程标准(2011年版)》附录9提供了课堂用语的实例,便于教师学习和使用。对比《英语课程标准(实验稿)》附录六课堂教学用语的内容,修订后的课堂用语,在形式和内容上都有了较大的改进和更新。修订前后的课堂用语对比见表6-5。

表6-5 修订前后的课堂用语对比

修订前的课堂教学用语	修订后的课堂用语
1. 上课(Beginning a class) 2. 问候(Greeting) 3. 考勤(Checking attendance) 4. 宣布(Announcing) 5. 提起注意(Directing attention) 6. 课堂活动(Classroom activities) 7. 请求(Request) 8. 鼓励(Encouraging) 9. 指令(Issuing a command) 10. 禁止和警告(Prohibition and warning) 11. 评价 12. 布置作业(Setting homework) 13. 下课(Dismissing the class)	1.Greetings 2.Managing the class 3.Teaching in the classroom 4.Organizing classroom activities 5.Praising and encouraging 6.Saying goodbye

通过对比可以看出,修订后的课堂用语分类用英文表达,弃用了中文小标题,分类项目由修订前的13项缩减为6大项,相对更加集中,将修订前的部分细分项目整合起来,有助于教师在宏观层面把握课堂用语的基本组成部分,有针对性地进行学习和使用。在具体条目上,由修订前的135条提升为170条,增加了35条,重点突出了课堂教学、组织课堂活动、表扬与鼓励。特别是在表扬与鼓励项目上,将修订前的鼓励和评价项目整合起来,内容有了大幅增加,体现了义务教育阶段英语课堂教师对学生积极鼓励和正面评价的基本思路,有助于引导教师通过师生话语交流来营造积极和谐的课堂氛围,有助于培养学生英语学习的兴趣和自信心。

二、课堂用语的使用

课堂用语为学生提供语言输入的机会，有利于课堂教学活动的顺利开展。英语教师要长期积累，灵活运用课堂用语，在课堂用语的使用过程中，要注意以下几点：

第一，课堂用语的使用要建立在对课程标准理解的基础上。课堂用语反映教师的语言素养，也反映教师的教学思路。《英语课程标准（2011年版）》提供的课堂用语体现了英语课程的性质、基本理念和目标，最终这些课程标准的基本精神和内容都要通过教师课堂用语来传递和实现。在新一轮课程改革的背景下，教师要提高自身的课堂用语水平，就要充分学习和理解课程标准的基本精神和内容。

第二，课堂用语的使用要建立在英语语言能力不断发展的基础上。英语教师课堂用语，主要是英语的使用，要体现话语的真实性、互动性、逻辑性和规范性。教师要长期发展自身的专业水平，终身训练英语语言表达能力，才能实现在课堂上为学生提供真实的语言输入，发挥良好的引导示范作用。同时，教师要经常反思自己的课堂用语，通过录音的方式来监督和改进。

第三，课堂用语的使用要建立在对英语课堂教学规律理解的基础上。义务教育阶段的学生语言水平、认知能力和心理状态都处于发展的过程中，英语课程教学有着明显的阶段性和渐进性的规律。对于课程标准提供的课堂用语，教师要充分理解，灵活选用，积极补充。面对不同水平的学生，教师的课堂用语要体现简洁性、可接受性、多样性、激励性和趣味性的特征。教师要坚持使用课堂用语，使学生逐渐理解课堂用语，提高英语学习兴趣，培养自信心，最终提高学习效果。

第二部分

义务教育英语课程标准实践

第七章　“前言”实践案例

第一节　注重素质教育，体现语言学习对学生发展的价值

一、实施策略讨论

《英语课程标准（2011年版）》在课程基本理念中提出要注重素质教育，体现语言学习对学生发展的价值，突出了素质教育在基础教育中的重要地位。《英语课程标准（2011年版）》明确指出了现阶段英语学习的根本目的：“义务教育阶段英语课程的主要目的是为学生发展综合语言运用能力打基础，为他们继续学习英语和未来发展创造有利条件。”[①]同时，英语课程应该有利于学生体验异域文化，了解中西方文化差异，丰富学生的思维方式，增进中西方的互信与理解，提高学生的人文素养。英语教育还应做到人文性和工具性的统一，使得学生在英语学习的过程中既能够发展语言的综合运用能力，又能够学会学习，养成良好的行为习惯，培养他们的团结合作意识，学会处理人和人、人和社会、人和自然的关系，形成创新意识，从而全面提高综合素质。

语言学习对于学生发展的价值主要体现在以下方面：

①掌握一门语言对学生而言犹如多长了“一对眼睛，看到别人看不见的

① 中华人民共和国教育部．义务教育英语课程标准：2011年版[M]．北京：北京师范大学出版社，2012：2.

东西、多了一双耳朵，听到别人听不到的讯息”，这样可以让他们收集到更为广泛的信息，了解到不同的社会文化，开阔他们的视野，增长他们的知识，增加人生成功的机会。

②学习语言的过程就是一个与他人交流、合作的过程。这个过程可以增强学生的团结协作意识，有助于师生之间、学生和学生之间的相互了解。所以，语言学习的过程既可以培养他们的合作意识，又可以提高他们的合作能力。

③语言学习不仅可以培养学生具有积极向上的情感态度、活泼开朗的个性、强烈的学习动机、浓厚的学习兴趣、积极参与的热情、有效的学习策略、大胆的实践精神和跨文化交际的能力，而且可以促进他们了解其他国家的地理、历史、风土人情、生活方式、文学艺术、思维方式、价值观念等，从而提升综合素质。

二、案例解读

（一）案例1　在语言学习过程中促进学生的发展

教学内容

本案例以介绍国内外某些旅游景点为素材，通过图片展示、课堂讨论国内外热点旅游景点，激发学生运用自己已学的英语知识表达个人的喜好，开阔他们的视野，并为他们提供更多的认识祖国、热爱祖国、了解世界的机会。

教学环节

环节（一）：话题讨论（Where are you going to spend your summer holiday?）

英语教师设计的情境：假如小明在本次的期末考试中取得了优异的成绩，作为对他的奖励，他的父母准备在暑假中带他出去旅游，但是选择去哪里旅游由小明自己来决定。为了情境的真实性，也为了符合义务教育阶段学生英语知识水平的特点，教师从某旅行社的广告中挑选了以下四处景点：The West Lake，The Yellow Mountain，The Li River，The Eiffel Tower，并在大屏幕上展示四个旅游景点的图片，让学生帮助小明选择一处合适的旅游景点。

The West Lake

The Yellow Mountain

The Li River

The Eiffel Tower

针对四个旅游景点，教师设计表格（见表7-1），供学生进行讨论使用。

表7-1 有关景点的问题讨论

	The West Lake	The Yellow Mountain	The Li River	The Eiffel Tower
Location or direction				
Why do you choose it?				
Your own feelings				

根据所给的图片和图表提示学生要完成以下任务：①学生能够知道四幅图片代表的景点名称；②不同层次的学生能够说出看完这四个景点后的想法和感受。③借助图片和图表进行信息整合，完成本节课的教学任务。

环节（二）：课堂展示（Presentation）

将班级学生分成几个小组，每个小组选出一名发言人，给予5～10分钟的时间思考、讨论：Which place would you like to choose ?

Step ①：教师引导学生选择一处自己认为合适的景点，并且用简单语句对该处景点做简明扼要的描述。对于英语基础较弱的学生来说，只要说出个别单词即可。教师可以在大屏幕上提供相关提示，例如：

The West Lake, Hangzhou city, is famous for, water and bridges...

Step ②：请每小组的发言人汇报本组的讨论情况（可以根据课堂的教学时间和学生的数量灵活决定发言人的数目）

I choose the Yellow Mountain, for it is ...;

It is no doubt why I choose ...;

From the bottom of my heart, I would like to ...

环节(三):任务升级(Writing)

根据本节课学习的内容,结合自己的想法,以“How are you going to spend you summer holiday ?”为题写一篇80～100词的作文。

教师布置写作任务:“How are you planning your summer holiday?”,并给出写作要求:

①You can choose one of the places for your destination for visiting during your summer holiday.

②You are needed to tell us why you choose this place.

学生根据环节(一)和(二)的教学内容,进行课后写作。教师作点评。

案例评析

从三个环节的活动设计来看,教学的目的是让不同层次的学生都能自由表达旅游景点及选择理由。教学环节设计层层深入、环环相扣:观察—讨论—口述—写作,从而关注学生多方面的英语能力的开发和运用。案例中教师的教学设计并不局限于教学本身,不是为了教学而教学,这充分体现了以学生为主体,以学生的发展为本的教学理念,这正是素质教育的核心思想。

环节(一)的设计意图是,在一定的范围内引导学生展开思考。因为课堂时间有限,课堂教学活动不能任由学生散漫交谈,教师在活动之初就要提供准确的语言素材,掌控方向。这样,英语教学才能达到事半功倍的效果。

环节(二)的设计主题思想是,充分发挥学生集体的聪明才智,通过集体学习、合作学习的形式,让所有学生在合作中找到自我,提升自我。

环节(三)是前两个环节的拓展和延伸。英语能力相对较好的学生能够比较顺利地完成环节(三)的任务,而能力相对较差的学生通过前面图片的直观展示和后面小组的讨论,加之教师的必要提示而大大降低了环节(三)的难度,可以把主要的任务完成。这种安排突出了教师对学生群体差异性的关注,给不同层次的学生展示自我提供了有效的平台。

环节(一)的设计,实现了以下的教学目标:

①四幅图片的展示,能够很快地将学生带入一个直观感受的空间,使他

们很快知道要学什么，被要求做些什么。真实的图片为学生充分发挥自己的想象力提供了空间，让他们有话可说，这符合《英语课程标准（2011年版）》中所提及的培养和开发学生的观察力、想象力和创造力，为今后的学习打下坚实的基础。

②四幅图片中既有国内的景点，也有国外的景点，图片的展示，进一步加深了学生对于中外文化的认识，不仅开拓了学生的视野，在了解地理知识的同时，又增强了学生对祖国大好河山的向往和热爱。

③图片、图表的呈现方式有以下几个好处：一是直观引导学生沿着教学设计的方向思考；二是降低任务难度，毕竟义务教育阶段英语知识的摄入量还不是太多；三是让各种层次水平的学生都能够在自己的知识水平能及的范围内用英语表达自己的想法，从而促进全体学生的发展。

环节（三）是对本次教学活动的总结和提升，让优秀的学生能够通过本节课的学习把所学付诸综合能力的实践中去。对于英语学习能力相对薄弱的学生来说，虽然圆满地完成这一任务有困难，但是通过课堂的参与和实践，也获得了成功的体验。教师设计的小组合作形式有利于发挥团队合作精神，每个组员在小组活动中充分展示了自己的语言能力。

总之，教师通过直观的图片展示、图表归纳，设计了学生比较感兴趣的话题，激发了学生参与、表达、合作的激情。通过三个环节的任务分解，相对降低了教学难度，让全体学生在自己的水平能及范围内抓住了语言实践的机会，成功体验了合作带来的成果，品尝到了合作带来的“果实”，这些都为今后的学习提供了成功的范例。

本案例不足之处：环节设计只有3个，相对较少，可能没有真正顾及全体学生的真实状况，但是，对于义务教育阶段低年级学生而言，由于他们词汇量少，英语知识能力储备不多，因此不足之处可以忽略不计。

（二）案例2　从学生的生活实际出发

教学环节

环节（一）：布置任务

教师口头布置教学任务：假如你是Jack，今天早晨到达学校时发现又迟到了，怀特老师（Miss White）非常不高兴，请你解释迟到的原因。教师提供重点提示词语：be late for, the class has begun, be angry with ...

环节(二)：分组讨论

分小组讨论，要求学生发挥想象力，说出能够使大家信服的理由，请2～3个小组代表口述本小组讨论的结果。

环节(三)：教师评价

教师评价学生汇报的内容，在大屏幕上标出学生常见的一些错误典型。

案例评析

本案例的三个教学环节都是围绕"迟到(be late for ...)"展开的，这种情况经常发生在我们学生尤其是一些爱睡懒觉的学生身上，此话题可以给学生以真实感、亲切感，直接拉近了课堂教学与学生生活实际之间的距离。《英语课程标准(2011年版)》中基本理念第一条就明确指出，要面向全体学生，注重素质教育。面向全体学生的核心思想就是要使每一个学生都可以在不同程度上得到发展或提升。秉承此理念，我们设计的教学目标应该是绝大多数学生能够达到的。本案例环节(一)和图片提示会给更多的学生创造完成任务的机会，使得不同层次的学生在参与课堂学习的环节中找到自信，为今后学好英语创造有利的条件。

(三)案例3　让学生体验成功

教学环节

环节(一)

这是学生进入初中后的第一节英语课，因此学生们满怀期待。首先教师和学生打招呼：Hello! This is the first English lesson. But I don't know you. 现在请允许我做一个非常简单的自我介绍："My name is Peter. Do you want to know more about me? 你们想多一点的了解我吗？请学生以抢答的方式进行，谁要是抢到了回答问题的机会，并且猜对了的话，我将奖励他或她一个小礼物，你们想知道这个礼物是什么吗？这个礼物特别珍贵，是用钱购买不到的。不信你们就试试看。"

环节(二)

教师在大屏幕上展示一张自己全家福照片，不过照片的某些家庭成员被遮挡住了。教师指着照片中的一位人物说："He is very handsome. Do you know handsome? He is like Lu Han.(教师作解释)Who is he?”教师根据学生举手速度选择一位或多位学生回答,目的是活跃课堂气氛,让学生在没有压力和恐惧的氛围中尽快融入到中学时代的第一节英语课中去。

环节(三)

教师兑现刚才的诺言,奖励回答正确的学生。对于抢到机会没有答对的学生,老师的大礼是一个大大的拥抱。这个拥抱是老师给学生的信心,更是老师给刚入学的初中生的一种提示,今后的英语课堂教学中,只要大家积极参与,老师就会给予充分的肯定;对于既抢到了机会又答对的同学,其家庭作业可以改书面自我介绍为口头自我介绍。

环节(四)

让学生作自我介绍,教师可以从学生感兴趣的话题入手引导学生开始自我介绍,例如:“I like eating cakes. Who likes cakes?请有和我相同爱好的同学举手。”教师请几位同学站起来后再作简短的自我介绍。

案例评析

新入学的初中生对第一节英语课非常期待,同时也或多或少存在畏惧感。案例中的教师做得很到位,首先化解学生心中的畏惧感,拉近和学生的距离。他们对于初中的课堂教学环节、教学形式等都很陌生,所以教师需要鼓励学生积极、主动参与,要改变过去在小学课堂中的要我参与为我要参与,从而实现我要参与到我喜欢参与的转变,这是一个师生互动的过程。在这一过程中,教师首先要创造条件,使学生在宽松、友善、活泼的氛围中全身心地投入到课堂教学中去,这正是环节(一)的成功之处,学生想更多地了解眼前的新老师,他们急于想要把这个疑团解开。其次,教师通过展示自己的一张全家福照片,直观地使学生想要了解自己更多的信息,可是,要想知道更多就必须抢到回答问题的机会,而且最好能够正确回答老师的问题,这很好地调动了学生学习的积极性,极大地鼓励了学生从想参与,要参与到喜欢参与的转变,这是环节(二)的设计意图。

环节(三)中,教师给予抢到回答机会的学生和正确回答问题的学生奖励,对于奖励的内容是学生非常关心的,这就很好地调动了学生学习英语的兴趣。教师很有艺术性地采用了这两种方式,不仅活跃了课堂教学气氛,而且巩固了刚刚建立起来的师生之间良好的合作关系，让学生能够在课堂教学中得到锻炼，让学生不论问题回答是否正确都能够有“收获”的体验，一句鼓励的话语，一个大大的拥抱都是对学生最好的奖赏。本节课不仅传授了英语知识，而且增强了师生之间、生生之间的了解，为今后课堂上相互合作、彼此交流、共同完成任务等打下了基础。可以预见，通过本节课的学习，学生不仅增长了英语知识，而且增强了自信心，提高了同学之间的合作意识。

第二节　课程体现以学生为主体的思想

一、实施策略讨论

《英语课程标准（2011年版）》在课程基本理念中明确指出，义务教育阶段的英语课程应面向全体学生，体现以学生为主体的思想，在教学目标、教学内容、教学过程、教学评价和教学资源的利用与开发等方面应考虑全体学生的发展要求。“以学生为主体”是相对于以教师为中心或是教材为中心而言的。《英语课程标准（2011年版）指出：“由于学生在年龄、性格、认知方式、生活环境等方面存在差异，他们具有不同的学习需求和学习特点。只有最大限度地满足个体需求，才有可能获得最大化的教学效益。”[①]换言之，学生是信息加工的主体，是教学活动的主动参与者，是知识的主动构建者；教师的作用是组织者、帮助者、促进者和引导者。教师应创设良好的学习环境，激发并保持学生的学习动机，引导学生以已有的知识和经验作为生长点，采取个人体验、独立探究、合作学习等方式，逐步培养学生学习英语的主动性，为进一步学习打下坚实的基础。

要实现以“学生为主体”的思想，首先需要教师了解学生的特点，钻研教法。教师在教学中要从学生的年龄特点、认知水平、学习兴趣等出发，采取合理、恰当的教学方法。

① 中华人民共和国教育部. 义务教育英语课程标准：2011年版[M]. 北京：北京师范大学出版社，2012：3.

其次要构建“民主、平等、理性”的语言教学环境。在教学中，教师要营造和谐、友善的环境，创设真实的语言情境，让学生在教师的指导下，通过体验、探究、合作、交流等方式形成健全的人格，保持创新的活力，为以后的可持续学习奠定扎实的基础。

最后，要摒弃教师在教学过程中高高在上的做法，要抛弃教师讲、学生听的模式，想当然地设计一些不切合实际的教学目标、教学环节、教学任务等，这样不但不能激发学生的学习热情，相反还会逐渐挫伤学生参与语言学习的热情，直至从心理上厌恶语言学习。

二、案例解读

（一）案例1 Who is your best friend?

教学环节

环节（一）：感性认识阶段

①教师采用“头脑风暴”的方式，在黑板上写出friend一词，让学生进行联想并说出与“朋友”有关的单词和短语。例如：tall, thin, round face, with a pair of glasses, slim, honest, generous...

②教师通过做游戏让学生猜测自己描述的某位同学是谁。例如：

T: He is tall and thin. He is very friendly to all of us. He likes helping other people.

S: He is...

T: No, he sits in Group 4, Line 3, next to....

S: I see, he is...

T: You're so excellent!

③让学生根据自己的实际情况谈论一下他们心目中的好朋友，他或她的长相如何，他或她有什么闪光点值得他们把他或她当成最好的朋友。

④开展小组讨论，然后请每个小组汇报本组的讨论结果。

环节（二）：运用和提高——教师设计情境

①不久前，对南京的中学生做了一项调查，调查的内容为“请你从《西游

记》的唐僧师徒四人中，选出一个你认为最有可能成为你生活中的好友的人物，并说明理由。

②教师在屏幕上展示师徒四人的图片或是相关视频资料，让学生特别是英语基础薄弱的学生能够更直观地了解教师的要求。

③根据提供的信息，给学生时间思考，然后请学生来各抒己见，内容言之有理即可。

案例评析

本节课以学生的说为主体，引导学生根据已经学过的内容描述自己的好朋友，从而潜移默化地让不同水平、不同层次的学生能够融入到课堂教学实践中去。

教师在环节(一)很好地设计了三个不同层次的内容，分别为：①通过"头脑风暴"的方式让学生回忆与"朋友"相关的词汇，使学生了解本节课的教学内容是和朋友相关，为后面的教学做好准备。②课中小游戏的环节使课堂气氛活跃了起来，带动了原本处于观望中的部分学生，因为他们的英语基础相对薄弱，参与课堂教学活动的积极性不高。再者，教师有意识地变化不同的描述对象，让学生卯足了劲儿把所描述的人猜出来，这一环节的设计具有较强的真实性，教师在游戏中把学过的词语自然地呈现出来，这样比教师站在讲台上演独角戏强之百倍。③教师设计了一个相对简单的教学活动，让学生描述自己心目中好朋友的长相和性格特点。课堂教学中可能会听到有同学说："He is as handsome as Lu Han"，"He is the most handsome boy in my class, I think ..."等。

环节(二)为本课的点睛之笔。教师通过学生感兴趣的话题，让他们将本节课中所学过的知识进行提炼、概括，使得生硬的课本知识一下子活跃了起来。在这一环节中，要有效地开展教学，教师要以学生为主体，结合学生自身的学习特点，创设情境，启发学生的思维，组织学生利用所学知识来有效地开展语言交流，最大可能地表达自己的思想。整个教学环节设计具有很强的开放性，让不同水平、不同层次的学生都有话可说，有话能说。教师是本节课的设计者、指引者和引导者，通过多种有意义的学生活动，顺利地完成了既定的教学目标；教师更是学生学习的激励者，在活动中教师适当的表扬和鼓励，能够提高学生的自信心和学习的积极性，学生能够通过自己的参与从而有所收获。

（二）案例2 What are you going to be in the future?

教学环节

环节（一）

教师呈现出一些句子：I am going to visit the Yellow Mountain next month and I will take a train there. I am going to stay there for two days. 学生根据句子中的next month，并不难以理解be going to所表达的意思。

环节（二）

教师告诉学生一个道理：人不能没有理想，失去了理想就如鸟儿没有了翅膀一样。

Every one has his own dream. What are you going to do in your future? Encourage students to express themselves by using “be going to”.

案例评析

教师以“be going to”这一语法教学主体开展了教学设计。环节（一）中学生的主体地位并没有多少体现，老师的个人呈现占据了课堂的主体地位。环节（二）中，虽然学生的主体地位得到加强，学生能够使用“be going to”结构来表达未来的理想即从事于何种职业。总体而言，此教学设计过程过于粗糙，没有深入细致地进行“打磨”，故造成了环节上不符合《英语课程标准（2011年版）》的指导思想，给学生自主发挥的空间相对狭小。面对这种情形，我们的老师在课前要精心准备，多方面给予学生适当的引导，鼓励学生积极主动地参与到课堂教学环节中去。

（三）案例3 What do you like to do if you have a holiday?

教学内容

学生谈论自己的爱好。

教学环节

环节（一）

①教师首先播放一首歌曲以吸引学生的注意力，然后提问学生：“你们知

道这首歌的歌名吗?”。

②教师请三至五名学生回答。接着提问:“Why did I play the song for you?”请学生以竞赛的形式给出他们的答案。看看哪一组学生的回答是正确的。

环节(二)

①教师根据刚才的活动告诉学生:“I like listening to the music and reading books in my spare time.”

②教师拿出一本书,告诉学生:“Now, I am reading this book. It is a story during World War II.”

③教师在大屏幕上展示一组二战的老照片,让学生感受到战争的残酷,从而珍视来之不易的和平,热爱现在的美好生活。

环节(三)

①班级分组讨论话题: What do you like to do if you have a holiday?

②有同学说:“We like playing computer games at home because I like playing. It makes me happy unlike homework.”部分同学哄堂大笑,教师并没有批评。

③教师表态:“Very good, good idea! Can you tell us some more? I will not tell your parents about the case.”(教师和学生都大声地笑了起来)。

④请学生口头汇报他们喜欢做的事情,并布置本课后书面作业:I like ______ if I have a holiday.

案例评析

本案例中,教师引导学生谈论他们的爱好,希望通过真实的情景设计,把课堂的主体让给学生,让他们把自己最真实的想法表达出来。教师很好地落实了“以学生为主体”的思想。首先,教师从自身说起,这样做有两个目的:一是引起学生的兴趣,使学生的注意力能够很快地集中到课堂教学中来;二是确保情境设计的真实性。真实的情境容易激发学生的真情实感,引起学生的思想共鸣,这是环节(一)设计的主要思想。

环节(二)中,教师从谈自己的兴趣爱好自然地过渡到了让学生思考“我为什么有这个爱好? 这个爱好到底能够为我带来些什么?”教师以过来人的身份告诉学生读书的目的和意义,通过直观的图片展示让学生从心灵深处领会到“战争的残酷,我们应该珍视现在的和平生活”。这个环节,很好地让学生跨越了师生交流的鸿沟,强化了课堂教学的效果,潜移默化中培养了学生正确的人生观、生活观、是非观,达到了感情上的升华,教师成功地营造了学习氛围,激发了学生学习的动机和兴趣。

环节(三)遵循从学生中来,到学生中去,学以致用的设计思路。语言学习的根本目的是运用,课堂教学的目的更是如此。教师通过自我的解读,必然提高了学生自我表达的欲望。所以,为了让学生表达自我,教师提供了一个开放的空间,让学生以小组为单位,从相互讨论的结果中得出他们有此兴趣的缘由。本节课中,教师是引路人,通过自己的真实例子引导学生学习本节课的内容,同时教师又是本节课的激励者和促进者,教师完全尊重学生个体的自由,以平等的视角对待学生给出的答案。

总之,在本课中,教师始终坚持以学生为主体的地位,从教师的自身说起,激发学生参与课堂教学活动的热情,同时作为本节课的激励者,教师的课堂教学艺术又很自然地感染了学生,让他们在平等、协作的氛围中把所学知识运用于自己的生活实践中。

第三节 英语课程具有工具性和人文性双重性质

一、实施策略讨论

《英语课程标准(2011年版)》明确指出“义务教育阶段的英语课程具有工具性和人文性双重性质。就工具性而言,英语课程承担着培养学生基本英语素养和发展学生思维能力的任务,即学生通过英语课程掌握基本的英语语言知识,发展基本的英语听、说、读、写技能,初步形成用英语与他人交流的能力,进一步促进思维能力的发展,为今后继续学习英语和用英语学习其他相关科学文化知识奠定基础。就人文性而言,英语课程承担着提高学生综合人文素养的任务,即学生通过英语课程能够开阔视野,丰富生活经历，形成跨文化意识，增强爱国主义精神，发展创新能力，形成良好的品格和正确的人生观与价值观。工具性和人文性的统一的英语课程有利于为学生的终身发展奠定基础”。[①]

什么是英语课程的“工具性”和“人文性”？怎样才能在日常的教学活动中践行和应用？

（一）如何理解英语课程具有“二重”属性？

部分英语教师对于英语课程所具有的这种双重属性常有认识上的偏差。他们认为英语课堂就是师生互动，合作完成某项任务，所以设计的任务主要是操练语言知识点。为了达到这一目标，一些教师把课堂当成了表演的舞台，脱离了课堂的教学实际，空谈如何鼓励学生积极参与，突出学生的主体地位，如何让学生参与活动有成就感，如何激发学生的学习兴趣等。为了激发学生的参与热情，一些教师经常在公开课、示范课上不惜自掏腰包购买“奖品”来使学生集中注意力。

就语言的人文性而言，语言不仅是交流思想的工具，而且是社会文化的重要载体。学习者除了要学习语言的结构成分以及如何使用这些结构成分外，还要学习在不同的场合如何得体、准确、恰当地使用语言。只有这样，才能很好地掌握这门语言。

《英语课程标准（2011年版）》提出的五个方面的课程目标全面地反映了学界对语言及语言教学的认识，广大英语教师应该积极领会和应用。英语课程的“工具性”就是培养学生的英语素养，包括语言技能（听、说、读、写）和语言知识（语音、词汇、语法、功能、话题）的培养。英语课程的“人文性”就是提高学生的综合人文素养，包括学习策略（认知、调控、交际、资源）、文化意识（文化知识、文化理解、跨文化交际意识和能力）和情感态度（国际视野、祖国意识、合作精神、自信意识、动机兴趣）。这五个方面的目标是一个有机的整体，不可分割。

① 中华人民共和国教育部．义务教育英语课程标准：2011年版［M］．北京：北京师范大学出版社，2012：2.

（二）怎样落实英语课程的“二重”属性？

1.准确定位英语教学

如何教英语，说到底就是如何培养“两种素养”的问题。我们要在全面认识和理解语言本质的基础上，准确定位英语在中国到底是“外语”（EFL）还是“二语”（ESL）。它的定位决定着教学目标、教学内容、教学策略和教学方法等一系列的问题。

Ronald Carter 和 Nunan 指出：“EFL is used contexts where English is neither widely used for communication nor used as the medium of instruction.” “In most EFL settings there is limited exposure to the language outside of the classroom, and often limited opportunities to use it.”①。可以看出，“外语”是指学习者在非英语环境中学习的语言。

“The term ESL is used to refer to situations in which English is being taught and learned in countries, contexts and culture where English is the predominant language of communication. The teaching of English to immigrants in countries such as Australia, Canada, New Zealand, the United Kingdom and the United States typifies ESL. In these countries, individuals from non-English speaking backgrounds may speak their languages at home, but will be required to use English for communicating at work, in school, and in their community in general. The term is also current in countries where English is widely used as a lingua franca.”②

可以看出，“二语”是指在英语国家学习和教学的语言，在这些国家不但课堂中使用英语，而且生活中处处使用英语。由此可知，英语在我国是“外语”而不是“二语”。基于此，我们要精心选择合适的教学内容和教学策略，认真践行《英语课程标准（2011年版）》规定的“两种素养”和“五个目标”。

2.精心选择英语教学内容

在了解了英语在我国的定位之后，我们就不得不面对我们广大英语教师经常抱怨的一个问题：“缺少英语教学环境”。除了课堂上人为设置的教学

① NUNAN D, CARTER R. The Cambridge Guide to Teaching English to Speakers of Other Languages [M]. London: Cambridge University Press, 2011:2.

② NUNAN D, CARTER R. The Cambridge Guide to Teaching English to Speakers of Other Languages [M]. London: Cambridge University Press, 2011:2.

环境之外，课后很难找到其他的英语学习环境。因此，我们要精心挑选英语课程中重要的语言内容，使其在学习过程中经常、大量地复现，以确保学生尽可能多地接触，这样才能谈得上学会后使用。

3.精心选择英语教学策略

《英语课程标准（2011年版）》指出："文化意识有利于正确地理解语言和得体地使用语言；有效的学习策略有利于提高学习效率和发展自主学习的能力；积极的情感态度有利于促进主动学习和持续发展。"①对于英语教师来说，他们不但要传授英语知识，更要具备必要的英语文化知识和社会文化知识。因此，教师要大力提升自身的专业水平和教学素养，运用有效的教学策略，提高教学效果。

二、案例解读

（一）案例1　从生活的城市说起——英语被动语态的复习

教学环节

环节（一）

教师在大屏幕上展示两幅本市某一条河流过去和现在的照片，然后提问："Do you know where the river is?"教师鼓励学生根据图片尽量多说，并且不断提示补充内容，使学生所描述的内容更加准确。有同学说："The river was very clean and lots of fish swimming around in it. There were lots of trees along the bank of it. However, things have changed a lot."

环节（二）

教师引导：假设你是本市的一名环保志愿者，面对这种情况，你该如何应对？"What measures will be taken by you to deal with the situation?"教师可以把班级学生分成若干小组，然后以小组竞赛的形式展开小组讨论，时间为5～8分钟。看哪个小组提出的建议最好，最为大家所接受。有小组陈述："Rubbish should not be thrown into the river; trees will be planted again; factories and

① 中华人民共和国教育部．义务教育英语课程标准：2011年版[M]．北京：北京师范大学出版社，2012：8.

companies are required not to dump waste water into it.”

环节(三)

结合环节(一)和环节(二),把小组讨论的结果写成一篇报道寄给本市的一家报社,意在提醒市民要爱惜这条河流,共同努力把我们的城市建设得更加美好。

案例评析

本案例中,教师非常有效地落实了语言知识目标和技能目标,渗透了学习策略、情感态度和文化意识的目标。本节课环节设计是很优秀的。

1.体现了语言的“工具性”

首先复习前一节课中所学的被动语态的教学内容。温习和随后的巩固环环相扣,步步深入,每一步都以前一步为基础,后面的活动在前面的铺垫下得到有效的展开。由于所选取的材料来自学生生活的城市,情况真实可靠,让学生有话可说,即便是基础相对薄弱的学生也能够或多或少地说几句。学习的内容是前面几节课的整合,不仅形式非常新颖,而且内容是学生熟悉的,这使学生的操练、表达能够体现语言技能活动中必备的要素,听、说、读、写层层推进,有效促进了学生英语语言运用能力的发展。

2.体现了语言的“人文性”

面对城市中河流被污染了的事实,作为城市的一份子,每个市民应该思考如何从我做起,从身边的事做起,以尽早改变这种状况。为了突出设计的科学性,直接“刺激”学生的情感和感受,教师特意设计了一名环保志愿者的角色,让学生能够设身处地地想出办法来解决问题。总之,教师在本节课中不仅仅是让学生复习前面几节课中学习的被动语态,还培养了学生的观察能力、思考能力、合作精神等。课中的教学方式力求多样,有独立思考、集体讨论、小组竞赛等,不仅活跃了课堂气氛,也感染了所有的学生,让他们自主地参与到活动过程中。

(二)案例2 “工具性”和“人文性”未有体现的案例

教学内容

下面是某市的一节公开示范课,执教本节课的是一名年轻的英语教师。教学内容选自译林出版社出版的教材《英语》八年级上册第三单元Welcome to the unit 部分。

教学环节

环节(一)

教师在大屏幕上展示几幅图片,有伦敦的塔桥、巴黎的埃菲尔铁塔等世界著名景点;教师逐一介绍这些景点的特点和人文历史。

The Tower Bridge

The Eiffel Tower

环节(二)

教师在大屏幕上展示皖南的一些特色旅游景点,意在培养学生热爱家乡、认识美的能力,告诉学生他们生活中并不缺少美而是缺少发现美的眼睛。剩余的时间被教师花在了介绍旅游给人们带来的众多好处:开阔视野,陶冶情操,锻炼身心等。

案例评析

在这个案例中,语言的"工具性"和"人文性"都没有能够得到落实。究其原因主要有:①无论是景点的介绍还是对于这些景点的感受,教师基本是自己一人包办,学生的四项基本技能:听、说、读、写都没有得到必要的训练,语言知识和语言技能目标都没有落实。从导入部分直接过渡到后面的环节,缺少必要的过渡和衔接过程,让学生感到很突兀。所以整个教学活动中学生是被动地接受教师对语言知识的"灌输",师生之间没有合作、互动环节。②教学活动的组织形式单一,整节课一半以上的时间是教师包办的,没有师生、生生活动,教学过程中学生没有参与的机会,具体的学习活动没有体现学习策略、情感态度和文化意识。

如何才能让"工具性"和"人文性"在本课教学中得到体现呢?针对此教学内容,可以做如下的修改:环节(一)中,可以让学生以竞赛的形式说出图片中的景点名称,然后让学生在世界地图上找出它们相应的位置,即在哪个国家,可以让学生代表上讲台来演示。环节(二)中可以让学生讨论,然后选择一处作为旅游景点,并让学生说明理由。根据学生的讨论结果,教师作简单的点评。

(三)案例3 让学生体会中、英文颜色词的差异

教学环节

本案例教学内容选自译林出版社出版的教材《英语》九年级上册第二单元 Colours 部分。

环节(一)

①教师提问:“What colour do you like best? Why do you prefer this colour?”教师请10名学生回答。

②教师提问:“Some one may like one colour better than others. Could you tell us what colour do we Chinese people like best? Could you name a few?”教师让前后左右四名学生作为一个小组,开展约5分钟的讨论。

③教师请4～5组学生汇报小组讨论的结果。

环节(二)

教师提问:“我们汉语中有没有带有颜色的词语?”组织学生进行5分钟的讨论,学生的答案有:白费力气,说黑话,脸都绿了,肠子都悔青了,红眼病等。教师在大屏幕上展示以下的短语,请学生猜出它们表达的意思:I am feeling blue; red tea; see green in my eyes; in the red; white lie。

环节(三)

①教师组织小组讨论,请五组学生把带有颜色单词的五组表达和相应的汉语意思配对。

②教师提问:“从中可以看到什么? 你发现了什么?”请几名学生回答,教师最后作小结:“有些时候表示颜色的词语在中、英文并不一一对应。例如:红茶是 black tea,而不是 red tea。”

③教师布置作业:请同学们从网上查找和颜色有关的英语表达。

案例评析

本案例中,教师设计了一系列的活动让学生亲身体会到语言和文化的紧密联系。环节(一)中,教师首先从学生自己喜爱的颜色谈起,让学生比较容

易地融入到课堂环节中来;对于为什么喜欢这种颜色,学生无须考虑对错就可以给出答案。第一环节的热身活动,为后面的中心教学内容做了必要的准备。

环节(二)中,教师让学生思考,汉语中哪些词语包含颜色并举例。这个环节让学生很轻松地感受到汉语和它所蕴含的文化内涵,再通过类比,直接激发学生的兴趣:英语有哪些包含颜色的词语表达呢?考虑到学生的学习状况和英语知识水平,教师降低难度,让学生练习把包含颜色的英语表达和中文意思配对。最后,教师通过中、英两种语言的对比,进一步加深学生对于本节课知识点的理解。

本案例中的工具性主要体现在,通过包含颜色的词语的学习,学生了解了中、英文在语言与文化上的差异;人文性主要体现在,通过和颜色有关的词的学习,学生要培养积极向上的乐观心态。

第四节 强调学习过程,重视语言学习的实践性和应用性

一、实施策略讨论

《英语课程标准(2011年版)》在基础理论部分中明确指出,要强调学习过程,重视语言学习的实践性和应用性。语言作为重要的交流工具,是文化和信息的载体。语言就是工具,学习语言的根本目的就是运用。交际功能是语言最本质的功能。学习语言需要经过不断的反复的实践和应用才能熟练掌握。

语言学习的过程是:语言输入—语言吸收—语言发展系统—语言输出,这一过程的实施要依靠语言学习的实践性才能得以实现。英语教学不能只从理论到理论,要从理论到实践,要用理论指导实践,服务语言实践。英语课程提倡采用既强调语言学习过程又有利于提高学生学习成效的任务型语言教学途径和方法,目的是为学生创造更多的在真实语境中运用语言的机

会。在这个过程中，教师要鼓励学生通过体验、实践、参与、探究和合作等方式，发现语言规律，逐步掌握语言知识和技能，培养学生英语综合运用能力，使他们在今后的工作和生活中能够用英语进行有效的交流，同时增强学生自主学习的能力，关注个性发展，提高综合文化素养，以适应我国经济发展和国际交流的需要。

二、案例解读

（一）案例1 What have you done in your summer holiday?

教学环节

环节（一）

①两个月的暑假结束了，学生又回到了校园。在开学的第一节英语课上，教师提问：“What have you done in your summer holiday ?”然后收集学生的回答，不作评价。

②教师讲述自己在暑假两个月中让自己感触很深的事情。教师可以播放一段2014年巴西世界杯期间的精彩比赛画面或是2017年8月九寨沟发生的地震灾情或是2018年2月在韩国平昌冬奥会闭幕式上惊艳世界的“北京八分钟表演”。

③鼓励学生回忆还有哪些近年来发生的让我们无法忘却的事。

环节（二）

教师挑选其中的一个话题，比如南京青奥会来创设情境。假设你是一名青奥会的志愿者，参与了比赛的一些志愿者服务工作。你现在要向班上的同学介绍青奥会的一些情况，并谈谈你的感受。例如，I am so excited to be chosen as a volunteer for Beijing Winter Olympic Games by the committee. I experienced so many things; especially I met lots of foreign friends around the world.

环节（三）

班级学生分成若干小组，以小组汇报的形式来谈谈其中的感受。教师可以对学生的疑惑给予必要的提示或帮助，比如如何用英文表达比赛项目等。

案例评析

本案例的重要环节就是让学生回忆近期发生的让人难以忘却的事，教师要引导学生筛选出最有价值的信息，通过教学情境的创设，让学生在真实的语言环境中真实感受和体验，并进行合理表达。

环节（一）中，教师有效地创设情境，让学生根据个人的体验进行信息的交流。环节（二）属于提升运用阶段，教师通过环节（二）的设计，让学生以小组为单位，模拟汇报暑假作为南京青奥会志愿者的经历和感受。学生在教师的指导下，通过感受、体验和合作等方式，增强了交际中的角色意识，实现了有效的交际目的。

（二）案例2 What do you eat for breakfast?

教学内容

本教学内容以学生的早餐为切入点，教学内容非常贴近学生的日常生活。旨在让学生通过参与和体验，明白吃早餐的重要性，更让他们深刻体会到什么样的早餐才是营养早餐，怎么吃才更加健康。教学中教师通过相关资料的展示让学生从语言交流的实践中体会到营养早餐的重要性和必要性，这是很典型的实践性和应用性的体现。

教学环节

环节（一）

教师请学生回答以下三个问题。

①Do you often have breakfast?

②What do you often eat for breakfast?

③Where do you get your breakfast? Made by your mother? Bought at vendors? Cooked by yourselves?

教师请学生填写如下调查表（见表7-2）。

表7-2 有关早餐的调查

Do you often eat breakfast?	Where do you eat your breakfast?	Who cooks it?	What do you think of your breakfast eating?

环节(二)

教师在大屏幕上展示几种营养早餐,请学生谈谈他们的感受。同学们一定会对给出的资料表示出强烈的好奇心从而激发他们继续后面学习的强烈兴趣。

环节(三)

教师随机抽取几位学生,让他们回答“Why do you often eat breakfast bought from street vendors ? Why do you often eat breakfast made by your mother?”教师收集学生所给出的答案,并让学生就他们给出的答案展开讨论。为了节约课堂时间,教师采用微型讨论话题的形式,题目为:“What can we do to have healthy and tasty breakfast?”(怎样吃早餐才健康?)

通过活动,教师引导学生懂得尽量少在外面购买早餐,作为一名学生,我们应该力所能及地做我们能够做的事情。

最后,学生汇报讨论结果:我们如何吃出健康的早餐。

案例评析

本案例中,教师采用了学生熟悉的话题“早餐”展开教学。教师并没有采取机械的操练方式,而是经过层层递进式地设计语境,让学生在真实的环境中,结合自身的体会,进行有目的、有意义的交流,这体现了学习过程中的实践性。

环节(一)中,教师设计调查表,把学生的注意力引到主题中,并没有包办代替学生的活动,而是让学生在活动中去了解,去体验。环节(二)中,教师把科学的早餐方案展示出来,让学生不但学习了语言技能,而且通过此项技能进一步获取了有益的信息。环节(三)中,教师有意识地把学生的思维引到如何吃健康、满意的早餐上来。学生通过讨论真情实意地感受到,早餐不能全由父母来做,自己应该做一些力所能及的事情。教师以符合学生生活的真实情境设计为重点,让学生在学习的过程中体验语言的实践性。因此,本案例做到了在学习的过程中重视语言的实践性和应用性。

(三)案例3 让学生从学习过程中感受到语言的实践性

教学内容

本案例是请学生说出自己最喜爱的季节,并给出喜欢该季节的原因。

教学环节

环节(一)

①教师在大屏幕上展示几幅图片,并让学生说出每幅图片中所反映的季节。

Spring

Summer

Autumn

Winter

②请学生讨论每一幅图片所反映的季节,看看学生能否认识图片中的花,其中花名可以用汉语表达。教师可以通过语文课中的一首小诗给学生提示,帮助他们正确回答问题。

环节(二)

请学生思考:Why do you like spring/summer...?

环节(三)

请学生思考各个季节的特点。

案例评析

本案例是一个比较经典的话题,让学生谈谈自己喜欢的季节。对于本节课,教师并没有做过多的引导,而是把课堂时间还给学生,让他们自己去思考,让他们自己去讲述。

环节(一)中,教师通过不同季节所开的花让学生猜出图片反映的季节,这一设计非常贴近课堂教学,主要原因有:学生有了直观的视觉上的感受,知道本课的话题是什么,从而做好思想上的准备。本环节的设计存在的问题是,教学活动形式比较单一,没有充分调动学生的积极性,尤其对于英语水平相对较差的学生来说,他们参与的机会比较少甚至没有。对此,教师可以适当增加小组或是同桌学生的活动,也可以采取问答的形式开展。

环节(二)中,教师设计这个环节的目的是让学生思考喜欢这个季节的真实原因。这个环节的设计略显不足,因为本环节缺少学习、讨论、思考、信息加工等过程。因此,教师可以用自己喜欢的季节来作表达示范,有了“参照物”,学生表达时就容易很多。教师亦可以把喜欢相同季节的学生分为一组,让他们讨论喜欢这个季节的共同原因。在相互合作、相互交流的过程中,学生掌握了“喜欢”某物原因的表达,这样做体现了“在学习过程中,重视语言学习的实践性和应用性。”

(四)案例4 Hopes and dreams

教学内容

本案例内容选自人民教育出版社出版的教材《新目标英语》九年级第七单元的拓展阅读材料。案例围绕“Hopes and dreams”,以调查报告的形式分三个部分展开:问题引入,调查结果显示,结论。学生的愿望和梦想的调查结果显示,他们都希望有良好的教育和一份好工作。主要的生词有 sail across the Pacific Ocean , continue , translator , quite a few, conclusion, similar, hold on to, more /less realistic, impossible 等。

教学环节

环节(一):营造意境,引入话题,启发思维

①播放与 dreams 有关的英文歌曲,营造宁静而梦幻的意境。让学生听歌曲找出关键词,引出本节课的话题 Dreams。教师提问:“I have a dream that one day I can travel around the world. What about you? Do you have a dream? What is your dream?”

②创设情境,引发思维

T: Some students may say I don’t know what my dreams are, but I have many hopes for the future. I hope to get better grades. I hope to continue my study in a key middle school next year. I hope to drive a nice car...

通过引导,复习学过的单词。

环节(二):课文阅读,策略指导,视野延伸

①让学生浏览课文和标题,并利用多媒体的教学手段教学短语 sail across the Pacific Ocean,然后提出问题让学生回答。

T: Different people have different dreams. Teenagers also have their own colourful and fantastic dreams. Let's read another survey about more teenagers' hopes and dreams and find out what different and colourful dreams teenagers have.

教师引导学生细读重点,并根据学生的回答提问:"Now let's see what teenagers' hopes and dreams are. Are they similar to yours?"

②教师让学生合上课本,以齐声朗读的形式回答上面的提问。最后教师归纳文章的大意,自由评述梦想。

环节(三):畅谈梦想,分享交流

教师以自己的经历为例引导学生感受:生活因梦想而绚丽,圆梦之路辛苦但心甜。

T: Life is colourful and full of sunshine because of dreams. Do you think so?

Ss: Yes.

T: We may feel tired after a day's hard work. We may feel annoyed when we have trouble. But whenever we think of our dreams, whatever our dreams are, we'll feel fantastic.

在教师的真情感染下,学生写下自己的梦想以及实现梦想的途径,然后进行小组交流和全班分享。

最后播放配乐诗 *Hold fast to your dreams*。

案例评析

本案例中,教师一改以往的先教单词并举例分析课文,单纯地以知识输入为目标的传统阅读教学模式,源于教师认识到了学生培养和策略指导的重要性。教师通过多媒体辅助及与学生的真情互动,唤醒了学生内心深处的梦想情愫之后,学生对文本的阅读欲望和畅谈梦想等好奇心得以自然流露。阅读策略指导和训练通过师生间的对话推动自然渗透,目标词汇在听、说、读、写活动中不断使用。在英语教学中贯彻人文教学是一个系统的工程,需要教师从教育观念、教材处理、教学目标、教学过程、教学方式等方面

进行渗透，发挥教师的主观能动性。教师只有处理好工具性和人文性两者之间的相互关系，教学才不会顾此失彼。其中，工具性是基础和前提，而人文性是灵魂，二者不可偏废。

环节（一）中，教师并没有采用常用的教学方法，通过多提问几个问题就是对人文性的体验和践行，而是通过自己的实例使得学生能够感觉到美好的梦想是人生前进的目标，没有目标犹如“无头的苍蝇”到处乱窜，同时也使学生感受到再美好的理想不经过艰苦奋斗的拼搏就是空想的。教师通过自己的例子让学生深切地体会到理想需要在勤奋中得以实现，通过引导、激发学生正确理解理想。《英语课程标准（2011年版）》强调的双重属性要求教师在注重培养学生语言能力的同时，关注学生的精神世界及健康人格的发展。只有当英语教学融工具性和人文性于一体、充分发挥语言学科感化人心的独特魅力时，才能最终促成课程教学目标的达成，环节（二）和环节（三）正是秉承这一思路来设计的。

第五节 优化评价方式，着重评价学生的综合语言运用能力

一、实施策略讨论

《英语课程标准（2011年版）》指出，英语课程评价体系要有利于促进学生综合语言运用能力的发展。评价的多元化、充分利用形成性评价等理念已经成为教师讨论日常教学的一部分。优化评价方式说到底就是提高评价的有效性、针对性，使用的评价方式要适合自己的教学对象。

形成性评价是指在活动运行的过程中，为使活动效果更好而对活动进行修正所进行的评价。形成性评价的主要目的是明确活动运行中存在的问题和改进的方向，及时修改或调整活动计划，以期望获得更加理想的效果。形成性评价主要是采用学生过程性学习评价表、学生英语学习阶段计划、学生英语学习阶段反思表、英语学习家庭表现情况调查表等，激励学生学习，帮

助学生及时有效地调控自己的学习过程，使得学生获得成就感，增强自信心，使学生逐步提高英语素养。

二、案例解读

（一）案例1　写作小组评价

本案例是教师要求学生围绕家乡的位置、气候特点、旅游景点和人文特点，写一篇介绍自己家乡的文章。教师采用了小组互相评价的方式，最后根据小组意见予以点评。为了让小组评价有据可依，教师在课前制定了相应的评价表格（见表7–3）。

表7–3　小组评价条目

组别__________　　　　得分__________

评价条目	有	无
介绍了家乡的位置		
介绍了家乡的气候特点		
介绍了家乡的著名景点		
介绍了人文特点		
文章的结尾部分		

说明：每一项中，有的得2分，没有的得零分。在五个条目中只要有三个项目没有的话，文章总体判断为不合格。

案例评析

写作能力始终是困扰义务教育阶段英语学习一个很现实的问题，究其原因主要有：①义务教育阶段学生无论从英语知识的摄入量还是从个人的体验、阅历来看都显得不足，要让学生写出好文章存在客观上的局限性。②写作是考察学生对于英语技能的综合运用能力，考察要求比一般的题型难度大，这难免造成了部分学生在平时训练中有抵触情绪，正如学生常说的“作文作文，见到头疼”，何况现在要求用英文来写！

在日常的写作教学中，教师有“一肚子苦水”无处倾诉，原因主要有：①写作是一个循序渐进的过程，不可能一蹴而就，这需要平时教学中投入相当多的时间和精力。②班级规模比较大。四五十个学生上交的作文需要几天或是一周的时间批阅,学生对于一周前写的内容很难记清了。

在写作过程中,学生不仅注重教师的评价,而且看重同学之间的互评。所以学生之间的相互评价是形成性评价中不可缺少的一部分。学生对于自己的学习过程和结果的评价,既是对自己学习活动的总结,又是发现问题、解决问题的过程。这个过程充分发挥了学生的主体作用,调动了学生学习的主动性和积极性。最后,教师点睛之笔的点评更为本节写作课划上了圆满的句号。

(二)案例2 申请加入学习爱心小组的申请书

评价设计

活动的具体要求是学生根据课堂上所学的内容,写一封加入本校爱心小组(Helping hands club)的申请书。教师根据学生的写作批阅情况,选择其中的1~2篇较好的文章在班级念读,并张贴到宣传栏中。

案例评析

形成性评价特别强调学生在学习过程中的表现和进步,关注的是过程,这个过程的评价是多元评价,包含学生的自我评价、学生的相互评价和教师评价等。但是,本案例中,教师没有发挥评价的多元性,教师的一人评价代替了学生的自我评价、生生之间的相互评价,从而完全忽视了学生在课堂教学过程中的主体地位,忽略了学生自主发现问题、解决问题能力的培养。说到底,本案例依旧是按照过去我们常说的“先生讲,学生听”的陈旧模式在开展教学活动,其效果必然不高。

(三)案例3 提高英语听力的课外因素

听力是英语基本技能之一,它位于英语语言技能的首位,地位的重要性不言而喻。《英语课程标准(2011年版)》明确指出:“听和读是理解的技能,说和写是表达的技能。它们在语言学习和交际中相辅相成、相互促进。学生应通过大量的专项和综合性语言实践活动,形成综合语言运用能力,为真实语言交际打基础。因此,听、说、读、写既是学习的内容,又是学习的手段。”[①]

但是,在教学过程中,听力教学是令教师非常头疼的问题之一,究其原因

① 中华人民共和国教育部.义务教育英语课程标:2011年版[M].北京:北京师范大学出版社,2012:12.

主要有:①各级学校的重视程度不够。笔者做了一个调查,发现现在新建的学校都配备了网络教室等现代化教学功能室,但是语音室基本没有配备。②听力训练重视度不够。因为缺乏录音设备,教师没有用于检查学生听力的磁带、光盘等材料,教师用口述的方式显然不能长久。③学生不够重视。由于教师的重视度不够,必然导致学生思想上没有引起重视。④教师检查手段和方法单一。听力检查基本是终结性评价,听力前、听力中没有任何检查、评估的活动,这就造成教学过程中,学生的听力能力难以提高。

评价设计

如何提高英语听力技能呢?可以在课外从以下步骤做尝试,逐步改变“坐”“等”“靠”的思想。

环节(一)

听力技能的提高仅靠课堂45分钟是远远不够的,需要充分利用课后的时间,以弥补课堂教学时间的不足。教师可以设计检查表格,让英语课代表检查学生课外的相关听力作业完成情况。教师布置完每天的家庭作业后留有足够的时间让学生完成,并且把家长的作用发挥出来。

可以采用以下的几种作业形式:①每天早晨起床后花10分钟朗读英语,多读有利于提升听力能力。②每周预留1课时的时间用于听力训练,选取的材料难度要略低于课文内容,最好是能够集故事性、趣味性为一体的材料。听力材料一般播放2～3遍为宜,可以让学生大致说出材料的主题思想和主要的细节点。

环节(二)

教师设计听力检测表(见表7-4)来发现学生听力学习过程中遇到的难点,以便今后在教学中“有的放矢”。

表7-4 听力检测内容

	主要思想	时间、地点	大致内容	总评
很好				
一般				
基本没有				

听力检测表可以大致了解学生在听的过程中有哪些收获,难点在哪里

等。教师可以根据每周的听力检测表，调整听力材料的难度、变换听力材料等以期望达到符合全班学生的学习实际。

环节（三）

教师可以每半个月或一个月进行一次专门的听力测试。以考试中常考的题型为主，测试完成后在最短的时间内阅卷，并且分析错误率高的题型。

案例评析

提高听力能力是提高英语综合语言运用能力的最重要的环节之一。教师首先要从思想上重视，在授课中预留一定的时间用于听力素质的培养和提高。在本案例中，教师很好地把课堂教学和家长的督促有机结合起来，让家长监督学生读英语，这样通过重视朗读英语来发现、纠正学生语音、语调、语速的不足之处，逐步校正孩子在听力中的缺陷。环节（一）中，通过每天增加学生口头阅读的输入量，让学生逐渐提高英语的语感，纠正自己语音、语调和语速等方面存在的不足之处。环节（二）中，教师通过评价量化表的设计了解学生在听的过程中存在的问题，从而采取更有效的教学方法。这样可以较好地增强学生的自信心，提高语言综合能力，从而带动语言技能素养的整体提升。

（四）案例4 学业评价促进公平

传统的英语学业评价普遍运用终结性评价的手段，以测试为学业评价的形式，即以考试成绩来评价学生英语学习能力的高低，这在很大的程度上导致学生只重视英语知识和技能的掌握。这种学业评价只能给学业成绩好的学生带来欢乐，而对于基础差的学生来说，则是压力和痛苦。他们得不到正面的评价，久而久之，便会丧失学习英语的信心。《英语课程标准（2011年版）》明确指出义务教育阶段英语课程的总体目标是培养学生的综合语言运用能力。综合语言运用能力的形成是建立在学生语言技能、语言知识、情感态度、学习策略和文化意识等整体发展的基础上。

学生英语学习的兴趣和态度，学习的努力程度，在学习过程中的参与意识和参与态度，在小组活动中的合作精神，以及在学习过程中学生的智力发展、综合素质、价值观的形成等，都是学好英语的重要因素，而这些因素是无法用具体数字来评定的，也无法在终结性评价中体现出来。事实上由于教学条件、教育环境、学生的智力水平不同，学生的学习能力也不相同。因此，教师要根据语言教学发展的需要，建立一个科学有效的学生学业评价体系，从而促进英语教学目标的全面落实和教育公平。

评价设计

小学刚刚升入初中阶段，由于学生来自周边不同的小学，教学环节、教学条件、师资水平、学生智力差异等造成学生英语水平参差不齐。教师按照学生的不同水平把学生分成几个等级组，制定不同的要求和评价标准，学生可以自主选择自己所在等级组的标准。如：A等级的学生要能够仿照课文内容创设一个类似的情景对话，并且要求语言流畅，基本没有语言错误，符合要求的就应该予以表扬。C等级的学生要能够说出个别单词或个别句子就应该得到表扬。教师要大胆鼓励，让这些原本英语学习基础薄弱的学生觉得自己还是很有希望的，也能得到老师的表扬。老师希望他们今后要向B等和A等级迈进，争取在最短的时间内达到班级中等偏上的水平。

案例评析

教师的做法丰富了《英语课程标准(2011年版)》中提出的发展性评价的内涵。第一，教师重视学业水平评价的激励和调控功能，促使学生不断进步，实现自身的价值。第二，教师注重学业评价层次化，关注学生之间的差异性和发展性方面的不同需求，促进学生在原有水平上的提高和发展。第三，教师潜移默化地将形成性评价与终结性评价有机结合起来，使学业评价进入学生学习的过程之中。第四，突出了主题性，重视评价者的主体性与学业评价对个性发展的建构作用。“一切为了每一位学生的发展”是新课程的核心理念，新课程强调尊重每一个学生的独特个性和具体生活，为每一个学生的个性发展创造空间。同时要尊重学生的差异，努力实现学生学习的个性化和教师指导的针对性。

（五）案例5　作业设计与试题的编制

作业与学生的学习生活密切相关，它检测、反馈、评价学生学习，激励学生进一步学习。试题的质量即信度、效度、难度、区分度将直接影响学生考试的结果，而学生考试的结果又将影响教师、家长、周围同学对他(她)的评价，可见试题质量的高低对学生有着更直接的利害关系。写作业离不开作业设计，考试离不开试题的编制。

评价设计

本作业设计以译林出版社出版出版的教材《英语》八年级上册第二单元 Travelling 为例。

1. 钻研课程标准，把握教学目标

本单元的课程要求：①掌握使用形容词的比较级和最高级，能够使用 as ...as 表达结构。②谈论自己一次去某地旅游的经历。

本单元的教学目标：

(1)知识与能力：学完本单元后，学生应该掌握以下几点内容：①谈论旅游(Talk about travelling)②使用一般过去时态来描述具体的某次旅游的经历和自己的感受。③能够使用形容词的比较级和最高级表达某地方独特的景色和令人难以忘怀的地方。④注意能够使用一些情感类的词来表达自己当时的内心感受。例如：We couldn't wait to get off the bus; we became excited when we saw the model Eiffel Tower; I couldn't believe my eyes; the songs and dance shows were so wonderful. ⑤使用一些和景点有关的词语：beautiful; it is quite far away; there was a lot of traffic on the way and the journey was a little boring ... ⑥能够使用简单句子来描写一次旅游的经历。⑦学会使用简单的复合句来表达自己的亲身感受，如：I get so excited that ...; there was so much traffic on the road that ... ⑧写短文，介绍这个旅游景点的特色。

(2)过程和方法：通过练习和运用加以巩固。

(3)情感态度与价值观：①通过本单元的学习使学生更好地了解其他地方。②通过本单元的学习，增强学生对生活的热爱，对祖国大好河山的热爱；使学生立志要更加努力学习，把自己的国家建设得更加美好。

2. 认真研究教材，把握重点、难点

本单元以“旅游”为话题，以介绍世界之窗公园为线索，展示了本单元 Reading 的内容，通过听、说、读、写等富有交际性的活动，让学生熟悉并且对此话题感兴趣。根据这个话题开展教学，有助于激发学生的参与感，也有助于教学的开展，使学生在学习语言知识的同时能了解不同国家的不同文化和名胜景点。

3. 了解学生学情，面向全体学生

本单元学习谈论作者某次去世界之窗的旅游经历，介绍了自己感兴趣的景点。学生虽然对于教学内容感兴趣，但是有些地方也未必知道或听说过。因此，围绕着本单元教学目标，教师设计了一些贴近学生生活的任务，在学习时，教师可以给学生布置查找资料的任务。

4. 围绕教学目标，搜集整理资料

案例评析

本案例中的作业设计大致包括：钻研课程标准，把握教学目标；认真钻研教材，把握重点、难点；了解学生学情，面向全体学生；围绕教学目标，搜集整理资料四个环节。

（1）钻研课程标准，把握教学目标。本单元的课程标准有：掌握使用一般过去时态来描述某一次旅游。教学目标分为：知识与能力、过程与方法、情感态度与价值观三个部分。教师的教学要以三维目标为准则，努力达成教学目标。在设计作业前，教师钻研、领会了课程标准，把准教学目标，这是作业设计的基础。

（2）认真研究教材，把握重点、难点。本单元的重点是运用形容词的比较级和最高级来表达对某一地方景色的赞美之词，谈论自己想去的地方。从谈论旅游的愿望拓展到谈论自己的理想，教学内容逐渐深入。教师在设计作业（包括课前的预习、课堂作业、课后作业）时，始终围绕“如何突出教学重点，突破教学难点”及“作业如何设计才更有利于学生知识的检测和能力的拓展”等问题来设计。这样可以使作业训练有方向、有重点，更有利于教学目标的实现。由此可见，这个环节是作业设计的关键。

（3）了解学生学情，面向全体学生。作业是教师为学生设计的检测课堂教学效果、提高学生学习能力、拓展课堂教学内容的活动。这就决定了教师必须在对学生的学情大致了解的前提下，设计面向全体学生，有一定层次的作业。作业只有面向全体学生，才能使每一个学生在做作业的过程中都有所收获。针对不同层次的学生，布置不同难度的作业，正在被越来越多的教师认同和采用。

（4）围绕教学目标，搜集整理资料。将搜集的资料进行归类整理，是作业设计中不可少的工作。学生的精力有限、课余时间有限,作业必须控制在一定的范围之内。这就要求教师在作业设计时本着少而精的原则,选取典型的材料,检测最关键的内容,切忌胡子眉毛一把抓,搞题海战术。

第六节 丰富课程资源,拓展英语学习渠道

一、实施策略讨论

语言学习需要大量的语言输入。一本教科书,一本练习册并不能提供足够的语言输入;课堂教学只是语言学习的途径之一。学习英语离不开教科书,但是教科书提供的语言素材十分有限。教师要开拓教学资源,为学生提供充足的,真实有效的并与学生的生活、学习、水平相适应的语言素材,真正满足学生学习语言的需要。《英语课程标准(2011年版)》中指出的课程基本理念与教学实践是理论与实践的关系。理论来源于实践,并指导实践;实践反过来丰富理论,发展理论。《英语课程标准(2011年版)》中的理念正是源自语言教学的研究和实践。经过一线教师多年的反复实践与探索,加上理论研究工作者的不懈努力而形成的课程理念,使我们对英语教学有了比以前更加清楚的认识。这些理论指导教学活动,再经过一线英语教师的实践,以创新的教学反过来验证理念、丰富理念。

一谈到理论,一线英语教师感到非常“头疼”。因为在他们心里,理论是教育研究者们的事情,与日常的教学活动没有多少密切的联系;理论解决不了教学中的实际问题;光凭借理论提高不了学生的学习成绩。正是由于这些思想在一线英语教师的脑海里或多或少地存在,致使教学效果始终达不到最理想的结果。我国的课程改革从2001年启动以来,已经走过了十多个春秋,许多英语教师在教学实践中逐步地了解、认识了理论,发展了课程理念,丰富完善了新的课程教学理论,正是从一线英语教师的课堂实践中总结出来的理论成果成了修订新的课程标准的重要参考依据之一。

实际上,理论与实践既相互独立又相互依存。理论来源于实践,实践验

证并创造了理论。教学理论来源于教师的教学实践，教学理论要在教学的实际环境与条件下才能实施，教师在特定的环境和条件下创造性地实践课程理念。我们有理由相信，经历了十多年洗礼的课程改革相关的理论已经被越来越多的教师所接受、理解并用来指导英语教学。

丰富课程资源，拓展英语学习渠道，教师要着重把握以下几点：

第一，明确目标，有的放矢。教学目标是实施教学的出发点和根本依据。教学目标决定了课程资源的选用。反之，课程资源也会大大促进教学目标的高效完成，二者密切联系，互相作用，不可分割。丰富课程资源应从确立教学目标入手，根据《英语课程标准（2011年版）》提出的语言技能、语言知识、情感态度、学习策略和文化意识五个维度目标的具体要求确定教学目标，在此基础上就会比较容易地回答需要什么样的课程资源，需要多少课程资源，怎样丰富这些课程资源，这些课程资源怎样进入教学过程，通过什么样的方式利用这些课程资源效果最佳等问题，从而为课程资源的合理开发与利用做好必要的保障。

第二，合理、有度的使用，与教学实际紧密相联。课程资源的开发没有什么具体的要求，但是课程资源必须回归课程，为课程服务，为教学服务。面对信息化社会，国际互联网的普及使得课程资源的开发变得越来越简单。轻轻地点击鼠标，相关的课程资源就会呈现在眼前，但并不是所有的资源都适合教学目标，这就需要教师合理使用有利资源，剔除不利资源。

二、案例解读

（一）案例1 How to celebrate Chinese New Year?

教学内容

本课内容是介绍中国传统的节日——春节。课本的教学内容不多，主要是鼓励学生能够参与到课堂实践中来。教师根据课程内容，从网络中引入相关的视频图像资源，从而在轻松活泼的氛围中完成既定的教学目标。

教学环节

环节(一)

教师提问:我们中国人是怎么样欢度春节的?这样做的目的是切入话题,引起学生的注意,提高学习兴趣。

环节(二)

请学生代表谈谈他们是怎样过春节的,并请其他学生进行讨论、补充,这样做的目的是鼓励学生参与到课堂实践中去,自己去思考、去体验。

环节(三)

播放视频,了解海外华人是以什么样的独特方式来度过中华民族的传统节日的,在播放之前,请学生根据视频的资源找出有哪些不同之处。通过视频直观展示相关的词汇,强化学生的学习效果,加深学生对于新词汇的印象,同时,通过对比海外华人独特的过节方式,让学生注意观察,集中注意力,培养他们的自主观察力。

环节(四)

第二次播放视频,以竞赛的形式让学生用自己的语言把视频中的内容尽可能全面、准确地表述出来。复现视频,强化学生观察的内容,教师引入小组竞赛的形式,让他们用自己的语言把视频中的有关资料表述出来,使所学内容进一步强化。

案例评析

本案例的亮点在于:一是激发了学生学习的兴趣。教学中,教师利用互联网的视频资料,通过海外华人独特的新年庆祝方式,把学生带到了万里之外的纽约、巴黎、伦敦、莫斯科……从而激发学习热情。二是结合学生自身新年庆祝的方式,让他们发现庆祝方式的异同,使得学生会在此情境中不自觉地把所有注意力都投入进来。三是增强师生之间的互动。教师以课程资源为媒介,通过视频、图像等材料,为学生表述自己的所见、所感做了很好的准备工作。视频的直观展示,让学生很容易积极参与,同时活跃了课堂气氛。本案例中的四个教学步骤依靠课程资源开发完成,充分体现了合理开发,有效、有度的使用原则。

（二）案例2　充分利用课程资源，激励学生主动参与

教学环节

环节（一）

①教师在大屏幕上展示所居住城市的一组照片，让学生根据照片的内容回答问题："Do you think it is very beautiful?"

②有学生回答："It is very beautiful. I like living in such a beautiful city.""I seldom see the scenery in a year."

对于学生的回答，老师反问："Why don't you love our city? Isn't it very beautiful?"

有学生回答："One day I saw many dead fish in the lake and the water smelt terrible."

环节（二）

教师在大屏幕上展示另外一幅图片（同一地点不同时间），照片中浓雾滚滚，空气质量不佳。请学生根据图片用自己的语言描述所见，让他们从中做对比。

有学生问答："It was foggy. There was heavy fog in our city last winter."教师接着提问："What do you think of the environment?"有学生回答："Lots of wastes are put into air every year. More car and more people can easily cause the air pollution more seriously."。

环节（三）

①教师把学生分成若干小组进行讨论。讨论的题目为：What measures can be taken to enjoy long term blue sky in our city?

②教师请小组代表汇报本组的讨论结果。

③教师作点评。From your ideas, we know we must do something from us all, like taking bus to school, turning off the lights when leaving the room etc.

④最后播放歌曲《明天更美好》，大屏幕中展示更多家乡碧水蓝天的图片，让学生亲身感觉到：Let's join our hands together to make our hometown cleaner and more beautiful than ever.

案例评析

本案例中,教师通过展示美丽的城市照片,增强学生对家乡的热爱。教师通过对课本资源的丰富,拓展学生的思维视野,使学生愿意表达真实情感。环节(一)中,学生根据自己的经历说出了自己的感想,教师并没有因为学生回答与课前预设的不一样而忽视对这个问题的关注,相反教师抓住了这次学生回答的机会,让学生看到我们居住的城市并不总是有光鲜亮丽的一面,还有大气污染问题。环节(二)中,教师根据污染这一个话题,让学生描述看到的场景,学生通过教师的引导,主动调用曾经学过的单词、句子来表达自己的想法。环节(三)中,小组讨论的形式既加强了学生之间的语言交流,切磋了他们之间的看法,也培养了他们的合作意识。合理的情境设计,带动了学生的主动思考,把自己的意见表达出来。最后教师通过播放背景音乐展示城市美丽的自然景色,让学生从内心深处感受到我们要从我做起,为把家乡建设得更加美好而做出努力。

第八章 “课程目标”实践案例

第一节 形成初步的综合语言运用能力

一、实施策略讨论

《英语课程标准(2011年版)》指出:“通过英语学习使学生形成初步的综合语言运用能力,促进心智发展,提高综合人文素养。综合语言运用能力的形成建立在语言技能、语言知识、情感态度、学习策略和文化意识等方面整体发展的基础之上。语言技能和语言知识是综合语言运用能力的基础;文化意识有利于正确地理解语言和得体地使用语言;有效的学习策略有利于提高学习效率和发展自主学习能力;积极的情感态度有利于促进主动学习和持续发展。这五个方面相辅相成,共同促进学生综合语言运用能力的形成与发展。以语言技能、语言知识、情感态度、学习策略和文化意识等五个方面共同构成的英语课程总目标,既体现了英语学习的工具性,也体现了其人文性;既有利于学生发展语言运用能力,又有利于学生发展思维能力,从而全面提高学生的综合人文素养。”①

语言技能和语言知识既是语言教学的内容,又是语言教学的目标。掌握一定的语言知识是培养和提高语言技能的基础,只有通过听、说、读、写四项语言基本技能训练,语言知识才能得到有效的巩固和提升。因此,在正确处

① 中华人民共和国教育部.义务教育英语课程标准:2011年版[M].北京:北京师范大学出版社,2012:8.

理语言知识和语言技能时，要坚持实践性、真实性、互动性原则，强化语言基本技能的实践过程。

语言学习与情感态度密不可分。学生有着强烈的学习动机，积极的参与、合作精神，一定会极大地促进语言学习的效果。反过来，消极的情感，缺乏主动学习的动机，被动地应付而没有主动合作、参与精神，则会抑制学生参与语言实践，影响学生的语言学习效果。总之，积极的情感态度有利于学生语言学习，学生学习的成功喜悦，又会促进学生形成积极的情感态度，两者互相促进、相辅相成。

语言知识与文化意识相互交融。语言有着丰富的文化内涵，是文化的一部分，学生学语言的同时要了解相关的文化知识、文化内涵。同时，对文化的深入了解，会促进学生对语言知识的理解与学习。

有效的学习策略有助于学生提高语言知识和语言技能的学习效果，帮助学生发展自主学习能力。恰当的学习策略能够拓宽学生学习的渠道，提高对语言知识的理解程度，有效地复现和巩固已学的语言知识，不断地将语言知识运用到实践中去，从而体现学习英语的目的。

二、案例解读

（一）案例1 What can you do?

本案例内容选自译林出版社出版的《初中英语预备教材》第六课 Have nice food 部分。

环节（一）

教师创设情境，让学生感知、理解和初步运用所学的词汇。

①教师在大屏幕上展示几幅图片。

T: What can you see in the picture? Do you know?

S: Yes. Swim in the river / park car / play football...

T: Great! I have shown you some pictures. What does this sign mean?

S: I/we can swim.

T: Good. What about this one?

S: I/we can park car here.

...

②教师展示另外几幅图片，然后把全班同学分成4～5个小组，请每个小组的学生在最短的时间内用can来造句子，看哪个小组做得又对又快。对于表现优异的小组以掌声鼓励。

环节(二)

①教师在大屏幕上展示几幅图片，让学生猜测图片的意思。

No Smoking!　　No parking!

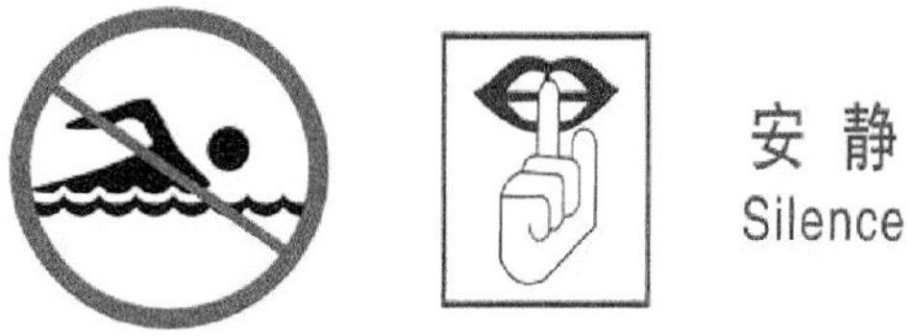

No swimming!　　Keep quiet!

在展示第一幅图片时，教师在说："We can't smoke!"时，可以用摇头的方式暗示can't的意思，不直接告诉学生can't是什么意思。

②教师展示更多的相关图片，让学生用can't表达图片中的内容。

S1: We can't swim in the river.

S2: We can't stop cars here.

S3: We can't make any sound.

...

环节(三)

教师创设情境：在中国，人们第一次见面时经常问对方哪些问题？

①小组讨论，并请小组代表发言。

②教师收集学生的讨论结果，并写在黑板上。

③教师提问："当我们第一次碰到外国朋友时，可不可以也问这些问题

呢?”请学生就表格中的问题(见表8-1)进行讨论。

表8-1 见面时的问候语讨论

	can	can’t
Have you had your meals?		
Where have you been?		
How old are you?		
Can you call your father’s given name?		

给学生5～8分钟的时间来讨论,请学生代表宣布本组的讨论结果。看看哪一个小组答对的题目数量最多。

④教师做必要的解释,例如:在西方国家,孩子可以直呼父亲的名字,但是在中国这被视作一种很不礼貌的行为。

⑤根据表格的内容,教师请学生用can / can’t造句。

S: We can’t ask his / her age

S: Children can call their fathers’ given name in America.

...

案例评析

本案例较好地实现了语言技能、语言知识、情感态度、学习策略和文化意识五个方面的课程目标,体现了五个目标相辅相成、共同促进的关系。

本语言知识是要让学生学会使用“can do something”和“can’t do something”,语言技能是让学生能够使用“can”和“can’t”来询问和回答。环节(一)中,教师从图片的展示开始,给学生直观的感受,让学生很快领会教师要求他们做什么,怎么做。接着,教师设置情境:在某些场合,哪些事情我们不能做。教师并没有直接告诉学生can’t do表达的意思,而是配合肢体语言,让学生非常容易地了解了句子的意思。然后教师要求学生根据实际情况,用can和can’t来造句,以小组比赛的方式,让学生团结协作,体验在合作中获得成功的喜悦。环节(三)中,教师让学生自己思考问题,并用表格的形式让学生通过中西方文化的对比,了解语言及其相应的文化内涵。总之,本案例中,学生真实运用了所学的语言知识谈论了哪些事情可以做,哪些问题在中国可以问,哪些问题在西方国家不可以问,使得语言教学、语言技能、语言文化融为一体，密不可分，共同为学生综合语言运用能力的形成奠定了基础。

特别指出的是，本课的情感态度目标是通过使用can和can't让学生知道我们可以做的事情应该多做，不可以做的事情坚决不去做。同时，学生在语言实践的过程中，形成了乐观向上的情感态度，这不但能促进语言知识的提高而且有助于个人的健康成长。环节（三）中，文化意识目标是让学生了解中西文化的不同习俗。小组讨论和竞赛活动，有利于学生了解中西方文化的差异，加深对本国文化的理解，提高语言学习的兴趣。

（二）案例2：空洞的课程目标

教学内容

本案例内容选自上海教育出版社出版的教材《英语》四年级下册第十二单元 The ugly ducking 部分。故事是根据丹麦童话大师安徒生的《丑小鸭》编写的。

教学环节

环节（一）

教师教授新单词和短语，并找部分学生讲述文章中的故事。

环节（二）

①教师点评学生的讲述情况。

②教师让学生标出生词。

③教师把学生所标出的单词解释一遍，然后重点讲解一些单词的用法。

环节（三）

①做班级小调查，看看有多少学生曾经读过安徒生的童话作品，并说出其中的一些作品名称。

②把班级分成若干小组，进行10分钟的讨论。讨论之后，开展小组竞赛，看哪一组知道的或读过的安徒生作品最多。

案例评析

本案例中，教师设计的知识目标并没有得到任何体现。本课的教学目标是让学生学会“can”和“can't”的用法，但在该教师的课程设计中没有体现。情感态度方面基本没有涉及，教师用课外的一些话题代替了课内主要的教学任务，比如在课堂中教师两次提到有关安徒生的童话作品。另外，教师设计的教学活动不足以培养学生有效的学习策略。情感态度和文化意识的目标也没有在教学设计中体现。

可见，由于教师没有很好地处理五个目标之间的内在联系，课堂教学效果就会大打折扣，学生综合语言运用能力的培养自然就落了空。

（三）案例3　枯燥的语法课也可以不是那么乏味

教学内容

本案例内容选自译林出版社出版的教材《英语》九年级上册第一单元Grammar部分。

教学环节

环节（一）

教师将学生分成5个小组，请学生以小组为单位讨论如何学好英语。

环节（二）

教师请每个小组的2名代表汇报本小组的讨论结果，并且把结果写在黑板上。

S1: We should read more in the morning.

S2: We must ask for help when we have problems.

S3: We can practice our English as often as possible.

S4: We should pay attention to our mistakes.

...

环节（三）

教师转述学生的讨论结果，以宾语从句的形式把小组讨论的句子写在黑板上。

T: They think that they should read more in the morning.

T: You think that you must ask for help when you have any problems.

T: You believe that you can practice English as often as possible.

T: He thinks that we should pay attention to our mistakes.

...

教师请学生观察刚才学生讲述的句子经过转述后，发生了怎样的改变。

以竞赛的形式，让小组之间展开抢答。最后教师简单总结宾语从句。

环节（四）

教师设置情境：国庆长假即将到来，假定你们一家人准备到黄山旅游，那么你们最关心哪些问题呢？教师收集学生的句子，以抢答形式进行。

S1: Will it be sunny?

S2: How far is it away from Wuhu?

S3: How much is the ticket for the Yellow Mountain?

S4: Will it be very crowded?

…

教师根据学生汇集的句子，以宾语从句的形式转述出来。

T: He wonders whether / if it will be sunny.

T: They want to know how far it is away from Wuhu.

T: We don't know how much the ticket is for the Yellow Mountain.

T: They are worried whether it will be very crowded.

…

教师请学生总结上面的句子的特点。教师作简单点评，并总结宾语从句的用法。

案例评析

本案例很好地体现了语言教学目标，包括语言技能、语言知识、情感态度等。教师创造性地设计了教学情境，在情境中开展语法教学活动，摒弃了传统意义上教师满堂课讲语法规则的场景。本案例的教学目标是让学生掌握宾语从句的用法，让学生在具体的语言环境中学会陈述句、一般疑问句和特殊疑问句充当宾语从句的用法。教师巧妙设计了一个语言环节，即引导学生观察句子转述后的变化。小组抢答的形式可以刺激学生调动自己已有的知识。

环节（三）和环节（四）中，教师准确判断自己在课堂上的定位，把大部分时间让学生说、想、思考、讨论，教师只起到引导者的作用。对于语法的归纳部分，教师并没有用太多的时间来总结，而是让学生在合作中体会，在观察中理解，在讨论中发现等，这样学生不但体验到了情境学习的快乐，而且还会强化自我观察力和理解力，在小组竞赛活动中不断调整自己学习的主动性，以便最大限度地学到更多的知识。

总之，本案例的教学活动中，教师不但重视学生语言技能的提高，语言知识的训练，培养学生之间的共同协作精神，而且还重视正确的情感态度的引导，让学生在学习中自我总结，在总结中不断提高，在协作中巩固自己的各项语言技能。所以这是一节非常成功的课，有效地实现了各项目标。

第二节　能够与他人合作，共同完成学习任务

一、实施策略讨论

《英语课程标准（2011年版）》中确定的五级情感态度分级目标为“能与他人合作，解决问题并报告结果，共同完成学习任务”[①]。这是引导学生更新传统的学习方式，强调学生在独立思考的基础上进行合作学习。学生课堂合作学习主要以小组为单位，这种合作学习方式具有小组目标明确、成功机会均等、互助合作等特点。合作学习改变了以教师为中心的教学模式，让学生的主动性得到极大的发挥；同时增加了学生语言运用的机会，实现了信息交流分享，降低了学生语言学习过程中的焦虑感，让学生在合作中学会学习，学会与他人建立健康的人际关系。

课堂上开展有效的交流，必须把握好以下几个方面的问题。

第一，具体情况具体对待。在大多数情况下，合作学习是一个非常有效的学习方式。教师应该结合教学的具体内容，在课堂中组织学生合作学习，尽量设计一些需要合作完成的任务。通过合作任务的完成，培养学生的合作精神，提高学生的合作能力。

第二，合理分组。根据学习的需要，可以把学生分成若干小组。在分组的过程中应该考虑到学生的学习基础、学习能力、认知特点、性格方面的差

① 中华人民共和国教育部.义务教育英语课程标准：2011年版[M].北京：北京师范大学出版社，2012：11.

异。也就是说，分组时尽量平均分组，这样使每个小组在公平、公正的氛围中坦诚合作，否则，合作只能流于形式，组内无法做到共同协作，导致其演变成优秀学生独秀的展示台。

第三，合作评价多元化。教师对学生的合作性学习进行评价时，要侧重过程性评价和小组集体评价，将学生自评、互评相结合，充分鼓励学生重视合作学习的过程，让他们在合作中成长，在合作中提高。

第四，正确定位教师的作用。在学生合作性学习开展的过程中，教师是活动的组织者、设计者、帮助者，教师的一切作用要着眼于"服务"。教师要根据教学内容和学生的实际状况精心设计合作活动；根据学生的各种具体情况合理分组；在学生遇到疑难时，教师应当及时给予帮助和指导；在学生汇报合作成果时要多从学生的角度来评价，发挥组与组之间的互评和组内自评的作用，帮助学生发现优点，指出其中的不足之处，最终促进学生英语学习技能的全面提高。

二、案例解读

（一）案例1　让学生学会在合作中学习

教学内容

本案例选自译林出版社出版的教材《英语》八年级上册第六单元Bird-watching部分。

教学环节

环节（一）

T: When is World Wetland Day?

S: It's on February 2nd.

T: Can you tell me names of some wetland in China? What can people do in wetland? What can't we do?

环节（二）

教师引导学生阅读课本所给的句子，并表达他们的中文意思。

We can ask people to help wild animals.

We need more people to count and describe the birds.

We ask people not to catch birds for any reason.

环节(三)

教师把学生分成若干小组。根据我们的父母或老师经常教导我们“要做什么,不能做什么”,每个小组通过情境学会使用 ask / tell sb to do sth 来表达。

小组汇报讨论的结果,教师把每个小组汇报的重点句子写到黑板上。

Our parents ask / tell / adivse / warn...	to do	not to do
	to get up early	stay outside too late
	to be polite	eat junk food
Our teachers ask / tell / advise / warn...	to listen to teachers	copy others homework
	to help others more	say others bad words
	to study hard	break traffic rules

环节(四)

请每组代表谈谈本组的想法,给本组评分;请所有的小组评出最佳或最有创意小组;教师作最后的点评。

案例评析

本案例中,教师根据教学内容,以学生的合作、探究、自主的形式为特征,以小组的讨论为主要形式,较好地完成了教学目的,收到了良好的教学效果。教师根据授课内容以合作讨论的形式,完成了语法“to do ”和“not to do ”的教学内容。

①教师选择了恰当的时机开展合作学习,既让学生以互动、合作的形式进行有意义的语言实践,集思广益,把调查的内容尽量说多一些。

②小组合作是建立在学生独立思考的基础之上的。在教师的指导下,学生先进行个体思考,然后小组集体讨论。这样能够避免小组内某些成绩优秀的学生占主导地位而其他学生处于被动地位。

③小组合作成果的评价形式多元化。先让小组之间的代表做评价,然后组间互评。教师根据学生的自主评价和小组评价作点评。这种评价方式进一步激励学生深入思考,引导学生今后遇到类似的问题能够更加有效地合作学习,更好地关注合作学习过程。

（二）案例2　合作不能只是流于形式

教学内容

本案例内容选自译林出版社出版的教材《英语》七年级上册第五单元Reading部分。先从一幅和万圣节相关的图片开始。

教学环节

环节（一）

复习上一节课中学到和万圣节相关的单词，请小组以竞争的形式回答，看哪一个小组回答的最多，错误率最少。

环节（二）

分小组讨论万圣节中孩子们经常做什么，家长们做什么……

环节（三）

请2～3个小组把万圣节时开展的活动表演出来。

环节（四）

教师评议哪一个小组表演得最好、最符合真实节日情况。

案例评析

本案例的小组合作教学低效，主要原因有：单词的复习无需借助于小组合作的形式，因为往往是小组中优秀的学生代替或“包办”了大部分甚至于全部的问题回答，让小组中基础薄弱的学生没有任何施展的机会，这样会让他们心理上备受打击，对于小组活动逐渐丧失兴趣，最后小组活动的形式和意义就会荡然无存。

环节（三）中，教师虽然采用了小组合作的学习方式，但是意义不大。本节课的教学目标是让学生了解万圣节的节日情况，通过语言的学习初步了解英语语言及文化。但是，教师却采用先让学生小组讨论再表演的方式，对七年级的学生而言，因为要把节日的文化内涵用表演的形式表现出来，是学生实际能力无法完成的。因为文化的内涵是学生在语言学习的过程中逐渐了解和知晓的。教师可以让学生把中西节日进行对比，体会中西节日的不同，这样才能真正完成组内合作的任务。

（三）案例3 通过有效合作，提升学生整体英语技能

教学内容

本案例内容选自译林出版社出版的教材《英语》七年级下册第四单元 Find your way 部分。

教学环节

环节（一）

教师展示一张照片，并把某些地方蒙住，请学生根据教师位置词的描述猜出图中学校的名称。

T: It is in the east of the city.

T: It is an old school, but it moved to east part of the city.

T: It is a very good school in our city. Lots of students want to study in it.

T: It is about 5 minutes ride on bike away our school.

教师收集小组答案，并作简单的评价。

环节（二）

学生根据照片讲述图书馆的位置、食堂的位置等。小组讨论并给出答案。

G1: The library is in the east of the campus.

G2: The library is between the teaching building and the administrative building.

...

环节（三）

学生评价小组给出的答案是否正确，如果回答有误，教师给出正确的描述。

案例评析

本案例中，教师先展示一张照片，让学生视觉上有直观感受，但是为了引导学生积极地思考，也为了设置悬念，为后面的学习做必要的铺垫，教师把照片的某些地方蒙住，并通过位置词的描述让学生猜出这个学校的名称。通过照片的直观展示，以及如 in the east of , move to the eastern city, a good school in our city 等的提示词，学生很容易猜出照片中展示的学校的名称。环节（二）中，教师再次通过照片的展示，让学生用位置介词，如：in the east of the campus , between ...and 来描述图书馆和食堂的位置。学生通过小组讨论比较容易得出正确的答案。在小组合作中，学生不但要了解这些位置词的意思，还要知道如何使用这些词。只有正确地使用才能把他们所要表达的意思顺利地传输出去。从本案例中，我们可以很清楚地看出，教师始终围绕着本节课的中心教学任务——正确使用位置介词来表达某物、某地的具体位置。在学习过程中，教师让学生通过有效的合作成功地完成了本节课的教学目的，实现了课堂教学的有效性。

第九章 “分级标准”实践案例

第一节 听力技能的课堂教学培养

一、实施策略讨论

《英语课程标准(2011年版)》在分级目标中明确指出:“语言技能是语言运用能力的重要组成部分,主要包括听、说、读、写等方面的技能以及这些技能的综合运用。”[①]我们常说“听说领先,读写跟上”,不难理解,把听的技能置于首位足以说明听力技能的重要性。

听是语言理解技能。整个听的过程就是受众心理解码活动的过程,这个过程一般分为三个阶段,即:分析问题过程、预测过程和修正过程。分析问题过程就是对声音的接收过程,简单的说就是对声音进行感知,然后对感知到的声音加以识别,同时把原有的相关信息加以比对、整合从而形成新的储存信息。预测过程是指在听的过程中,听话者会根据说话人的上下文、语境、语气、说话的背景等情况,对即将可能听到的内容进行预测,以判断说话者所说话语的真实含意。修正过程就是把自己实际听到的讲话内容和预测的内容进行比较,发现一致的加以记忆;发现不一致的就会修正先前的预测,并开始新的预测和修正。

听的过程是一个极为复杂的过程,包含接收、理解、预测、肯定、否定等

① 中华人民共和国教育部.义务教育英语课程标准:2011年版[M].北京:北京师范大学出版社,2012:12.

诸多的心理活动。北京师范大学程晓堂、陈琳提出了针对中国英语学习者的与听力训练有关的三个原则:关注过程原则、听说结合原则和难度适度原则。关注过程原则,表明听力教学的本质特征即听力的全部意义在听的过程中实现,所以在教学过程中强调听的过程而非听力过程。如教师的讲解、说明、解释、翻译、背景的介绍等都会降低学生对听力过程的关注从而削弱对听力过程的投入,使得听力训练只能获得短期的效应,而不能从根本上有质的飞跃。

听的教学通常分为听前、听中、听后三个教学环节。听前活动主要是为了听而进行的准备工作,包括背景知识、单词的解释等;听中是听力教学的主体部分,是学生通过听来获取信息、分析信息、处理信息的过程;听后活动是围绕着听的过程、提供的语言材料进行的输出性的活动。听前、听中是学生从外部获取信息的过程,听后是将所获取的信息在大脑中加工并输出的活动。从“输入”到“输出”的过程是认知上的巨大飞跃。

二、案例解读

(一)案例1 How do you use your pocket money?

教学内容

本案例内容选自译林出版社出版的教材《英语》七年级上册第七单元shopping部分。本课为听、说课型,教学重点为如何使用自己的零花钱。教师从图片配对引入本课的话题,通过让学生听来逐步过渡到本课的重点环节即如何使用零花钱。通过听力训练、口头操练、对话理解等形式来实现本课的教学目标。

教学目标

①经过听力、对话训练后,学生理解了应该怎样合理地使用零花钱。

②师生互动,自主学习,团队合作,感知体验。

③了解他人如何科学合理地使用零花钱,培养学生关心、帮助他人的意识。

教学环节

环节(一)

①教师提问:“How do you use your pocket money?”

教师在大屏幕上展示图片,有学习用品、食品、游戏卡、衣服等。

②收集学生的答案。

环节(二)

①看看课文中的几位学生如何使用零花钱。

②如果是你的话,你将选择什么?请根据自己的想法配对,看看有谁和你的想法一致。

③先播放一遍听力,请学生回答谁和你的选择相同。教师可以根据学生的英语水平、接受程度和课堂时间请数名学生回答。

④核对学生的答案,看看哪些地方回答正确,哪些地方回答错误。

环节(三)

教师在大屏幕上展示云南鲁甸地震灾情的一张照片,告诉学生鲁甸的小学生需要我们的帮助,你可以使用你的零花钱为他们做点什么。教师把班级分成若干小组,小组讨论时间为5~8分钟。请小组代表上讲台发言,发言时间不超过5分钟。教师在黑板上记录学生发言的主要内容,并作点评。

案例评析

本教学案例步骤清晰、层次分明。听前教师先给学生看一组图片,旨在让学生了解本节课的主要内容,从而激发学生的兴趣和求知欲望,接着为了进一步给学生更主动、更积极的思考空间,教师设置以下的情境:假如你有零花钱,你将购买什么?这让学生的主动性得到进一步的提高。通过听的活动,学生把脑海里已有的信息提取出来,和听力材料的信息比对、加工从而形成新的信息加以储存。

环节(二)中,教师设计了一项小组活动,让学生讨论如何使用自己的零花钱。学生通过讨论意识到要得到更好的讨论结果必须注重听的过程,在听的过程中寻找最佳的答案。

环节(三)中教师根据真实的情况,把需要完成的任务与之有机结合,这样既提高了学生的听力水平也切实让学生的心灵经受了洗礼,要有爱心,把自己的零花钱花在最有价值的地方。

本案例中，听后的活动设计巧妙，符合学生实际生活，有利于学生把自己的真实情感投入到课堂教学中去，通过听的过程强化自己的认识。另外，教师将课堂的大部分时间都让学生做、听、讨论，将课堂的主体地位还给学生，留给他们充分思考与发挥的空间，重视学生的交流与学习，培养其探究性学习能力；教师关注个体差异，对不同层次的学生设置不同的问题，让学生在听的活动中均有提高。教师在课堂中只是起到指导、点拨的作用，在听的活动中关注学生情感态度和价值观的影响。通过活动启发学生关心他人、爱护他人、帮助他人，使学生在学习之际注意良好品德的养成，逐渐形成美好的心灵和魅力人格。

（二）案例2　不要把听力课变为核对学生答案的习题课

教学内容

本案例内容选自译林出版社出版的教材《英语》八年级下册第一单元听力部分，要求学生通过本节听力课的学习知道星光镇这些年来发生的变化。

教学环节

环节（一）

①教师在大屏幕上展示星光镇五年前的照片，请学生讲述看到的内容，并且教单词environment（环境）。

②播放听力，让学生填写所缺的单词，并请同学给出自己的答案，教师给出正确的答案。

环境（二）

教师在大屏幕上展示星光镇现在的图片，请学生讲述现在的星光镇的变化。播放听力2～3遍，教师集体订正学生的。

案例评析

本案例的教学目标是要求学生通过听力提供的信息了解星光镇过去和现在的不同之处，进一步加深学生对现在完成时态运用的印象。教师为了完成听力的任务而完成任务，忽视了学生的学。教师忽视了对学生听的技能的培养，没有重视听力过程的作用，更没有发挥学生个人、小组的能动作用，故而忽视了对学生听的目的性的指导和训练。听前活动虽然有但是并不充分,教师的精力集中到了词汇 environment 的教学之上了,其实此处不需要解释这个词,学生能够根据图片的直观感受理解或领会 environment 的含义。听力播放过程中,教师没有任何的指引,只是简单地播放了几遍听力而已。听后,教师没有对学生听的结果作过程性的评价,最后,教师只是汇报正确的答案,让学生核对。

因此,对于本案例,在听前,教师应该激活学生的学习兴趣,为学生扫清听力过程中无法逾越的障碍;听的过程中对学生可能遇到的困难之处做必要的指引,这就需要教师分层设计任务,发展学生的听力能力;在听后,教师要培养学生用英语来解决问题的能力,并采用多种评价方式尤其要重视过程性的评价,让学生在听前有准备,在听中有思考,在听后有评价和成果,让听力课教学真正达到提高学生语言技能的目的。

(三)案例3 正确处理听力中的词汇问题

教学内容

本案例内容选自译林出版社出版的教材《英语》九年级上册第四单元听力部分。本听力材料介绍和第二次世界大战有关的《安妮日记》,要求学生能够在听后把几个重要年代发生的事情填写完整,并口述听力材料的主要内容。

本材料的内容对于九年级学生有点难度,主要表现在:一是学生对于材料的背景即第二次世界大战的历史了解得不多;二是听力材料中含有一定数量的词汇,比如:die of, die from, go hide into, have the diary published 等。课堂上是否需要教生词,这是一个困扰英语教师的实际问题。他们的担心主要是,如果教生词的话,那么本节课的教学任务可能无法完成,如果不教,学生可能因为听不懂而影响听力内容的理解,所以教师处于一种进退两难的境地。

教学环节

环节(一)

教师首先设置一个游戏环节,在大屏幕上展示1～10十个数字,请学生根据自己的爱好选择其中的任何一个,然后教师点开选中的数字所对应的句子,让学生把该句话填写完整并读出来。教师带读学生遇到的生词。

环节（二）

教师表扬表现出色的学生，并称赞他们聪明，羡慕他们现在的生活是多么幸福。但是70多年前，战争中的孩子们就没有这么幸运了，接着播放电影片段。请学生根据视频来了解安妮这个主人公。

环节（三）

教师把听力中将要出现的几个时间段展示在大屏幕上，播放听力两遍。把学生分成四个小组，在听力播放完成之后以抢答的形式让学生给出答案，答对的小组计一分。

环节（四）

教师根据听力材料的内容，让学生用自己的语言把听力材料中的主要内容复述一遍，并请学生谈谈对于材料内容的感受。

环节（五）

教师播放一组战争中孩子悲惨生活的片段，让学生感受到战争的残酷，更加珍惜和平。最后教师播放一首热爱和平的歌曲，学生跟着音乐的节奏试着学唱。

案例评析

本案例中，教师在听前对于单词的处理方式非常好，既不回避听力材料中单词的教学，又没有花费大量时间在单词教学上。这种单词教学方式一是替学生扫清了听力过程中的障碍，使得学生对于听力的畏惧感减少；二是以游戏的形式增强了师生、生生之间的互动性并活跃了课堂气氛。在学生把十个句子都完成后，教师带读的目的是让学生熟悉该单词的发音和语调，为熟悉后面的听力内容做了很好的铺垫工作，这是环节（一）的成功之处。环节（二）中，教师紧紧围绕本节课的主人公安妮展开，简短的视频资料让学生对《安妮日记》的作者有一个全面的、直观的认识，让学生对安妮的悲惨遭遇有了一个感性的认识，并对发生在安妮身上的事情感兴趣。

环节（三）中，小组竞赛的形式不仅促进学生之间相互协调，相互学习，相互合作，他们在不断合作中更好地认识自己的闪光点和不足之处。另外小组竞赛的形式激发了学生学习的动力，使学生参与课堂教学活动的热情高涨。

环节(四)中,教师设置了一个语言输出的环节,要求把听到的材料用自己的语言复述一遍,这样设计的目的是听、说紧密相联系,两者不可分割。但是对于初中生来说,这个环节难度比较大,教师可以提示一些关键词和句子,目的一是为了降低说的难度,二是可以比较好地控制课堂的节奏并把握学生正确的思维方向,以免学生的回答偏离主题。

环节(五)的设计是画龙点睛之笔,是学生感情升华的环节。教师为了引起学生在听后思想的共鸣,最后播放的歌曲会把学生带入听力环境中去。这一环节的设计旨在将获取的信息在大脑中加工并输出,实现从“输入”到“输出”的巨大飞跃。

第二节 口语技能的课堂教学培养

一、实施策略讨论

根据《英语课程标准(2011年版)》的分级标准,将语言技能目标分成九个不同的级别,三至五级是初中阶段英语。相对于小学生而言,初中生正处于青少年阶段,学习上的独立性更强,但是伴随着心理上苛求独立的愿望,他们的情绪波动性也很明显,容易受到外界的干扰,造成学生比较关注别人对自己的看法,其结果是随着年龄的增长愿意主动和别人交流的越来越少,能用英语交流的就更少了。经常可以看到,刚上初一的学生回答问题的欲望很强,生怕老师没有给自己机会回答问题,但这种状况会逐渐减少,到初三时,就很难看到有学生愿意主动回答老师提问了。过去的初中英语教学中往往将提高学生的读写能力作为教学重点,忽视了对中学生听说能力的培养,造成许多学生在英语交际中成了“聋子”和“哑巴”,这显然跟不上当今社会政治、经济、文化等的快速发展。提高中学生的英语口语表达能力是英语教学重要的一环。口语与英语水平有着密切的关系,因此应该注意以下五个问题对提高学生英语能力的影响。

第一,词汇问题。词汇是口语的基础。正所谓“巧妇难为无米之炊”,试想如果一个词汇量甚少的人，如何能说出完整的句子呢？扩大词汇量是提高英语口语能力必不可少的条件。

第二，结构问题。中学生应该掌握基本的句子结构。交际法倡导人哈姆斯认为交际能力包括三方面的素质：第一是需掌握语法、句式等语言知识；第二是了解各句式在交际生活中的作用；第三是熟悉英语国家的社会文化。所以，提高交际能力必须掌握基本句型。

第三，语音问题。人与人之间的交流，要建立在互相听懂的基础上。如果你发音正确，别人就能听懂你说的话，同时你也能明白别人说的话，这样双方才能达到交流思想的目的。相反，如果别人听不懂你说的话，误解就会产生。所以，教师应该让学生养成遵循标准英语语调和发音特点说话的习惯，尤其是刚学音标的初一学生。另外，必要时，教师要适当配以单项的语音练习。如在说“My father is a doctor.”时，如果学生不知道如何用不完全爆破发辅音[k]时，这句话读出来就变成了“My father is a daughter.”，在口语表达中，这句话就会造成很大误解。所以，提高口语水平，语音练习是关键。

第四，听力问题。听和说是密切联系的，听是说的基础。学生学说英语，先听别人说，反复多听，自己便会跃跃欲试地想说话了。一旦对自己说英语有了信心，便会产生更强烈的想说英语的愿望。所以，教学中要加强对初中生的听力训练，让他们能由听而说，在听的基础上提高说的能力。

第五，克服学生的心理障碍。很多中学生口语不好，不是因为词汇量少或语法掌握得不够，而是因为不敢说、不想说。他们怕说错了被别人笑话。所以，教师要帮助学生克服羞怯的心理障碍，要告诉学生：学习说英语，由说不好到说得好，是一个发展过程，在这发展过程中，说错是难免的，也是正常的。我们做任何事，都是从错误中逐步得到提高和进步，一步步迈向成功的。另外，在教学中，教师要及时鼓励学生，增强他们的自信心。

初中英语课的教学目的，不是仅仅教授语言知识，而是要着重培养学生使用英语的能力。著名语言学家迈克尔·韦斯特指出，语言老师最有害的缺点和最流行的通病是讲太多。因此，教师可以采用以下几种方法来促进初中生英语口语能力的进一步提高。

第一，句型练习在口语训练中尤为重要。在句型操练中可用代替的方法反复操练，即适当改变句子里的单词，以促使学生注意句子的变化，从而收到操练的效果。如：

T: I will read the book.

Ss: I will read the book.

T: I will read the book. He ...

Ss: He will read the book.

T: He will read the book. The boy ...

Ss: The boy will read the book.

T: The boy will read the book. ... is reading ...

Ss: The boy is reading the book.

练习中，教师用单词的不同形式来加深学生对原句型的印象，同时让学生复习了单词、词组和语法。此类替换练习，不仅减少了机械操练的单调枯燥，而且能培养学生的学习兴趣，提高学生活用单词的能力，使学生在灵活运用句型的基础上，提高口语水平。

第二，设置恰当的语言环境让学生有话可说。教师可以设置恰当的语境，选择合理的话题，这样不仅能促使学生进入积极的思维状态中，而且还能激发他们主动开口的欲望，活跃课堂气氛，从而避免冷场局面的出现。教师应竭力避免过于专业化的话题，如避免让学生谈“如何使用计算机”或“艾滋病”，因为虽然学生会对计算机、艾滋病等产生兴趣，但当他们谈论此类话题时，往往会遇见很多语言障碍。这样势必会挫伤他们的学习积极性，降低他们的自信心。另外，在口语课上，这样会出现冷场局面，既浪费时间又使学生得不到很好的训练，收效甚微。

第三，教师可以开展小组活动。小组活动是指一定数量的人（课堂小组通常是4~8人）集合在一起，每人都意识到自己与其他成员的存在，为完成一个具体任务进行磋商，以达成一致或做出决定。听说法语言学者曾提倡同桌学生成对练习（pair work）。它虽然比单人练习效果要好，但成对练习的对象始终是同一人且形式单一，具有较大的局限性。然而，开展小组活动具有很大优势：①提出问题后，若大部分学生对回答问题面露难色，可立即开展小组活动，或两人一组进行准备，待小组充分讨论后，再要求学生回答问题。②有些发散性思维的问题，需要学生发挥想象力，可先在小组内发表意见，以免课堂讨论出现冷场现象。③有些学生对图片、照片或语言材料的反应很快，另一些人可能对材料内容的理解感到困难，此时开展小组活动能使学生互相启发，增强其在全班说话时的信心。④有些练习内容较复杂，需要小组共同完成。⑤复习巩固已学内容，采取小组复习的形式可以提高课堂教学的效率。

在小组教学时，教师的角色发生了变化，他们是活动的组织者和参考者，同时又是指导者，随时为学生提供咨询与帮助。作为指导者，教师不能放任学生自流，必须时刻把握小组讨论的方向。例如，有些学生在小组讨论时大量说汉语，教师应严格要求学生根据英语教学目标进行活动，必要时甚至可停止小组活动，进一步明确教学目标后再继续开展活动。这样学生在互相协作完成任务的同时，可以互相交流，提高了说口语的兴趣，最终达到良好的教学效果。

第四，利用手势动作和表情。在口语教学中，教师要培养学生对手势动作和表情的运用。这不仅能够活跃课堂气氛，提高学生的学习兴趣，而且能加深学生的印象，大大增加语言的生动性和感染力，帮助学生记忆和自然地使用英语。如表示惊讶时，我们常说"My god."，教师如果单单让学生死记单词，他们会觉得枯燥，印象不深刻。但如果教师说这句话时，加入生动的表情，学生会立刻记住，而且模仿得真切，以后运用起来也得当。

第五，多多开展英语小品表演、诗歌朗诵、英文歌曲教唱等活动，既能丰富学生的课余生活，又能练习英语口语，增强他们对英语学习的兴趣，以达到提高口语水平的目的。语言教学是一门科学，又是一门艺术，教师就是乐队的指挥者，而不是演奏者，关键是调动学生学习的积极性。只有指挥学生做大量的实践活动才能大大提高教学效果。

听、说、读、写是语言的基本技能。听和读是理解的技能，说和写是表达的技能。这四种技能在语言学习和交际中是相辅相成、相互促进的。因此，听、说、读、写既是学习的内容，又是学习的手段。人们常说学英语要有五到：心到动脑想，耳到动耳听，口到动口说，眼到动眼看，手到动手写。无论是母语学习还是外语学习，学说前都要以听为先导。其实写也是说的准备。

先笔头，后口头，用写来促进说，以写来帮助说。词汇是口语的基础，怎样扩大词汇量呢？读。为了培养阅读的技能，更应注意加强口语教学。实践证明，在大班上课的情况下，即使在打基础的入门阶段，除了要练习口语，还要以一定量的读写练习来促进听说技能的提高，从而克服学生说英语有口无心的缺点。可见，英语的听、说、读、写四项基本技能是相互联系，互为前提的。

二、案例解读

（一）案例1 用语境激发好奇心，学习效果大不同

教学内容

本案例内容选自上海教育出版社出版的《英语》四年级上册第六单元 My parents 部分。在教学 Family 一课时，要把家庭各成员之间的关系用 family tree 的形式呈现出来，让孩子们知道如何用英语表达家庭成员。

教学环节

环节（一）

教师展示一张自己小时候（和现在四年级学生年龄相仿）的全家福照片，让学生猜出照片中的人物有哪些。可以采取提问的方式：“Who is that girl? Is that girl old? Who is he?”

环节（二）

通过照片展示让学生知道 father, mother, sister, uncle, grandfather, grandmother 等词，在这个过程中尽量让学生自然领会。

环节（三）

教师让学生把他们自己家的全家福照片展示给大家看，并用英语介绍家庭成员之间的关系。在这个过程中，学生把刚学到的单词、句子运用到口头表达中来，并且说出家庭成员的许多特点，例如：This is my father, he is forty years old, and he is a worker. He likes reading. Every day he gets up early and do breakfast for the family...

环节(四)

分小组活动。让班级男同学为一个大组，女同学为一个大组，并从男、女同学中各选择三个代表谈谈养育我们的爸爸、妈妈的特点，看看男同学的爸爸、妈妈和女同学的爸爸、妈妈有什么相同或不同之处。

案例评析

本案例体现了以下几个原则：话题贴近学生的真实生活，容易激发学生的表达欲望；让学生根据自己的家庭情况向大家谈谈家庭成员之间的关系以及他们的特点，学生会利用这种语境有效地学习和练习相关的内容，完成学习任务。全班分成男、女两大组，这让孩子们感到很新奇，容易让孩子们都集中注意力，把本已经松散、疲惫的状态再次调整过来，刺激了学生想说、愿意说的欲望。

(二)案例2　情境创设不贴近学生的生活实际，参与性显然不高

教学内容

牛津英语七年级下册第三单元Reading部分，这是一节口语课。教师想结合正在进行的文明城市的创建，谈谈如何把所居住的社区建设得更加美好。

教学环节

环节(一)

教师采用英语翻译成汉语或是汉语翻译成英语的形式，复习上节课所学的单词和词组。

环节(二)

教师设置语境：现在我市正在开展文明城市的创建工作，你居住的小区也要动起手来，把小区建设得更加美好，成为你们居民温馨的家园。

假定你们小区正在选举新的居委会主任，你也想报名参加。谈谈如果你当了社区的居委会主任后将会采取什么样的措施把小区建设得更加美好，为文明城市的创建做出贡献。

环节(三)

请学生思考10分钟，写出要说的主要内容，然后请学生代表发言。学生思考期间，教师在教室里来回巡视，以给学生指导。最后，请学生发言，教师

作点评。

S1: I am very happy. I will clean roads and paths in the community 10 times a day. I will plant more trees...

S2: I ask neighbours not to throw rubbish everywhere. I tell the people not make much noise.

S3: I think I can help old people buy things. I can read newspapers for the old people...

教师请更多的学生来说出自己的想法。

案例评析

本案例中,教师创设的情境是:竞选社区居委会主任的演讲。这个话题本身就远离学生的生活和学习,让他们有一种"找不到北的感觉",所以学生在课堂中主动、积极参与的热情就会大大降低。其一,情境设置不合理,脱离这个年龄段学生的实际。《英语课程标准(2011年版)》中明确指出:"教师应充分了解所有学生的现有英语水平和发展需求,选择适当的教学方式和方法,把握学习难度,调动所有学生的积极性,使得他们保持学习英语的信心,体验学习英语的乐趣,获得学习英语的成功感受,并使得他们在各个阶段的学习中不断进步。"[①]但是,学生对教师设置的居委会主任这一语境缺乏真实体验,因此无从说起,也没有了表达的欲望。

其二,教学过程中,教师忽视了学生的主体性,学生的思维没有被激活。在情境教学中,教师为了情境的设计而设计,并没有关心学生是否对这个话题有抵触情绪,使得创设的情境形同虚设,课堂教学效果也会大打折扣。

只有创设真实的语境,才能使学生爱学、乐学、善学。学生通过主动参与,体验到学习的快乐与成功的喜悦,不仅学习语言知识,而且发展自己的语言表达和交际能力。

(三)案例3 让学生自己去总结

教学内容

本案例内容选自译林出版社出版的教材《英语》九年级上册第三单元导

① 中华人民共和国教育部.义务教育英语课程标准:2011年版[M].北京:北京师范大学出版社,2012:25-26.

入部分。本节课主要是谈论青少年常见的一些烦恼，教学目标是启发学生如何正确地对待这些烦恼。

教学环节

环节(一)

教师在黑板上画一座高山的简笔画，告诉学生秋游时去这座高山旅游，这座山很高，大约有2500米，并且提问学生觉得这个旅游计划如何。请学生通过举手表决的方式做一个调查。学生代表给出自己的回答："It is too high and we think it is a tough job to climb to the top of such a high mountain."

环节(二)

教师对于学生的回答不置可否，只是笑着说出自己的看法："It is common to meet difficulties when climbing to a high mountain like this one. But when we reach the top, we are sure to enjoy the beauty of the scenery."

教师强调"Everyone has his own problem without exception."。

环节(三)

教师鼓励学生说说自己的生活和学习中都有哪些烦恼，请学生思考3～5分钟后回答。教师收集学生的答案：

S1: I have too much homework to write.

S2: I worry about my test results.

S3: I don't have enough time to sleep every day.

S4: The lunch in the canteen is very terrible.

...

环节(四)

教师把学生分成四组，分别就上面提出的烦恼提供解决方法，看哪个组提供的方法可行。教师可以在黑板上设计一张表格(见表9-1)，一个学生说本组的方案，另外一个学生用简短的语言写在表格中。组与组之间开展相互评议，最后根据学生的观点和教师的意见，得出本轮回答最佳的小组。

表 9-1 烦恼解决方案讨论

	worry about my exam result	don't have enough sleep	seldom talk with parents	too much homework
Group I				
Group II				
Group III				

环节(五)

教师总结本课教学的主要内容。

案例评析

本案例根据学生的实际情况设计了比较科学实用的教学环节,使学生在具体的语言情境中培养说的能力、听的能力和用英语思考的能力,并在学习的过程中加强学生之间的协作精神,提高学生的评价能力。

环节(一)和(二)中,教师首先通过一个简笔画让学生了解烦恼是到处存在的,这也为后面的教学内容做了铺垫。

环节(三)中,教师充分发挥学生的自主性,鼓励学生动脑思考自己都有哪些烦恼,然后说出具体的烦恼是什么。这是本案例的核心环节之一,也是遵循在语言环境中培养学生的语言技能的具体表现之一。此环节的设计能让学生真正体会到自己是课堂的主体,自己的参与能够带来收获。

环节(四)是本教学案例的升华环节,学生针对出现的烦恼找出解决方法。对于解决方法的评价,教师并没有参与个人评价,而是让学生相互评价,这种评价方式的可信度较高,学生也乐于接受。

总之,本案例中,教师按照学生的心理特点、思维状况和语言技能水平等特点设计了合理的教学思路,让学生在具体的情境中自主思考,相互合作,互相评价,从而达到提高学生各项语言技能的根本目的。

第三节　阅读技能的课堂教学培养

一、实施策略讨论

阅读是一个积极思考、理解和接受信息的过程，是读者和作者共同参与的语言交际活动。阅读理解是英语教学和学生学习的重要环节，阅读教学的目的不仅是传授知识，而且是在学生原有知识水平的基础上，扩大学生的知识面，培养和提高阅读理解的能力，激发学生的积极性，从而更好地构建自主学习的框架。阅读也是学习英语的主要输入方式。阅读能力的高低决定了能否快速高效吸收有用信息，同时制约和影响着一个人的听、说、写能力的提升。

随着英语教学改革的深入，阅读理解在初中英语教学中所占比重已经越来越大。《英语课程标准（2011年版）》中明确指出，五级目标也就是九年义务教育完成时：初步培养学生英语综合运用能力和学生获取信息、处理信息、分析问题和解决问题的能力；九年义务教育结束时，除教材外，课外阅读量应累计达到15万词以上。按照语言学习规律，学生必须吸收相当数量的语言材料，经过一定量的语言实践，才能获得运用语言的能力。运用语言能力不单纯是语言知识的积累和使用，它还包括对所学语言知识的文化背景和社会知识的全面了解和掌握。阅读是我国学生接触外语信息、参加外语实践的重要途径。因而提高阅读能力是培养语言运用能力的重要方式。科学的教学方法和有效的学习策略是实现这一课程任务的必然途径。在初中英语阅读课堂教学中，探索科学的阅读教学方法，注重培养学生阅读兴趣，使其养成良好的阅读习惯，掌握正确的阅读方法，形成科学的阅读技巧，能够促进学生听、说、读、写全面发展，提高英语教学质量。

目前初中英语阅读教与学存在的问题是，对初中英语教学方法的研究不够深入，没有形成一套科学有效、能突出培养学生阅读能力的方法。首先，教学观念和认识上存在一定问题。英语阅读能力的重要性是得到公认的，但是很多教师没有充分认识到学习外语实际上也是在学习一种文化。不了解所学语言国家的文化背景是不能真正学好这门语言的。英语阅读能力的提高以及阅读量扩大的过程同时也是学生获取信息、拓宽视野、激发兴趣、提高人文素养的过程。在整个英语教学中，教师要有意识地把两国文化上的异同贯穿到语言教学中来。

其次，阅读教学过程中还存在一系列问题。①教材处理不当。许多教师把课本的阅读材料当精读课来上。讲解生词、补充词组、罗列搭配、逐句逐段分析等成为教学主线。有的教师则相反，把其当作课外阅读处理，提问题、对答案、划词组等。此外，教学计划不能保证学生阅读量和阅读时间；轻视阅读材料的补充教学，缺少符合学生年龄特点、认知能力的阅读材料。②教学方法及模式单调。常见的授课模式为：先让学生带着问题听课文录音一遍，接着让学生跟录音朗读，回答问题，最后让学生自由朗读或复述课文。此模式侧重于阅读材料表层意义的理解，而忽略了文章的内涵及作者的写作目的。③忽视对词汇的处理和复杂句子的分析。教师注重阅读的“整体理解”，忽视了对词汇的有效教学。对涉及从句等学生一知半解的语法结构避而不谈。其实，词汇依托于语篇所产生的特定语境，意义及复杂句子的分析是学生准确理解文章的重要因素。

最后，学生阅读过程中存在不良阅读习惯的问题。阅读能力的提高，取决于良好的阅读习惯的培养和阅读量的扩大。在日常的练习中，有不少学生养成了不良的阅读习惯，这大大妨碍了阅读的效率。常见的不良阅读习惯有：①音读。出声阅读的主要弊端就是使阅读速度和效率受说话速度的限制。因为，正常默读速度要比出声朗读的速度快两倍以上。因此，要克服这种不良的阅读习惯，就要训练自己养成通过视觉器官直接感知文字符号的视读能力。②心读。心读是一种很难观察到的阅读习惯。这种不良的阅读习惯直接影响阅读的速度和效率。可以在强制自己深入理解文章内容的同时，强制自己加快阅读速度，一般能逐渐克服这种坏习惯。③回视。回视指的是读完一个句子或段落后回过头去重复阅读。改变这种不良习惯的办法就是让自己阅读大量难度适宜的读物，这样就不会因遇到生词或不懂的短语、句子或段落而回过头来再看，以致养成回视的习惯。④其他不良的习惯。如阅读时，有的注意力不集中，思想开小差；阅读时头部下意识地左右摆动；有的用尺子比着，一行一行地读；有的一面阅读一面玩弄钢笔、尺子、钥匙等物；有的爱抖动双腿；有的过多地进行语法分析；有的养成了遇到生词就查字典的习惯，缺乏猜词技巧。这些不良习惯直接影响我们的阅读效果，降低阅读速度，因此我们应及时地加以纠正，提高英语阅读水平。

基于阅读教学中存在的问题，新课程标准理念下初中英语阅读课堂教学方法亟需改进。

①改革传统的英语教学方法，探索科学的阅读教学方法。教师不断加强理论学习，提高阅读教学的理论素养，更新教学理念，充分认识到英语阅读教学的重要性，结合学生的知识结构、认知能力和阅读水平以及阅读材料的难易度，制订教学计划，确定阅读训练的教学目标和教学方法。教师根据阅读课程的计划和目标，每周安排阅读课时间（不一定是整节课或45分钟），指导学生加强阅读训练。

②教师合理利用丰富的阅读材料，让学生更多地了解外国文化，扩大知识面。结合学生的兴趣爱好、中西方文化的差异等因素，介绍与阅读内容有关的文化背景、著名的节假日、旅游胜地、服装与礼仪、常用典故和俗语等，特别是英美等西方国家的历史地理和风俗习惯知识。这些知识受学生欢迎，有利于促进学生英语阅读能力的提高。

③培养学生良好的英语阅读习惯和阅读技巧，提高阅读能力。阅读分精读、泛读和快速阅读，教师在指导学生阅读前先要让学生明确阅读目标。对于泛读和快速阅读，要用眼读而不是用嘴读，逐句读而不是逐字读，没有必要去理解文中的每一个单词和句型，重点在于了解文章大意，理解作者行文的目的即可。对于泛读和快速阅读，教师限定学生在规定的时间内读完全文，不允许查字典，然后回答问题。久而久之，学生不仅阅读速度加快了，而且根据上下文猜词的能力也提高了。锻炼学生通过上下文和文章的大意“猜”生词的能力，比动手勤查字典更有意义。教师在课堂上要观察学生表现出来的不良阅读习惯并及时阻止。如学生精读文章速度稍慢，可以要求学生带着文章后的问题去仔细阅读文章，抓住文章的重点、难点。教师在精讲课文时可以放慢节奏，要解释清楚学生的疑难点、易混淆的知识点，直到

学生弄懂为止,不要急于求成。

④要积极研究贯彻新课程标准理念的课堂阅读教学的案例。实践证明,在英语课堂阅读教学中实施“任务+情景教学法”,是一个行之有效的方法。首先,教师根据阅读材料精心设计部分“小问题”作为教学任务。这些问题必须浅而易懂,必须展现重要的新的语言知识。学生通过快速阅读,了解材料内容,能很快找到问题的答案,有成功感,这样就提高了他们参与的积极性,激发阅读的兴趣。然后,随着词汇、语言点的掌握,教师再精心设计部分“大问题”提高任务的难度,促使学生理顺事件发生的顺序、人物行为,加深对文章整体的把握。教师可精选几个重点段落,引导学生朗读,在朗读中猜测生词、难句的意思,加深对句子、文章的理解,体验作者的写作意图,培养学生的英语阅读和分析能力。最后,在掌握整篇文章后,教师可精心设计一些激发学生兴趣的问题拓展任务,促使学生提高整合材料信息的能力,预测事件情节发展或后果的能力,提高学生的阅读分析、判断能力。

二、案例解读

(一)案例1 A visit to Hong Kong

教学内容

本案例内容选自译林出版社出版的教材《英语》八年级下册第二单元Reading部分,主要是介绍去香港迪士尼乐园旅游的所见所闻。

教学环节

环节(一)

教师在课前让学生查阅与香港相关的人或物。教师可以采用“头脑风暴”的形式来呈现第一环节的教学。

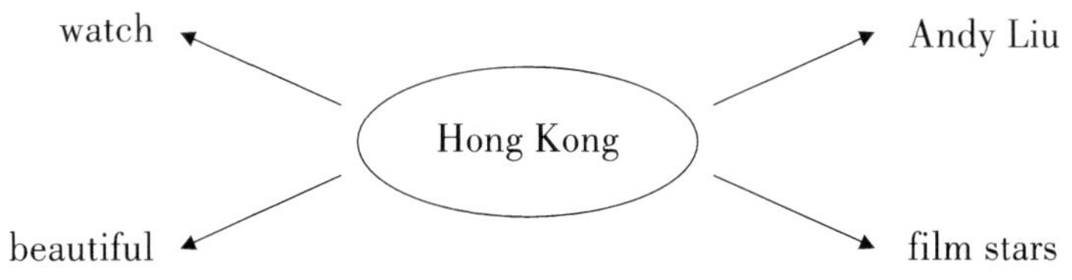

环节（二）

①根据学生呈现的相关单词，引导学生向着设计的教学目标逐步导入。教师可以说："More and more people come to Hong Kong for a visit every year . Can you tell us some destinations that people like to pay a visit?"

②分小组进行5～10分钟的讨论。

③教师在大屏幕上展示香港几处著名景点的图片，以小组竞赛的形式回答图片中的景点名称。

④对于学生所给的错误答案，教师不急于纠正，可以让其他小组来给出正确答案。

环节（三）

①教师在大屏幕上展示米老鼠和唐老鸭的图片，让学生说出动画片的英语名称。

②教师根据课文内容，以香港迪士尼乐园一名导游的身份介绍迪士尼乐园的主要景点，并把香港著名景点列在大屏幕上。请学生快速阅读课文，然后把相关的内容配对连线（见表9-2）。

表9-2　内容连线题

A	B
space mountain	watch the fireworks
on the way to restaurant	smell the apple pie
sleeping Beauty Castle	take roller coaster
watch 4D film	met Disney Character

③播放课文听力，请学生以抢答的形式完成连线题。

环节（四）

教师把自己参观过的景点写在黑板上，请学生把教师在迪士尼乐园内一天的见闻口述一遍。

教师可以在大屏幕上展示一些图片进行单词教学。重点单词和词组有：roller coaster, move at high speed, can't stop doing something, parade 等。

the roller coaster

The baby can't stop laughing.

I got excited to watch the cartoon parade.

环节(五)

根据课文内容，以竞赛的形式让学生说出在某一地点，教师都做了哪些事情。先请小组之间互评，然后教师作点评。

案例评析

本教案的内容是学生很感兴趣的香港迪士尼乐园。学生对于香港既熟悉又陌生，熟悉是因为很多明星来自香港，陌生是因为学生没有去过，对于香港还停留在课本的认识之上。为了激发学生的学习热情，尽快融入阅读内容中去，教师采用“头脑风暴”的形式，让学生被动接受、被动听讲变为积极、主动参与。环节(二)中的几幅图片让学生进一步主动吸收、归纳、整合和香港有关的信息，并略读课文提取最有价值的信息。这些信息中有些可能被大家熟知，例如维多利亚港，有些可能不被知晓，如香港的赛马场、尖沙咀等，这有利于让学生主动地吸收信息。

很明显，教师的教学设计是以自下而上的教学模式为主，通过小组内的活动、小组与小组之间的活动把文章中的主要内容提取出来，并运用了快速阅读的方法把文章中的关键词句提炼出来，从而提高了学生阅读理解的实践能力。

环节（四）设计的亮点在于课文中词汇的教学，教师改变以往的解释单词、举例子，通过图片的展示，以小组竞赛的形式让学生根据内容猜出本课所要学习的重点单词和短语。如为了教授短语can't stop doing something，教师展示的是一个佩戴着耳机、哈哈大笑的婴儿图片，这很容易让学生明白是美妙的音乐使这个婴儿不由自主的、情不自禁地大笑起来。因此这种小情境的设计使得学生能够在理解的基础之上轻松掌握词汇。

（二）案例2　莫把阅读课当成知识大讲解课

教学内容

本案例内容选自译林出版社出版的教材《牛津》八年级上册第二单元Reading部分。学生通过学习了解英、美国家学生的校园生活，体会英、美校园文化和我们的校园文化的差异。

教学环节

环节（一）

教师提问：

①What's the school life in British school?

②What subjects do the British students learn?

③What's the school life like in American school?

④What's the meaning of "buddy"?

⑤What do you think of the school life in British and American schools?

播放课本听力两遍，请学生回答。在回答之后，教师纠正学生出现的错误之处。

环节（二）

①让学生默读课文并把重点的词汇标出来。

②播放英、美国家校园生活的视频片段，之后教师讲解一些背景知识，例如英国教育的阶段划分，美国的教育制度等。

环节(三)

词汇教学:教师根据课文内容重点讲解一些词汇的意思,然后用词造句,并请学生翻译英语句子。

案例评析

在这篇阅读理解教学案例中,教师采用了分段、分片的教学方式,这种教学方式是缺乏情境的,而且切断了文章整体的联系,教学步骤缺乏层次性,没有突出学生主动思考、参与课堂活动的主体作用,教师只是为了完成课堂任务而进行“填鸭式”的教学。教师没有提前讲解阅读材料中生词的意思,在阅读理解的过程中没有给学生必要的指导,学生只能根据教师的漫天讲解而被动地学习,学习效果比较差。

教师分两部分来开展阅读教学,把整体材料进行肢解,这样,学生脑海里除了孤立的单词和句子之外,没有建立起对文章整体的把握。教师可以将中、英、美三个国家的校园生活进行对比(见表9-3),这样既可以让学生主动地探求知识,又可以激发学生自主思考、参与课堂教学活动的热情。

表9-3 中、英、美国家校园生活对比

	Chinese schools	British school	American schools
numbers of subjects			
length of staying in school			
school club activities			
tests at schools			
your ideas			

另外,教师的课堂教学形式单一,既没有小组活动,也没有分角色活动,学生的主动性没有被激发出来。教师没有对学生的综合能力进行拓展,而是仅仅停留在对课文词汇的讲解上。教师可以让学生在课前准备相关的资料,让他们自己主动去体验、去感受课文材料的内容。课中,要科学合理地设计教学内容,最大限度地让学生进行思考,并且展开小组讨论和小组评价等,从而使学生能够在自主、自觉的状态中投入到课堂教学的实践活动中去。

总之,教师在英语阅读教学活动中,必须遵循学生的认知规律,充分利用课文提供的语言材料，利用多种教学手段，深入挖掘学生主动学习的潜能。同时开展多种生动、活泼的集体活动，让学生了解文化背景知识，并结合课文材料，使用多种阅读手段如寻读、略读等，整体把握文章的中心思想，这样既可以做到听、说、读、写全面兼顾，又可以达到有效提高学生阅读理解的水平，还可以让学生保持阅读的兴趣，提高阅读能力，为今后更加深入的学习打下坚实的基础。

（三）案例3　通过对比让学生自己去发现

教学内容

本案例内容选自译林出版社出版的教材《英语》八年级上册第二单元Reading部分。这一部分内容介绍了英国和美国各一所中学的学生校园生活情况，通过对比让学生了解英、美国家学生校园学习、生活的真实情况。

教学目的

通过课文的学习让学生进一步了解英、美国家的校园生活情况；为了解英、美国家的文化提供了真实的素材，为培养学生跨文化交流的能力提供了信息。

教学环节

环节（一）

教师首先在大屏幕上展示一幅英国校园的照片，请学生观察图片以抢答的形式来回答图片中都看到了什么。

环节（二）

教师提问："What's the difference between British schools and Chinese schools?"请学生以抢答的形式回答。

环节（三）

教师在大屏幕上展示一张英国学校教室内常用物品"lockers"的照片，请学生猜测它的用途。教师把学生分成5～6个小组，进行5分钟的讨论，并请学生代表汇报本组的讨论结果。教师最后通过大屏幕给出正确的答案。

环节（四）

通过上面几个环节的准备之后，学生对英、美校园有了一定的了解。请学生打开课本，快速阅读课文了解大意，把课文中的关键词和关键句填写在大屏幕展示的表格里。此项课堂活动仍然采用小组先讨论后回答的形式。

环节(五)

教师播放听力,并根据课文的主要内容挑选出中心句,让学生朗读并理解中心句的意思,如①Near the end of the week, we discuss the books with our classmates in class. ②He is my hero...

教师作总结,并让学生用100词左右口述阅读教材的内容。

案例评析

阅读教材是一篇反映英、美校园生活的文章,文章内容并不难但能够引起学生的学习兴趣。环节(一)中,教师首先通过照片的展示吸引了学生的注意力,让他们对于本节课的教学内容产生感性的认识,从而产生兴趣。

环节(二)中,教师鼓励学生通过自己的观察和辨认,将英、美国家的校园生活与我们的校园生活进行对比。这种与学生生活、学习联系紧密的教学设计能够激发学生的学习热情,为学生主动参与课堂教学活动提供了动力和心理上的支持。环节(三)中,教师通过照片展示,让学生进一步了解英国校园的生活。这种情境的设置开阔了学生的视野,让学生更加真实地了解英国学生的学习情况,这胜过于千言万语的讲解。

环节(四)中,教师提供的表格旨在让学生通过自己的阅读找出关键词和关键句,这就需要学生在这种阅读环境中采用最佳、最快的阅读方式和方法来完成,比如略读或寻读等。环节(五)是前面四个环节的进一步提升,通过对课文的了解,学生已经摄入了相关的语言信息和知识,用自己的语言把阅读材料的内容表述出来,学生容易做到。

总之,本案例的阅读教学活动实现了学生听、说、读各项技能的同步提高,以读带动学生思考问题、解决问题的能力;学生通过阅读感受到语言和文化是不可分割的,了解了必要的跨文化信息,为提高综合语言运用能力奠定了坚实的基础。

(四)案例4 情景设置牵强附会

教学内容

本案例内容选自译林出版社出版的教材《英语》七年级上册第七单元Reading部分,是一篇有关购物的长对话。

教学目的

让学生通过学习，能掌握有关购物的基本表达和基本句型。

教学环节

环节(一)

教师告诉大家一个消息，今天是老师的生日，请同学们根据这个情境回答："Happy birthday!"教师说："Thank you!"教师带读刚才的两个句子。

环节(二)

教师告诉学生下午要召开一个小型的生日聚会，请同学们到时参加，并让同学们展开讨论需要准备的礼物。

环节(三)

将学生分成若干组，并请小组的两个同学上台表演购买生日礼物的情景，一个扮演营业员一个扮演顾客。请3～4个小组进行表演。

环节(四)

教师把表演中出现的生词和句子写到黑板上，并带领学生朗读重点单词和句子。

案例评析

本教学案例虽然看似设置了阅读的情境，通过情境让学生了解对话的主要内容，但是有着明显的不足之处。第一，情境设置过于牵强。对于今天是否为教师的生日，学生心目中不免有所怀疑，甚至有被"欺骗"的感觉。第二，即使今天的确是教师的生日，教师也不可以请学生去参加自己的生日聚会。所以情境设置的不真实性会导致学生参与的主动性和积极性大打折扣，从而使得课堂丧失了前进的动力，这样的阅读教学就不可避免地成了形式大于实际效果的流水课，毫无意义可言。对于这个话题，教师可以在课前做好准备，确认哪位学生即将过生日，这样不仅可以使学生感动，认识到教师对学生的关心，而且可以拉近学生和教师之间的心理距离，为有效的课堂教学创造有利条件。环节(三)中，教师的课堂教学完全变成了表演课，这样的教学只能是"形式主义"，因为没有开展读的活动，学生不能从阅读材料中提取有用的信息，这就造成了部分学生不知道本节课的目的和意义。环节(四)中，在带读时，教师没有给予必要的引导，没有做好单词、句子的穿插教学活动，学生只是漫无目的地跟读。

第四节 写作技能的课堂教学培养

一、实施策略讨论

《英语课程标准（2011年版）》对义务教育阶段学生的英语写作有明确要求：“1.能根据写作要求，收集、准备素材；2.能独立起草短文、短信等，并在教师的指导下进行修改；3.能使用常见的连接词表示顺序和逻辑关系；4.能简单描述人物或事件；5.能根据图示或表格写出简单的段落或操作说明。”[①]由此可见，英语写作在英语教学中有着非常重要的地位。历年的中考都对写作能力进行考查，考查题型为句子翻译、看图写话和提示作文。学生的得分率很低。初中生在写作方面存在着许多薄弱点和难点。如何运用有效的教学策略来提高学生的英语写作水平是教师应深入探讨的问题。

造成初中生写作能力不高的原因有很多，就课堂教学层面而言，存在以下问题。

①教师对写作教学重视不够。很多教师对写作教学不够重视，加上平时教学任务重，缺乏对学生进行系统有效的写作指导，导致学生写作能力低下。课堂中许多的时间花在了课文的串讲、语法的分析、词汇的听写和试卷的评价之上。笔者开展了一项调查，调查对象是某中学八年级某班的学生，调查目的是看看教师的教学时间主要花在哪里。英语课堂教学情况调查具体见表9-4、表9-5和表9-6。

表9-4 英语课堂教学情况调查

周英语课数	每节课时间长	每学期上课时间长度	每单元测验数量	每天英语作业量
5	45分钟	约为17周	1～2次	约为1小时

① 中华人民共和国教育部.义务教育英语课程标准：2011年版[M].北京：北京师范大学出版社，2012：17.

表9-5 课堂主要教学活动时间分配调查

听力训练	口语强化	阅读训练	写作训练	主要时间用于
一般	较少	经常	几乎没有	习题讲解

表9-6 某一次考试中学生失分点调查

	听力	单选	阅读和完形	词汇测试	写作
满分	20	15	40	10	15
得分率	约65%	约70%	约75%	约60%	约40%

②教师忽视对写作过程的指导。由于初中英语教学没有安排写作课,加之课程任务重,时间紧,教师很少腾出时间对作文内容和结构布局方面做指导。

就学生层面而言,存在以下问题。

①学生对写作有畏惧感。很多学生对英语写作不感兴趣,一提到写作就害怕,也无从下手,尽管绞尽脑汁,写出来的作文得分率也很低,有的学生甚至就不写,经常出现写作空白卷。

②写作中差错率高,主要体现以下几个方面。

第一,单词拼写错误多。拼写错误是学生作文中普遍存在的一个问题。形相似、音相近的单词拼写错误较多,如把 throw the litter 错拼成 throw the little;还有多音节词错误,如将 disappointed 错拼成 disapointed 等。这说明学生英语词汇的记忆准确但熟练程度不够,教师要帮助学生养成认真检查的好习惯。

第二,选词不当的错误。学生在英语写作时只注意“要点提示”中的汉语字面意思,而忽视了所选单词的词性、用法及其搭配,以致错用,乱用。

第三,时态、句子结构、主谓一致等语法错误。很多学生在英语写作中会出现语法错误,因为英语词汇与汉语词汇在形式、用法上差别很大,所以学生在英语写作时就很容易出错。

第四,句式表达错误。此类错误具体表现为学生所选用的句式不符合英语语言习惯,学生经常按汉语顺序译成英语,使得句子逻辑混乱。学生只有通过不断的实践,才能在实际运用中体会这些差异。

第五,综合性错误。如名词的单、复数变化,形容词和副词的混淆,冠词的错用,介词的错用,代词的误用,非谓语动词误用等。

针对以上存在的问题,结合平时的教学实践,笔者从以下几方面入手,提出写作教学的有效策略,有针对性地对学生进行写作训练。

其一,积累词汇。词汇是英语写作的基础,部分学生由于词汇贫乏,写作时无法选择正确的词汇表达。因而,教师在课文教学中要指导学生科学记忆单词,要记住单词的拼读、拼写和词义、用法以及关联词汇;要指导并帮助学生通过如听写、单词竞赛、猜词活动、单词对比、单词归类等方式进行词汇积累。

同时,教师还应该把词汇教学融入日常活动中,引导学生随时随地读记所看到的词汇,每天坚持听读英语课文录音,收听英文广播,收看英文电视节目,欣赏英语歌曲等。词汇教学需重复再现,教师要有意识地让学生反复训练,复习学过的单词从而巩固学生的单词记忆,扩大学生的词汇量。

其二,加强句子结构教学。英语在思维模式和语言结构上和汉语不同,但是中国学生写作时常常按汉语思维习惯译成汉语式英语。为了尽量减少这种错误,要加强英语简单句的五种基本句型的教学。教师要让学生通过多样化的语法练习,牢固掌握句子结构。

动词时态变化也是学生写作时常犯的错误,需要给予足够的重视。因此,可以多做类似的替换练习,也可以做连词成句、造句、翻译句子等练习。这样的练习应由易到难,从更换人称、时态等简单的练习到复杂的改写训练,鼓励学生尝试一些较复杂的语法结构训练。这样有意识地操练句式对学生加深对句式结构的理解和运用有很大帮助。

学生可以通过仿写阅读课文来培养写作能力。课文是信息的源泉,与写作有着密切的联系。绝大多数学生尽管已经掌握常用词汇、常用句型以及简单的语法,但这远远不够,他们还需要通过扩大阅读量来获取更丰富的语言材料,以加强英语写作训练,提高英语写作水平。笔者曾指导学生借鉴阅读课文中相关的语言表达和谋篇布局和话题内容,并进行仿写练习,使学生熟练掌握写作要领,有效提高写作能力。

以一篇阅读课文为例:译林出版社出版的教材《英语》八年级下册第一单元,要求学生根据某一地方的变化来写一篇文章。在课文学完之时,教师可以根据课文内容，让学生仿照课文的思路以Changes in Baoxinghan River为题写一篇作文。教师可以设计一些教学环节，让学生首先了解这条河流的过去和现在，了解这篇作文是要写哪些内容，并让学生收集相关的语言素材；其次，可以开展词汇、句子、关键词巩固活动，目的是缓解学生的心理压力，避免中式英语的出现；最后，在教师的引导下，学生开始动笔打草稿，根据要求写出作文。教师可以酌情请几位学生代表读出自己的作文，大家共同讨论作文的精彩之处和不足之处，教师最后作点评。下课前，教师可以公布一篇范文，要求学生学习并对照自己的作文，看看有哪些不足之处。

二、案例解读

（一）案例1　以兴趣为主，激发写作热情

教学内容

本案例内容选自译林出版社出版的教材《英语》八年级上册第一单元Friends部分。

教学目的

要求在这节写作课结束时，学生能够用课文中学到的词汇、句子描写出自己心目中好友的外貌特征和性格特点。

教学环节

环节（一）

教师在大屏幕上展示姚明和潘长江两个人的照片，一个个子高，一个个子矮，一个胖一个瘦，两人形成对比。教师让学生观察图片并用简单的词汇、句子把图片中的内容口述出来。例如：Yao is tall but Pan is short. / Yao is thin, Pan is fat...

教师可以继续展示相关图片。

环节（二）

教师提问："What's your ideal friend in your mind?"根据已经复习巩固的词汇，学生做好了写作的准备。教师把班级分成4～5个小组，请每一个小组讨论心目中理想的朋友。讨论时间为10分钟。

环节(三)

请小组代表汇报本小组的讨论结果,与此同时请另一位擅长绘画的同学把汇报的结果画在黑板上。

环节(四)

从词汇的准确使用、语法差错率和行文的流畅度等方面进行小组互评,最后教师作点评。课后教师布置作业,让学生把本节课的内容写在作业本上。

案例评析

本教学案例有以下几个特点:以图片展示的形式复习已经学过的单词,调动了学生的积极性。学生熟悉的明星的照片能引起学生的兴趣,从而主动思考,主动参与,无形中减少了写作前的恐惧感和抵触情绪。写作中,教师以小组讨论的形式,让学生自主思考他们心目中理想的朋友到底是什么样的,给学生足够的想象空间,这样学生就没有了束缚感,而是拥有了自由发挥的空间。环节(三)中,教师并没有直接要求学生把写作的内容读出来,而是首先口头表述,这既锻炼了学生的口头表达能力,又训练了其他学生的听力理解技能。另外,教师为了活跃课堂气氛,进一步激发学生的参与热情,请了擅长绘画的学生把他们汇报的结果在黑板上画出来,这样的方式毫无疑问会把绝大多数学生的注意力集中起来,教室里压抑的气氛被同学的欢声笑语一扫而光。

环节(四)中,小组互评的活动强化了学生的主体地位,因为学生会很在意其他同学的看法或建议,比教师高高在上的评价效果好。教师最后的点评是对本节课的总结,点评的内容虽然不多却是点睛之笔。教师要求学生把本节课的学习成果写到作业本上,这是本节课的结果检测,查看学生还有哪些被遗漏、忽略的地方。所以本案例中,教师做到写前让学生有思维热身活动,写作过程中教师设计了很好的、符合学生学习兴趣的话题,在教师的引导下,学生不但有个体的写作活动更有集体的协作探讨活动;写作的成果以多种形式进行积极的评价,避免了教师主观的“独断专行”,这样不仅没有加重学生的思想负担,而且有效提高了学生的写作水平。

（二）案例2　有效拓展课本资源，激励学生续写课文活动

教学内容

本案例内容选自译林出版社出版的教材《英语》七年级下册第六单元Reading部分。这是一篇童话故事，选自《爱丽丝梦游仙境》中的一个片段，故事讲述的是一个叫爱丽丝的女孩追随一只兔子进入兔子洞，然后来到一个神秘的世界后发生的事情。

教学目的

在课文教学完成之后，让学生充分发挥自己的想象力续写课文。

教学环节

环节（一）

猜词游戏。教师呈现一组情景图片，让学生猜出图片中表示动作的词，目的是复习课文中主要的动词。

环节（二）

请学生先默读课文5分钟，然后根据关键词来复述课文主要内容，教师在大屏幕上展示下列提示词语。

表示爱丽丝一系列动作和行为的词：heard, sat, saw, jumped, fell, hit, noticed, put。

表示爱丽丝心理感受的词：excited, afraid, surprised, sad。

请学生根据大屏幕上所列出的词语复述课文的主要内容。

环节（三）

课文中只讲述了爱丽丝追到兔子洞里发生的事情，没有故事结尾。教师可以利用学生想知道到底后来爱丽丝发生了什么事情这一特点和学生的心理需求，设计了续写故事结尾的活动。教师把班级分为5个组，每个组分别讨论并写出自己想到的可能发生的结尾。

环节（四）

教师请2～3个小组的代表朗读本组续写的结果。请小组间从故事的合理性、简明性、用词等方面互相打分，满分为10分。最后教师作总结。

环节（五）

教师布置家庭作业，要求学生根据课堂讨论续写课文。

案例评析

续写课文是基于阅读文本开展的写作活动,不仅能够提高学生的写作能力,还能够提高学生的综合语言运用能力。读后活动的有效开展可以提高学生的学习效率,培养学生的创造性思维,帮助学生养成良好的读写习惯等。环节(一)中,结合图片复习课文中的重点词语,旨在节约时间,因为写作课需要给学生留足时间动笔来写,课堂环节占用过多的时间会影响学生有效的写作训练。所以复习课文时教师犹如“蜻蜓点水”般点到为止即可。环节(二)中,教师利用了学生想知道爱丽丝后来发生了什么事情这样一种好奇心的特点,顺势提出要求学生续写课文。在考虑到独自完成这个环节的难度后,教师采用了小组讨论的形式,其目的是为了让学生能够集思广益在交流中得到启发,有利于培养学生在写作时的合作精神,也是为了减少课堂上不必要的时间浪费。如果是请个别学生续写,势必会造成其他学生的参与热情大大降低,从而导致课堂效率不高。语言是一门实践性很强的学科,因此能否促进学生积极、主动性地参与交际活动,是衡量语言教学是否有效的一个重要指标。环节(四)中,学生经过写作前复习、讨论为后面的写作准备了必要的条件,使得学生的写作真正地实现了“水到渠成”。写作后的评价也直接影响着学生的积极性。教师首先制定了评分标准,让小组之间根据评分标准来打分,这样学生会在评分的过程中加深对写作的理解和认识。

总之,本案例中,教师循序渐进地让学生融入到写作中去,有利于减少学生对写作的恐惧感。小组之间的研讨活动激发了学生的参与热情;小组互评让学生对文章的遣词造句等有了更深刻的理解,促进了自我写作水平的提高。

第十章 “实施建议”实践案例

第一节 面向全体学生，关注个体差异

一、实施策略讨论

《英语课程标准（2011 年版）》的课程基本理念之一就是面向全体学生，关注语言学习者的不同特点和个体差异。在实施建议中指出：“在教学中，教师应当坚持以学生为本，面向全体学生，关注个体差异，优化课堂教学，提高教学效率，为学生继续学习奠定基础。”①

面向全体学生是指不管学生的性别、年龄、生理特点、智力水平、知识结构、文化背景、成长环境、家庭状况是否存在差异，也不管学生对英语是否感兴趣，教师都应该赋予他们同等的学习英语的机会，使得所有的学生都能接受良好的教育，以提高他们的英语素养。

如何在英语教学过程中“面向全体，关注差异”？以下为课堂教学中的策略建议。

①建立良好的师生关系，为课堂教学打下情感基础。热爱学生、爱岗敬业是教师职业道德的要求，是教育好学生的基础和内在动力。只有在和谐的师生关系下，学生才能缓解恐惧和焦虑的情绪，乐于接受教育，积极思考，自主完成各项教学任务。

① 中华人民共和国教育部．义务教育英语课程标准：2011 年版[M]．北京：北京师范大学出版社，2012：25.

②充分体现以学生为主体，让不同层次的学生都能积极主动地学习。教师首先就要了解学生之间的差异，明白不同学生的优势和不足，在课堂教学中要积极发掘学生的优势，让他们最大程度地发挥出自己的最佳水平；对于那些基础较薄弱的学生要鼓励并多方面引导，使之能够在原有的基础上有所提高；对于基础较好且学有余力的学生要多提问一些难度相对较大的问题。这样才能让不同程度的学生都能够在课堂中有所收获，让每一个学生的聪明才智和主体性都能够得到充分发挥，从而在整体上提高教育教学质量。

③结合教材内容，实施分层次教学。备课时，教师要根据教学内容、教学目的，采用不同的教学方法，精心设计不同的教学方式，突出重点和难点，注重启发、引导，逐步提高，在课堂中对不同程度的学生采用不同层次的教学方法。

④以评价激励学习，区别对待考试内容。教师不能以考试成绩作为衡量学生的唯一标准。对于不同层次的学生，测试内容可以不同，要求可以有所区别。分层评价既可以避免一些不良后果，又可以保护基础薄弱学生的自尊心和自信心，有利于全面提高教育教学质量，也便于素质教育的全面实施，真正体现因材施教。

二、案例解读

（一）案例1　尊重学生之间的差异，区别对待

教学内容

本教案内容选自译林出版社出版的教材《英语》三年级下册第十单元 Say and act 部分。

教学环节

环节（一）

教师在大屏幕上展示一张自己的照片，请学生回答：Who is he?

T: Is he a boy or a girl?

S1: Yes, I am.（许多学生对此回答哄堂大笑）

T: I am a....（教师用手摸摸自己的短头发，并且用手拍拍那位学生的肩膀。You are a boy , too.）

S1: You are a boy.

T: You are a good boy.（教师竖起大拇指）

S1：Yes, I am.（学生不好意思，脸发红）

T：Yes, you are a good boy.

环节（二）

T: Are you classmates?（教师指着同桌的另外一名学生）

S2: No, I am.（同桌的学生想要提醒她，但又不好来做）

T: You are not his classmate, right?

S3: Yes, I am. I am in Class 4 and he is in Class 4, too.

T: Are you classmates?

S2: Yes, I am. We are classmates.（学生露出了胜利的喜悦之情）

环节（三）

教师在大屏幕上展示动画片《大头儿子和小头爸爸》中儿子和爸爸的图片。

T: Two people in the picture. He is the father and he is the son.

T: Two people behind you.（指着后面座位上的两位同学）He is father,and he is son, right?

S4: No, they are classmates.

T: Very good!

T: Look at the picture. The father is tall，（教师用手势比划）and the son is short.

T: Your father is __________? You are __________?

S5: Short.

T: Short?（教师用动作再次解释short，引得全班同学大笑）

S5: My father is tall, but I am short.

T: Very good, boy!

案例评析

本案例中，教师循循善诱引而不发，既体现了教师高超的教学技能，又成功化解了初上英语课的小学生因为没有能够回答教师的提问而面临的尴尬，教师恰到好处地维护了这位学生的自尊心。教师要知晓学生的智力、能力、兴趣和认知等方面的差异，采取分层次教育的方式，这是很有效果的教学方法，对于教学有着非常重要的意义。

（二）案例2 坚持学生在课堂教学中的主体地位

教学环节

本案例内容选自译林出版社出版的教材《英语》七年级上册第一单元 This is me 部分。

环节（一）

教师口头复习本单元的重点词汇，例如：be good at, wear glasses, round face, helpful, polite, I come from。教师随机抽取学生来回答上面的单词复习提问。

环节（二）

教师请学生用60词左右介绍自己，并给5分钟时间进行思考。

环节（三）

请3～5名学生到台前，用自己的语言介绍自己。教师边听边纠正学生的错误之处。

环节（四）

教师播放课文听力，并逐一解释课文，学生把教师讲解的内容记录下来。

案例评析

新课程理念倡导的课堂教学要面向全体学生，确立和体现以学生为主体的地位，这就要求教师把原本属于学生的话语权归还给学生。本案例中，教师把原本属于学生的主体地位完全控制在自己的手中。无论从课前的复习环节还是课中的自我介绍环节，教师没有给学生恰当的引导，教学方式单一，学生学习的热情、参与的兴趣并没有最大限度地被激发。教师可以在此作修改，比如：请某些学生根据其他学生描述的对象猜出所讲的到底是哪一位学生，再请本人对刚才的描述进行回应，这样既可以活跃课堂的气氛，又可以使不同程度的学生对此话题产生浓厚的兴趣，为后面的教学做铺垫。环节（三）中，教师边听边纠正学生的错误之处的做法值得讨论，教师可以先记录学生错误之处，在口语活动结束后再整理指出，以保持口语活动的连续性和学生的表达热情。

总之，教师只有把话语权交到学生手中，采用分层次教学方式，利用多种方法刺激学生的思维，才能调动全体学生用英语表达的欲望，满足学生展示自我的内在需求；同时，也只有在全体学生都积极参与的前提下，教师才更有可能关注到个体的差异。

（三）案例3　课堂中学生不能有“主角”和“配角”之分

教学内容

本案例内容选自上海教育出版社出版的教材《英语》五年级上册第一单元 My future 部分。本单元是围绕职业话题，让学生谈自己今后理想的职业。

教学目的

让全体学生都能够参与到谈自己心目中理想职业的活动中。

教学环节

环节（一）

教师在大屏幕上展示一张医生正在给病人看病的照片。教给学生单词：doctor，并带读该单词。按照这种方式，教师再逐渐呈现 teacher, cook, pilot, policeman 等单词。

环节（二）

教师请学生谈谈自己心目中的职业。小明的爸爸是一名医生，教师提问：“What do you want to be, Xiaoming? Do you want to be a doctor like your father?”

Xiaoming: Yes, I like to be a doctor in the future.

T: I know your mother is a teacher. Do you like to be a teacher?

S2: I don't like to be a teacher; I like to be a policeman.

T: You are good at maths, Wang Gang. Do you like to be a maths teacher?

S3: Yes, I do.

…

环节(三)

教师带读课文中的生词:teacher, doctor, policeman, pilot 等。

案例评析

本案例中,教师没有做到关注全体学生,只是关注班级的部分学生。教师也没有做到关注个体差异。教学问题的设计上带有明显的导向性和提示性,例如环节(二)中,教师提问:“What do you want to be, Xiaoming? Do you want to be a doctor like your father?”教师是想了解学生心目中的职业,但是提问中把无关紧要的爸爸也带进来,其结果一是给孩子的回答做了人为的预设,替孩子“包办”回答,变成教师想让孩子说什么;二是给家长从事被社会认为不是很理想职业的学生,造成心理上的阴影,使得他们更加不愿意主动参与到课堂教学活动中来。因为教师的提问方式没有考虑到这些学生的切身感受,这样,部分学生成为课堂的“主角”,而另外一部分学生完全成了“配角”,从而造成班级两极分化。

对此,可以在环节(二)的设计中做如下修改。

T: What do you want to be, Xiao Wei? I know you are good at sports. Do you like to be a basketball player like Yaoming?

S4: Yes, I do.

T: You like to help others. Do you like to be a volunteer?

S5: Yes, I do.

…

从修改后的环节(二)可以看出,要从孩子的优点出发,关注每一个学生,更要关注语言技能相对较弱的学生,从他们的身上寻找闪光点,相信经过上述修改,学生参与课堂的热情会高涨,课堂教学效果会提高。

第二节　探究有效的评价方式

一、实施策略讨论

《英语课程标准(2011年版)》明确指出:“义务教育阶段英语课程的主要目的是为学生发展综合语言运用能力打基础,为他们继续学习英语和未来发展创造有利条件。语言既是交流的工具,也是思维的工具。学习一门外语能够促进人的心智发展,有助于学生认识世界的多样性,在体验中外文化的异同中形成跨文化意识,增进国际理解,弘扬爱国主义精神,形成社会责任感和创新意识,提高人文素养。”①

由此,对学生学习的评价,既要关注学生对语言知识和语言技能的掌握,又要重视学生综合语言运用能力的发展,同时,还要重视其在学习过程中的情感态度和参与表现。这里的参与不仅包括行为参与,还包括情感参与和思维参与,要重视学生在学习过程中态度和价值观的形成。因此,评价不仅仅是笔试,还要采用对学生综合语言运用能力、学习态度、行为表现、思维能力和自主学习能力等有促进作用的评价方式,以发挥评价对于激励和促进学生学习、指导教师改进教育的功能和作用。

在传统的英语教学中,教师往往只采用测验(test)或考试(examination)来对学生的学习进行评价,即采用一些较难的题目来对学生进行书面检查,然后根据结果给学生排分。这种评价方法重知识和基本技能掌握的评估,轻情感态度、学习策略方法培养的评估,很少覆盖人格发展的评估。传统的英语教学中,教师在评价功能、评价目的、评价内容和评价方法等方面存在认识上的误区。

①评价功能的甄别化。在传统的初中生英语学习评价中,部分教师认为只有少数学生能学好英语,获得优秀,而大多数学生水平都一般,还有极少

① 中华人民共和国教育部.义务教育英语课程标准:2011年版[M].北京:北京师范大学出版社,2012:2.

数属于“英语学习障碍者”。为此，甄别就成为评价的一个重要功能，通过考试将学生分成不同等级。在这样的评价过程中，只有少数学生能够获得鼓励，体验成功的快乐；大多数学生都是英语学习的失败者，由此扼杀了学生继续学习英语的兴趣。正如教育学家尼尔·波斯特曼曾言，孩子们入学时像一个“问号”，而毕业时像个“句号”。

②评价的功利化。首先，评价学生学习是为了考核教师。对学生英语学业的评价在本质上是一种形成性评价，其最终目的是促进初中英语教学的改进和改善，促进教学效率和质量的提高。对学生学习的评价成为教师绩效考核的标准，其结果直接与教师奖惩晋级挂钩。在这种评价中，评价的目的被异化，导致教师只注重学生的成绩而忽视智力、情感、态度及人格的培养。其次，学校之间通过相同的试卷来考查学生，然后计算合格率和优秀率，进行比较评估，确定本校在本地区的排名。为确保排名，学校往往会利用学生的课余时间来提高学生成绩，直接导致学生产生厌学心理。最后，在传统的学生学习评价中，教师往往制定评分标准，对达不到标准或偏离标准的学生常常轻易地提出批评。这样教师很难看到学生的优点和闪光点，导致学生失去信心。

③评价内容的知识化。传统的英语教学评价是针对学生的知识学习进行，这就对学生学习的评价窄化为仅对学生学习成绩和分数的评价，即主要测试学生的短时记忆能力。这种评价着重于课堂内或学校内的教学活动；以书本知识为主，排斥社会活动和实践活动；评价内容过分强调经典知识，远离社会实践，把上课时间表以外的活动，如英语角活动等排除在评价内容以外。

④评价方法的数量化。传统的英语教学中，对学生的英语学习进行评价，往往通过成绩和分数来体现，把学生生动活泼的个性表现抽象成一组组僵硬的数字。因此，一方面这样的评价不可能全面地反映学生的真实水平，并会扼杀学生的创造性和个性品质，限制学生水平的发挥和提高；另一方面将使评价目标误入歧途，导致评价目标数量化、简单化。

⑤评价主体的单一化。一直以来，在对学生进行评价时，虽说学生是教学的主体，教学评价应该以尊重学生为基本前提，使评价成为学生认识自我、

发展自我、激励自我并超越自我的手段。但在实际的评价中,依然存在教师评价学生,学生是被动接受评价的客体,而不是参与评价的主体的现象。

基于传统评价方式存在的诸多问题,在新课程标准评价建议的指导下,笔者建议英语学习评价可以从以下方面努力。

①形成性评价和终结性评价相结合。对学生学习的终结性评价,主要是指在学期某一阶段学习结束时对学生进行的全面评价,包括学生成绩、学习态度、学习方法、探究与实践能力、合作与交流能力等方面的评价。一般在期中和期末由学校组织统一考试。考试形式共分两大部分。第一部分是笔试部分,主要考查学生半个学期或整个学期的知识目标和能力目标的掌握情况,以听、说、读、写四项技能为主,以标准化试题形式为主;第二部分考查学生的实践能力、合作与交流能力等,以听、说、读技能考查为主,有口语交际、小品演练、英语短剧、英语歌唱比赛等形式。在给学生评分时,教师多习惯于打区间分,比如“68 ~ 98”。这种阅卷方式可以让学生明白自己所取得的成绩,体验成功的感觉,同时也让其认识到自己在学习上存在的不足之处。这种定量判断和定性分析相结合的方式既培养了学生学习英语的兴趣,又帮助学生认识了自我,建立了自信。

形成性评价是指在整个教学过程中对学生学习状况等进行的评价,其目的在于了解学生已有的知识水平或学生在学习中取得的进步及存在的问题,从而及时调整教学,促进学生发展。为了更好地记录学生在英语知识和技能学习的掌握情况、态度情感等的变化以及人格的形成过程,这里介绍形成性评价中的成长记录档案袋和“买米喂小鸡”两种评价方法。

成长记录档案袋评价方法。成长记录档案袋内装的是学生自己挑选的认为是最能反映他们的学习成就的实物材料。包括:自己认为写得最好的一页英语书法字,一次做得最好的作业,一段自己满意的朗读或口语交际录音,一张参加班、校、区、市各级英语周活动时拍摄的最能展现自己风采的照片,一部自己编写的英语小品或短剧的剧本,一篇自己认为写得最好的英语作文或日记等。还包括教师写给学生的“悄悄话”以及家长对他们的期望。学生自己保管档案袋,可随时调换袋内的内容。成长记录档案袋定期让学生带回家,让家长查看、评价,并分享孩子成长过程中成功的喜悦。在学期中间举行一次成长记录档案袋展览活动，同学间互相观摩；在期末举行一次评选活动，评出最佳档案袋，给予书面表扬和物质鼓励，并将奖状也放入档案袋中。

“买米喂小鸡”评价方法。“买米喂小鸡”是一种全程全面的评价方式。在每个学期初，教师发给全班每一个学生一只纸剪的小鸡，并将它放进档案袋内“存养”。为了让“小鸡”存活并长大，学生必须通过自己的努力来赚取教师手里的“米”，即在英语学习过程中在各个方面所获得的荣誉和进步。为了便于学生和教师操作，师生可以共同协商，对每一项的要求都制定评价细则。

俄国著名教育学家乌申斯基认为，习惯是教育力量的基础，只有习惯才能使教育者把某些原则灌输到受教育者的性格、神经系统以及他们的天性中。为了培养学生良好的英语学习习惯，可以设计英语学习良好习惯周达标评价表（见表10-1）。

表10-1 英语学习良好习惯周达标评价

	赋值	良好习惯养成具体内容	得分		
			自评	组评	师评
课堂习惯养成（40分）	8	1.上课思想集中、专心听讲			
	5	2.认真记笔记			
	7	3.勤于思考			
	8	4.踊跃发言			
	12	5.积极参与课堂活动			
课外习惯养成指标（60分）	5	1.每天坚持朗读英语			
	5	2.勤于背诵对话，复述课文			
	5	3.尽量用英语同教师、同学打招呼、交谈			
	5	4.多听英语磁带、英文歌曲			
	5	5.勤于记单词、词汇			
	5	6.摘记英语优秀与错误习题			
	5	7.课外阅读英语报纸、杂志			
	5	8.课前预习课文			
	5	9.同学间主动质疑解难			
	5	10.按时自觉独立完成作业			

续 表

	赋值	良好习惯养成具体内容	得分		
			自评	组评	师评
	5	11.按时订正作业错误			
	5	12.书写工整、字迹清楚、卷面整洁			

为了记录学生学习英语的兴趣、态度和方法，可以设计阶段性教学评价记录表（见表10-2），一个月为一个周期。

表10-2 阶段性教学评价记录

	自评				组评				师评				总评			
	优	良	及	差	优	良	及	差	优	良	及	差	优	良	及	差
掌握学习内容的能力																
完成基本技能的速度																
学习态度和毅力																
思维的独立性																
学习中的自我检查																
遵守纪律的自觉性																
合作态度与竞争意识																

为更好地检验、评价学生在参加英语实践活动中的表现，提高学生说英语、听英语、表演英语的兴趣，可以制定英语课综合实践活动评价表（见表10-3）。

表10-3 英语课程综合实践活动评价

活动主题	评价主体	活动表现						活动效果	成果展示	综合评价
		兴趣程度	参与热情	动手能力	创造能力	合作意识	克服困难精神			
	学生自评									
	小组互评									

续 表

活动主题	评价主体	活动表现						活动效果	成果展示	综合评价
		兴趣程度	参与热情	动手能力	创造能力	合作意识	克服困难精神			
	家长评价									
	指导者评价									

为了让那些学习习惯不好的学生，体验到成功的感觉，有机会将自己“存养”的“小鸡”养大，可以结合他们的实际情况，也征求其本人的意见，制定课堂表现记录表(见表10-4)。只要他们做到了以下几点就加2分，做不到就扣2分，每周总评一次，前几周得分在30分以上，可得到两粒“米”，后几周要在原来的基础上逐渐有进步才有机会得到两粒“米”。

表10-4 课堂表现记录

	星期一		星期二		星期三		星期四		星期五	
	得分	得分	得分	得分	得分	得分	得分	得分	得分	得分
1.做好上课的准备										
2.认真记笔记										
3.不和其他同学讲话聊天										
4.不乱插话										
5.不讲脏话										
6.不趴在桌子上										
7.不东张西望										
8.不打瞌睡										
9.不与老师顶撞										
10.认真完成课堂作业										
得分										
本周日平均分			本周得分				打分			

学生每得两个"优秀"或者五个"良"就能从老师那得到一粒"米",每30粒"米"就可使小公鸡长大一点,喂满200粒"米"就能使小公鸡长成大公鸡;然后再去教师那里获得第二只小公鸡来喂养,到每个学期末只要养了5只以上大公鸡,就能获得教师准备的巧克力一份,并让教师在自己的成绩报告单上写下最希望教师写的一句评语。

形成性评价与终结性评价相结合的形式既对学生的"过去"有一个完整的评价,也能深入学生发展的进程,及时了解学生在发展中遇到的问题、所做出的努力以及获得的进步,对学生的持续发展和提高进行有效的指导,真正发挥评价的促进发展功能。同时也可以有效地帮助学生在英语学习过程中的情感体验、价值观和积极的学习态度的形成,培养科学的探究精神和竞争意识,实现知识与技能、过程与方法、情感态度与价值观的全面发展。

②定性评价和定量评价相结合。为了更好地对学生的英语学习进行评价,可以采用定性评价与定量评价相结合的方法。期中考试和期末考试以及用于选拔或筛选的水平考试,这些都属于定量评价的范畴。另外,在对学生进行形成性评价时的各类评价表格,也采用定量评价分析。对考试和测验,可以采用百分制评分标准;而对学生平时学习英语的行为习惯可以采用优、良、及和差四级评分制度。

定量评价也存在明显不足,它试图用数字来表示受教育者的全部特征,这难免流于形式而机械化。学生学习英语的态度、兴趣等都不能全部量化,所以可以采取问卷调查、观察、访谈等定质评价方法。只有定性评价和定量评价相结合,科学、合理、多元地评价学生英语学习,以评价促进教学,才能激励学生进一步深入学习英语,不断提高综合语言运用能力。

二、案例解读

(一)案例1　考查的内容要体现语言的实践应用性

环节(一)

教师在大屏幕上展示一个通知:明天有一队外国朋友来我校参观,假定你是一名陪同的学生,请介绍一下我们的学校和学生的学习情况。

环节(二)

小组讨论10分钟,请小组代表汇报本组的讨论结果。请小组互评后教师作点评。

案例评析

交际性是语言最本质的特点。在对学生英语学习进行评价时,要体现对于语言交际性的考察,此外要重视对于语言技能的考察。本案例设计了一个“本校情况和校园生活的介绍”活动,让不同层次的学生都能根据自己的理解表达自己,这样符合语言交际的原则,全面考察学生的语言运用能力。

(二)案例2 让学生自己去寻找和发现

教学内容

本案例内容节选自译林出版社出版的教材《英语》九年级上册第四单元Reading部分。

教学目的

让学生通过课文的学习,从课文中所描写的主人公Spud Webb身上学到一种品质,那就是只有坚持永不放弃,成功定会属于你。

教学环节

环节(一)

根据前一节课的教学内容让学生回答和课文相关的几个问题,如:Where was Spud Webb born?等。

环节(二)

请学生根据前一节课后布置的作业,查找几个和课文主人公成长有关的地点名称,并指出它们在美国的大概位置。

环节(三)

请学生根据黑板上教师画出的草图,大致标出德克萨斯州、北卡罗来纳州、亚特兰大等的位置,并用自己的话说出主人公在这些地方都发生了什么事情,结果怎么样。

案例评析

由于本教学内容是有关美国NBA的,这就势必造成男同学的兴趣胜过于女同学。本课介绍的是美国NBA退役球星韦伯,现在的学生对他或许比较陌生，另外，课文中生词和短语过多，这就造成了学生对该篇文章产生了厌烦的心理。为了解决这些问题，教师并没有把一味地检查学生对课文内容的掌握情况作为第一要务，而是在本节课的复习环节加入了美国的一些人文和地理知识。其目的一是为了提高学生参与的积极性，二是为了改变这种目的性很强的终结性评价，把学生自我查找材料、自己去发现课文中的答案作为评价的重要方面，从而重视过程性评价，把单纯地复习课文的过程变为丰富学生的知识背景、开拓学生的视野、提升学生学习兴趣以及激励学生参与课堂教学的综合活动。

第三节　利用网络资源拓展教材

一、实施策略讨论

《英语课程标准(2011年版)》中的“课程资源开发与利用建议”要求重视形式上的变化，主要渠道有：“(一)开发利用教材资源，(二)开发与利用学校资源，(三)开发与利用网络资源，(四)开发与利用学生资源。”[①]课程资源的开发离不开教师理念的提升、视野的开拓和个体的努力。

随着科技的发展，互联网已经成为便捷的、有效的获取信息的方式。教师要充分、合理地利用好这些网络资源，为课堂教学所用。

二、案例解读

(一)案例1　利用互联网拓展学生的眼界和视野

教学内容

本案例内容选自译林出版社出版的教师《英语》八年级上册第六单元Bird watching部分。

① 中华人民共和国教育部.义务教育英语课程标准：2011年版[M].北京：北京师范大学出版社，2012：42-43.

教学环节

环节(一)

教师在大屏幕上展示扎龙湿地和黄海湿地两个自然保护区的照片。

环节(二)

请学生在互联网上查询这两个湿地的基本情况,在规定的时间内看哪个小组搜索的信息既准确又全面。

环节(三)

小组汇报网络查询的成果。

案例评析

本案例中教师首先通过大屏幕展示了扎龙和黄海两大湿地自然保护区的图片,给学生感官上的刺激,让他们对于马上要学习的材料有了直观的感受。教师充分利用网络资源来丰富学生的知识,这降低了课文的难度,增强了学生的学习兴趣,对于从整体上把握文章的内容起着重要的作用,同时也激发了学生学习英语的热情。

第四节　营造轻松活泼的课堂气氛

一、实施策略讨论

《英语课程标准(2011年版)》在教学建议部分指出“教师要努力营造和谐的课堂氛围,对学生在学习过程中产生的语言错误采取宽容的态度,并选择合适的时机和恰当的方法妥善处理”[①]。

课堂氛围是指在课堂教学过程中,师生之间信息传递、情感交流中形成的一种情感状态,它反映了课堂教学情境中师生之间、生生之间的关系状态。宽松、和谐、活泼、轻松的课堂气氛有利于学生学习效率的提高,也有利于学生进行积极的情感体验,能够充分调动学生学习的积极性,有利于学生

① 中华人民共和国教育部.义务教育英语课程标准:2011年版[M].北京:北京师范大学出版社,2012:26.

主动参与教学活动，有利于师生之间、生生之间的情感和信息的交流，使学生的学习处于一种乐于探究、快乐合作、勇于发现、思维敏捷的状态，从而更加全面地提高教学质量，让学生积极地实现自我价值。

在教学实践中，要营造轻松活泼的课堂气氛，需要做到：

其一，发挥教师主导地位的作用。教师是课堂教学的设计者，教学活动的指挥者和实施者，对于整个课堂教学气氛的形成起着导向作用。教师的自身修养、专业知识、教学技巧等是营造良好课堂气氛的重要因素。

①要营造轻松、活泼的课堂气氛，需要教师具备较高的自身修养。教师必须不断加强自身业务学习，以适应时代的要求，不仅要具备厚实的专业知识，更要了解学生的心理特点、班级管理常识等。现在部分教师常常感叹，“现在的学生越来越不好教了，学生在课堂不配合教师，教师讲了在知识点后，让学生起来回答，结果没有学生能回答上来。”此时，教师要反思自己：知识点是否已经讲透，教学方法能否更精炼，态度能否更和蔼等。

②要建立平等的师生关系。教学活动是师生双方共同参与的活动，要建立起学生对教师的信任感，要创建民主、平等的师生关系。教师对学生要有耐心和爱心，尤其要善于发现学生的优点。

③注重教学方法和教学手段。营造轻松、活泼的教学气氛需要教师灵活运用教学技巧。教师经常变换教学手段可以使学生消除厌倦的心理。

④要善于运用风趣幽默的语言。教师的课堂用语不仅要规范，而且尽量做到风趣、幽默。风趣幽默的语言可以使学生集中精力，主动参与到课堂的各项活动环节中去。

其二，重视学生的主体作用。课堂教学的最终目的是促进学生的发展，因此，教师应该充分尊重学生的主体地位，重视学生的主体作用。

①充分信任学生。教师的信任对学生主体作用的发挥有着重要作用，它能够调节学生的心理和学习态度，使得学生保持积极、向上的学习状态。

②要充分调动更多的学生参与课堂教学。课堂教学活动是面向全体学生的活动，只有调动全体学生的积极性，让他们积极地思考，主动地参与，轻松、活泼的课堂气氛才能形成且会持久。

二、案例解读

(一)案例1 教师要善于用自身的激情感染学生

教学内容

本案例内容选自译林出版社出版的教材《英语》七年级上册第五单元 Integrated skills 部分，主要讨论：How do you spend your weekend? How did you spend your weekend?

教学目的

通过课堂教学活动的有效开展，使学生能够在轻松、活泼的教学气氛中自由地表达自己在周末的所作所为。

教学环节

环节(一)

T: What do you usually do in your free time? I usually play in my free time. What games do I usually play? Can you guess?

S1: You like playing cards?

T: No, I don't.

S2: You like playing the piano?

T: No, I am not good at it.

S3: You like playing table tennis?

T: No, I seldom play table tennis.(教师故意装作心虚的样子，小声说：“Many of you also like playing this game, but your parents are not happy about it.”)

S4: You like play computer games, right?

T: You are so clever.(教师小声说：“这个秘密一般人我不告诉他，但是你们是……?”)

Ss: (laugh) We are students of Class 4.

T: I like playing computer games, but I know I should play it as seldom as possible because my wife and son are not happy with it.(全班学生大笑)

环节(二)

教师口述自己在学生时代经常在周末做的事情。

T: I used to read books and have a walk round the park. I liked to have a meal at street vendors.

教师请学生仿照上面的例子让学生使用过去时态造句。

S5: I used to get up very late. I liked watching TV and playing computer games very late at night.(学生和老师都笑了)I also liked eating instant noodles.

S6: I used to cry often and get angry. If I didn't get what I want, I would cry for it, as it was very useful.(学生自己笑了)

案例评析

本案例中,课堂气氛活跃,上课时学生精神饱满,教师面带微笑、和蔼可亲,教师的眼神和手势中均流露出对孩子的信任和期待之情。环节(一)中,教师以自己为例,故意用夸张的表情和手势引起学生的注意,这让学生觉得教师其实很容易接近,并且教师没有把他们当成外人,这样一个和谐的、轻松的课堂气氛必然能够直接激发学生积极参与到课堂的教学实际活动中来,从而提高课堂的教学效果。本案例中,教师没有让学生一味地进行机械操练。对于过去时态的教学,教师并没有采取满堂灌的方式详细讲解过去时态的构成、意义和用法等,而是利用自己过去的经历,让学生在轻松有趣的氛围中慢慢地学会模仿使用以达到对此种时态的感性认识。教师富有亲和力的语言调动了学生的情绪,使全体学生都可以受到教师幽默诙谐的语言感染,为师生之间或生生之间的有效交流增添了光彩。

(二)案例2　启发学生自我纠正错误,让学生积极参与课堂活动

教学内容

本案例内容选自译林出版社出版的教材《英语》七年级上册第二单元Grammar部分,主要介绍一般现在时态下动词第三人称单数的使用。

教学环节

环节(一)

教师先以自身为例:I have a good friend. Do you have a good friend?

S1: Yes, I do.

T: I like music and playing computer games. Does your friend like music?

S2: Yes, she like music.

T:She like music?（教师故意用提问语调）

S2: Oh, She likes music.

教师把刚才的错误之处写在黑板上，并带读2～3遍。

环节（二）

T: I have a dream. My dream is to be a good teacher.

T: Do you have a dream? What do you dream to do?

S3: Yes, I do. I dream to be a nurse.

T:Do you have a dream?（教师提问其他的一位学生）

S4: Yes, I do.

T: What about her?（教师用手指着刚才回答问题的那位女同学）

S4: She have a dream, too.

T: She have a dream?（教师故意用提问语调）

S4: Oh, she has a dream. She dream to be a nurse.

T: She dream?

S4: She dreams to be a nurse.（学生不好意思地笑了笑）

T: Good, she dreams to be a nurse.（教师也报以微笑，并点了点头）

案例评析

本案例中，一般现在时态的第三人称单数对于小学生来说有点难度，教学过程中学生经常忘记使用单数第三人称的形式，对于这种错误，教师常常立即给予纠正，但是其结果是学生很快又重新犯同样的错误。对于那些不影响交际顺利进行的语法错误，教师只有通过正确的示范，才能引导学生自行纠错，对于学生的语言错误，教师要采取有效的纠错策略。环节（二）中，教师故意提问一个学生后请第三方转述刚才的回答，这会涉及动词第三人称单数的使用，在学生两次出错的情况下，教师仍然面对微笑，耐心细致地提高自己的语调以便给学生提醒，让学生自己去查找错误之处，更重要的是要让学生自己去改正错误所在，这样的纠错方式比教师直接指出其错误所在要有效得多。当然，这样的目标要在轻松、活泼的课堂氛围中才能实现。

（三）案例3 从错误处得到答案

教学内容

本案例内容选自译林出版社出版的教材《英语》七年级上册第六单元Food and lifestyle部分，主要是让学生自己讨论“How to have a healthy diet?”

教学目的

让学生了解健康的饮食习惯，摒弃不健康的生活方式。

环节（一）

教师首先请学生回答几个问题：

What do you usually eat for your breakfast? What do we eat to keep us healthy? Do you believe you have a healthy lifestyle?

请学生通过抢答的形式来回答这些问题，教师不做对错评价。

环节（二）

①教师把学生分成5～6个小组，讨论大家认为健康的食品。

②请2～3个小组代表汇报本组的讨论结果。

③教师在大屏幕上展示常见食品的营养成分表，让学生自己对照营养成分表看看刚才本组汇报的结果是否为健康食品。

④请刚才的2～3个组代表就刚才汇报的结果做出修正。

环节（三）

教师作点评，并请学生在课后写一篇题目为“Healthy Eating Habits”的英语作文。

案例评析

本案例中，教师首先在课堂的导入部分给出三个问题，请学生根据自己的想法来回答，教师并没有指出谁对谁错，这种方式可以增强学生的自信心，让学生能够继续集中精力投入到后面的课堂教学活动中去。环节（二）中，教师请学生以小组讨论的形式就小组认为的健康食品展开讨论活动。整个讨论活动中，教师扮演着组织者、引导者的角色，学生在轻松、愉快和活泼的课堂气氛中展开讨论。在学生汇报本组的讨论结果后，教师仍没有做对错的评价，而是在大屏幕上展示常见食品的营养成分表，让学生自己对照刚才的讨论结果看看哪些地方需要修改。环节（三）中，教师并没有“包办代替”学生，而是请学生自己作修改并把修改的结果再次向全班同学汇报。学生在这样轻松、愉悦的氛围中自主地找出自己的不足之处，并做改正，比起一味地老师讲、学生听效果要好得多，也只有在平等、民主、轻松、活泼的课堂气氛中才能有效地落实这一切。

第五节 组织生动活泼的课外活动，拓展学生的学习渠道

一、实施策略讨论

《英语课程标准（2011年版）》教学建议中明确指出：“英语课外活动是学生英语学习的重要组成部分，能为学生的语言实践和自主学习提供更大的平台。课外活动要有助于激发和提升学生学习英语的兴趣、丰富语感、开阔视野、增长知识、发展智力和塑造性格。同时，应注意英语课外活动的组织和管理”①。为此，《英语课程标准（2011年版）》给出了以下的几条建议②。

其一，教师应根据学生的年龄特点和需求，结合当地经济文化发展实际，有计划、有组织、有创造性地开展内容丰富、形式多样、因地制宜的课外活动，如朗诵、唱歌、讲故事、演短剧以及英语角、英语墙报、校园或班级刊物等。

其二，英语课外活动要着重调动学生参与的积极性。开展各种形式的活动时，教师要给予学生耐心的指导，注意保护他们的自尊心和热情，尊重他们的参与方式，并注意因势利导。教师要充分利用社会资源使课外活动具有新鲜感和活力。

其三，教师要充分发挥学生的自主性，尊重他们的策划和选择并给予恰当的引导和辅导，要关注活动的过程，关注学生在活动中的表现，做好活动

---

① 中华人民共和国教育部.义务教育英语课程标准：2011年版[M].北京：北京师范大学出版社，2012：31.

② 中华人民共和国教育部.义务教育英语课程标准：2011年版[M].北京：北京师范大学出版社，2012：31-32.

的顾问和服务工作，为他们的发展提供指导和支持。学校要对英语课外活动的内容和组织形式积极引导，避免使英语课外活动变成课外补习活动。

从课程标准提出的建议中可以看出，课外活动是课堂教学活动的延伸，需要在教师的直接或间接指导下开展，课外活动要体现巩固课堂所学基础知识。教师要为学生创设更多语言实践的机会，使其在充分体验英语学习乐趣的同时，对已学知识进行延伸和拓展，不断发展学生的综合语言运用能力。教师在指导这些实践活动中要充分考虑到学生的兴趣、爱好、特长以及教学实际需要，尽量让学生自愿选择参加，这样，不仅能够发挥学生的积极性和主动性，而且使学生的才能和个性得到充分发展。

同时，教师要让学生全面地了解身边的语言资源，创造性地开发各种语言学习资源，拓展课外学习空间，为语言技能的整体提高不断探索新的方式和方法。

需要指出的是，教师在实施这些课外活动时，不要用硬性的指标来衡量学生的课外活动参与情况，例如把课外活动与课后的作业相提并论，或者与考试成绩相挂钩，这样就不能调动最大多数学生的积极性，最后只能是某些学生的“专利”，从而失去了课外活动的本义。

二、案例解读

（一）案例1　让学生注意收集身边的英语表达素材

教学环节

环节（一）

教师让学生收集自己身边的英语表达素材，一周后汇报。

环节（二）

教师汇总学生收集的相关英语表达素材，如 Zhongshan Walking Street; Bank of China, No Smoking, No photo, Anhui Normal University 等。

环节（三）

教师抽取一些英语表达素材让学生猜猜它们的含义，可以根据它的出处让学生联想意思。

案例评析

本案例中,教师利用身边的英语环境让学生的英语得以练习实践和自主提高。这样的活动有助于激发和提升学生学习英语的兴趣,培养他们的语感,开阔他们的视野,增长他们的知识。其实我们的身边并不缺乏英语环境,中、英文标出的路标,银行的标识,商家的广告牌,旅游景点的说明文字或者警示语等,这些都可以为学生提供良好的学习素材。当然,某些标识可能存在一些不规范甚至于错误的地方,或者某些英语标识相对于初学生来说难度过大,这就需要教师加以答疑解惑,或者引导学生通过互联网来查询,这样做的目的是调动学生英语学习的积极性,引导、鼓励、动员学生参与到课外实践活动中去,教师的适时引导或辅导会化解活动中学生的困惑,使得这些活动可以持久地、有成效地开展下去,从而拓展课堂教学内容。

(二)案例2 让学生利用英语报纸、杂志的资源做英语报道

教学环节

环节(一)

教师请学生浏览最近几期《21世纪学生英文报·初三》,把自己认为重要的或有趣的新闻用自己的语言汇报给大家。

环节(二)

每周轮流请学生做新闻报道,报道内容限制在300词以内。

案例评析

本案例中,教师利用英语报纸,让学生在阅读文章后用自己的语言把主要内容汇报给全班同学,这样的活动好处很多:一是可以逐步培养学生课外英语学习的自主性;二是可以提供充足的英语素材,让学生在英语环境中不断接触英语,熟悉英语;三是不但可以培养学生的语言阅读能力和概括能力,而且可以不断提高学生口语表达能力。教师对于表现优秀的学生应该予以表扬,对于表现不够优秀的学生要给予鼓励、帮助,让他们在以后的活动中表现更好。

（三）案例3　鼓励学生做调查

教学内容

本案例内容选自译林出版社出版的教材《英语》八年级上册第四单元Grammar部分，学生要正确对待别人对自己的评价。可以在小学四年级或五年级开展一项调查，调查内容是对晚餐的饭菜进行评价，“今天的菜怎么这么难吃！”，看看今晚做菜的爸爸或妈妈是怎么回答的。

教学环节

环节（一）

某日，晚餐时，你故意说：“今晚的饭菜怎么这么难吃！”，看看做饭菜的爸爸或妈妈有什么反应。

环节（二）

把爸爸或妈妈的反应记录下来，然后看看他们的反应属于下列对照表中的哪一条，具体情况见表10-5。

表10-5　反应回答对照

反应回答之一	反应回答之二	反应回答之三	反应回答之四
不好就不吃。	当然没有饭店好。	那你自己做呗。	哪个地方不好？
Very bad.	Just so so.	Not bad or good.	Very good.

环节（三）

教师告诉学生如何正确对待别人对自己的批评。学生将调查结果和自己的父母说说，并告诉他们如何正确对待别人的批评。反应之一表示对他人的批评持有强烈的抵触情绪，我们不应该有；第二种回答一般；第三种回答抱着一种无所谓的姿态，也不该有；第四种回答比较好，我有哪些不足，请给我指出来。

案例评析

本案例中，这个小调查可以增进父母和孩子之间的感情，也可以让我们的父母换位思考：自己批评孩子的时候有没有考虑到孩子自身的感受呢？作为父母的他们又是如何对待别人的批评呢？这个小调查让父母意识到今后要更多从孩子的角度来处理问题，这样的课外活动容易开展，并且能够提升学生的各种综合素质，值得在今后的教学实际中多多开展。

第六节 开展教学反思,促进专业可持续发展

一、实施策略讨论

为了有效完成英语课程的教学任务,要积极鼓励学生参与课堂教学实践活动。一般来说,课堂教学的局面是可以预设的,也是可以“控制”的,但也不排除课堂教学存在不可预设或者难以“控制”的情况,这就需要教师有足够的耐心,需要用极大的勇气去面对,或许这种看似难以“控制”的局面有着意想不到的收获。

所以,在教学实践中,教师要开展教学反思,促进专业可持续发展,在反思的过程中,教师能够对教学对象、教学材料和教学方法重新思考,提升对教学的理解和认识。

二、案例解读

(一)反思案例1 从colours谈借代在英语中的使用

译林出版社出版的教材《英语》九年级上册第二单元Reading部分讲的是颜色对人的情感和情绪的影响。题材新颖,融知识性和趣味性为一体。通过介绍四大类不同的颜色,让学生对这个缤纷的世界有了更加具体的认识。人们对于某一种颜色的偏好是有其深刻的心理原因的。例如,白色代表纯洁,当你感觉紧张时,你可以穿白色衣服以舒缓紧张的心情。课本中“Many women like to be in white on their wedding day.”,这句话的意思想必大家都知道。但是我手头这本辅导材料中是这样翻译的:许多的妇女喜欢在结婚那天穿白色的衣服,看了之后,我忍俊不禁。我个人认为这句话翻译得不到位。第一,结婚当天的女生叫作妇女吗?这种称呼也算得体,因为结婚的女生当然是妇女,但是,那天是她们人生中最快乐的、最幸福的一天,应该给她

们一个更好的称呼，以表示对她们的尊敬，结婚当天的女生统统称为新娘更为贴切。再者，把be in white翻译为穿白色的衣服又显得很不妥帖。白色的衣服有很多，比如说白色的马甲，白色的羽绒服，白色的衬衫等。大家知道结婚当天新娘穿的是婚纱，而且大多数是白色的婚纱。所以这句话翻译为“许多新娘喜欢在结婚当日穿白色的婚纱”，是不是更好一些？写到这里，也许会有人问，你怎么把in white翻译为白色的婚纱，难道white这里可以表示为白色的衣服吗？答案是肯定的，这就是语言中的借代现象。所谓的借代就是以某一颜色、款式、形状等方面来代表整个事物。汉语中也有大量的借代现象，比如用白大褂借代医生这一个职业；第三套人民币的大团结，借代当时最大面额的钞票——十元，因为它的正面有工、农、学、商的合影，俗称大团结。同样，英语中也有这种借代现象，例如，green back note借代美元，因为美元的背面是绿色的。总之，我们学习语言时，要学习语言中所涵含的文化意义，要了解中西文化的异同。否则不能在两种语言之间搭起一座沟通的桥梁，不知各位高人认为是否得当？

案例评析

这篇课堂随记记载了教师从教辅材料中发现的一些问题入手，提出自己的修改意见，并提醒大家要深入了解对中西文化的异同。这让我们感受到，教师在平时的教学中要善于发现教材教辅、教学内容中的问题，更为重要的是思考出现这些问题的原因并思考纠正这些谬误的对应之策。

（二）反思案例2　英语学习真的影响了母语的发展吗？

2013年北京最先发声，宣布从2016年开始北京市的高考英语试卷的分值由150分下降到100分。还没过几天，山东做出了一项调整，高考英语取消听力测试，分值也有很大的下降。江苏教育厅厅长透露，2014年，江苏英语考试要改变过去一年一考的局面，实行一年两考或是一年多考，以逐步降低英语在高考中的权重。安徽省教育行政部门也透露要制定安徽省高考英语改革的方案。我坚信，英语多半“凶多吉少”！今天在和一重点中学的英语老师聊天时，从他的口中得知，根据教育部意见，到2020年，英语将退出高考考试科目。

作为一名站三尺讲台，教授英语快二十年的教师，对于英语考试改革，我的心情很复杂，想想英语曾经的疯狂很快就会退却了，一切都成为明日黄花！一方面，毕竟英语对于我，就像我的孩子一般，感情之深厚无需赘言，但另一方面，我知道这是发展的趋势，改革之洪流，是我们无法阻止的，更是遮挡不了的！

为什么我们的英语考试要动如此大的“手术”呢？英语考试需要改革，这点我非常赞成，但是改革的理由，我实不敢苟同，我们不能把当今语文教学所面临的尴尬地位全部怪罪到英语头上。我是一个普通教师，只想从我的一堂课说起。今天我这节课教的是一首有关一年四季的英文短诗，全诗共18句，读起来朗朗上口，并没有多少生词和复杂的语法。在正式讲述本课之前，我想，作为一名中学生，从小学到中学已经学了很多描写四季的诗句。于是我喊学生口述某一季节的古诗，比如春天的有“碧玉妆成一树高，万条垂下绿丝绦……”，以这种方式来检测语文水平，结果让我非常失望，除了学生记得有关春天的古诗稍多之外，如“春眠不觉晓，处处闻啼鸟，草长莺飞二月天……，夏天的有“接天莲叶无穷碧，万紫千红总是春”，秋天的就不知道是哪句，在我的提醒下，才有个别学生答“海上生明月，天涯共此时”，冬天的只有“独钓寒江雪”……。孩子们语文知识的严重匮乏，令我惊讶。课后，我思考着其中的原委，难道是学的时候没有背诵过吗？我想肯定不是，那么，只能是孩子背诵过，但是早已经忘却于九霄云外啦！为什么会遗忘呢？我个人认为是日后重复的机会太少，也就是基本没有机会来使用。现在有一个问题，孩子们学习英语时，感到吃力，主要是由于缺少相应的语言环境。为了能够更多、更好地掌握考试所具备的词汇量，大部分学生利用课后的时间来背诵，但是，作为母语的语文，我想它根本不缺语言环境的！造成现在语文水平下降的原因，我个人认为是阅读摄入量严重不足导致的。我们的公民，包括我在内每天都在读短信，读微博，有多少人能静下心来读一读纸质图书呢？据中国新闻出版研究院2011年4月21日公布的第八次全国国民阅读调查结果显示：2010年我国18～70周岁国民人均阅读图书4.25本（2009年为3.88本），只有0.9%的国民认为自己的阅读数量很多。对未成年人的图书阅读量的分析发现，2010年我国14～17周岁未成年人课外书的阅读量最大，为9.99本。其次为9～13周岁未成年人，课外书阅读量为6.32本。0～8

周岁阅读量为4.78本。这个调查结果让我很吃惊。

还有第二个问题需要回答，那就是，英语是否真的妨碍了语文水平的提升和发展？作为一名有十多年教龄的英语教师同时也是一名英语学习者的我，我认为在现在的学校教学中有影响，但这种影响不一定是负面的，比如，课前让学生查找所学的汉语古诗，这对于语文知识的巩固是有益的。学生把课后的时间多用来背英语单词、语法试题等，从而减少了语文学习的时间。所以学生应该合理利用自己的学习时间。

案例评析

2014年第2期《中小学外语教学》杂志的文章“外语教育面临的矛盾与问题”，是由我国著名的外语教育专家刘道义撰写的。在文章中，刘教授仔细分析了我国外语教育的发展历程，深入分析了当今外语教育所面临的主要矛盾，指出自改革开放以来外语教育所取得的成绩实属不易，应该给予充分的肯定，而且应该在已经取得的进步的基础上分析问题，科学地制定政策，使外语教育持续发展，而不是削弱。要坚持正确的外语教育观①。外语教育发展必定会影响语文的教学吗？值得深思的是，为什么有些学生对语文学习不够重视或兴趣不大？2013年央视举办了《中国汉字听写大赛》，号召全民开展汉字听写活动，可喜的是，在这个节目中杭州外国语学校和南京外国语学校的学生表现突出。这说明什么？这恰好说明汉语和外语两门语言学科的教学是相辅相成、相得益彰的，并不能说明学好了外语就影响了语文的学习。两者表面对立，实质是统一的。

文章指出，新中国成立以来，我国外语教育由于缺少规划机构研究外语国策，致使外语教育起伏不定且严重影响了教学质量。当前，外语教育也要改革。作为一名外语教育者，应该仔细思考，相信国家会解决现在外语教育所面临的困难的②。

2014年9月国务院发布《国务院关于深化考试招生制度改革的实施意见》，破除了社会上的一些不实传闻即高考不考英语了，明确提出，继续保持统一高考的语文、数学、外语科目不变、分值不变，不分文理科，外语科目提

① 刘道义.外语教育面临的矛盾与问题[J].中小学外语教学，2014(2)：2-4.

② 刘道义.外语教育面临的矛盾与问题[J].中小学外语教学，2014(2)2-4.

供两次考试机会。此案例中的教师反思,反映了对英语教学的热爱,同时也深入剖析了当下对英语教学的批判,既不回避,也不盲从,而是实事求是地进一步调查研究,找出真正的原因,从而坚持对国家英语课程教学的信心。

主要参考文献

[1]阿戈尔,陈琳.英语课程标准在课堂教学中的应用:初中阶段[M].北京:外语教学与研究出版社,2007.

[2]陈琳.辩证实践外语教育途径[M].北京:外语教学与研究出版社,2013.

[3]陈琳,程晓堂,高洪德,等.英语教学研究与案例[M].北京:高等教育出版社,2007.

[4]陈琳,王蔷,程晓堂.义务教育英语课程标准解读:2011年版[M].北京:北京师范大学出版社,2012.

[5]程晓堂.英语教师课堂话语分析[M].上海:上海外语教育出版社,2009.

[6]程晓堂,刘兆义.教育部义务教育新课程远程研修丛书:初中英语[M].上海:华东师范大学出版社,2008.

[7]程晓堂,郑敏.英语学习策略[M].北京:外语教学与研究出版社,2002.

[8]戴蓉.孔子学院与中国语言文化外交[M].上海:上海社会科学院出版社,2013.

[9]何锋,齐迅.英语:四年级下册[M].南京:译林出版社,2013.

[10]胡庆芳.课例研究,我们一起来:中小学教师指南[M].北京:教育科学出版社,2011.

[11]华莱士.语言教师行动研究[M].李静纯,导读.北京:人民教育出版社,2000.

[12]加文·迪德尼,尼基·霍克利.朗文如何用现代信息技术教英语[M].

陈则航,译.北京:人民邮电出版社,2011.

［13］教育部基础教育课程教材专家工作委员会.义务教育英语课程标准解读:2011年版［M］.北京:北京师范大学出版社,2012.

［14］杰里米·哈默.朗文英语教学实践:第4版［M］.王蔷,陈芳,柳伟,等译.北京:人民邮电出版社,2011.

［15］凯利.朗文如何教发音［M］.邹为诚,译.北京:人民邮电出版社,2011.

［16］里查兹,史密特,等.朗文语言教学与应用语言学词典:第3版［M］.管燕红,唐玉柱,译.北京:外语教学与研究出版社,2005.

［17］李静纯.小学英语故事教学［M］.北京:外语教学与研究出版社,2013.

［18］林立.新版课程标准解析与教学指导:小学英语［M］.北京:北京师范大学出版社,2012.

［19］刘道义,龚亚夫.中国学校外语教育的发展［J］.中小学外语教学,2011(1):1-4.

［20］刘道义.外语教育面临的矛盾与问题［J］.中小学外语教学,2014(2):1-4.

［21］刘宽平,周业芳.英汉思维差异对中国学生EFL写作的影响［J］.外语学刊,2004(5):107-111.

［22］鲁子问.中小学英语阅读教学理论与实践［M］.北京:中国电力出版社,2005.

［23］麦凯.儿童语言学习评价［M］.朱晓燕,导读.北京:外语教学与研究出版社,2012.

［24］莫兰.文化教学:实践的观念［M］.北京:外语教学与研究出版社,2009.

［25］平洪,张国扬.英语习语与英美文化［M］.北京:外语教学与研究出版社,2000.

［26］齐迅,何锋.牛津小学英语5A［M］.南京:译林出版社,2002.

［27］斯科特·索恩伯里.朗文如何教词汇［M］.王琦,译.北京:人民邮电

出版社，2011.

[28]斯科特·索恩伯里.朗文如何教语法[M].邹为诚，译.北京：人民邮电出版社，2011.

[29]王蒙.我的另一个舌头[J].中国民族，2004(4)：1.

[30]王蔷，张连仲.新课程教师学科教学培训教材：英语[M].北京：北京大学出版社，2004.

[31]王守仁，何锋.英语：七年级上册[M].南京：译林出版社，2012.

[32]王守仁，何锋.英语：七年级下册[M].南京：译林出版社，2012.

[33]王守仁，何锋.英语：八年级上册[M].南京：译林出版社，2013.

[34]王守仁，何锋.英语：八年级下册[M].南京：译林出版社，2013.

[35]威廉斯，等.语言教师心理学初探[M].刘学惠，导读.北京：外语教学与研究出版社，2000.

[36]文秋芳.二语习得重点问题研究[M].北京：外语教学与研究出版社，2010.

[37]肖礼全.英语教学方法论[M].北京：外语教学与研究出版社，2006.

[38]中华人民共和国教育部.英语课程标准：实验稿[M].北京：北京师范大学出版社，2001.

[39]中华人民共和国教育部.义务教育英语课程标准：2011年版[M].北京：北京师范大学出版社，2012.

[40]邹为诚.外语教师职业技能发展[M].北京：高等教育出版社，2008.

[41] GARDNER H. Frames of Mind: The Theory of Multiple Intelligences [M]. New York: Basic Books, 2011.

[42] NUNAN D, CARTER R. The Cambridge Guide to Teaching English to Speakers of Other Languages [M]. London: Cambridge University Press, 2011.

后 记

《义务教育英语课程标准(2011年版)》的颁布,标志着新一轮英语课程改革的开始。其中提出的新的理念和建议,反映了上一轮十年英语课程改革的实践探索,体现了基础英语教育研究的成果,也凝聚了英语教学研究专家、教研员和一线英语教师的共同努力。《义务教育英语课程标准(2011年版)》的实施,要求英语教师理解新的英语课程性质、理念,课程设计和课程目标,学习采纳新的教学和评价建议,充分开发与利用课程资源,高效组织英语课程教学,真正实现学生综合语言运用能力的提升。

在此背景下,为促进广大英语教师学习和运用《义务教育英语课程标准(2011年版)》,我们编写了本书。在理论上,本书充分解读了课程标准修订的背景,英语课程的意义、性质、理念与设计思路,课程目标,分级标准,实施建议以及附录内容。在实施策略上,本书评析了大量教学案例,展现了课程标准的理论和实施建议在实践教学中的科学运用。

本书是英语教学研究者和一线英语教师共同努力的成果,其中王万元老师为本书的编写提供了大量案例和帮助,参与校对的有赵茜、杨稳丽、陈小群、司加玉、胡光倩、汪莉、薛花,在此深表感谢!

由于时间仓促,水平有限,我们对《义务教育英语课程标准(2011年版)》的解读还不够充分,提出的观点和策略还有不成熟之处,敬请各位同仁和广大读者批评指正。

编 者

2019年1月